2026 시대에듀 독학사 1단계 교양과정

— 학위 취득을 위한 가장 빠른 선택! —

왜? 독학사인가?

| 고등학교 졸업 이상이면 **누구나** 도전 가능 | × | 4년제 대학과 비교 시 **효율적** 시간&비용 | × | 1년 만에 **빠른** 학점 취득 | × | 60점 이상이면 합격하는 **높은** 합격률 |

회원가입 이벤트!

시대에듀 독학사 회원가입 수험생을 위한 **3대 특전** 이벤트!

독학사 1단계
국어 / 영어 / 국사
기출문제 & 핵심자료집 & 온라인 모의고사 제공!

※ 경로 : www.sdedu.co.kr → 독학사 → 학습자료실 → 강의자료실
※일부 PDF 자료는 수강회원에게만 제공될 수 있습니다.

무료특강 이벤트!

시대에듀 내 독학사 페이지 접속 시 **116강**의 무료특강 제공!

- 1단계 키워드 특강 **총 18강**
- 1단계 기출문제 특강 **총 48강**
+ 경영 2단계 키워드 특강 **총 15강**
- 경영 2단계 기출문제 특강 **총 10강**
+ 심리 2단계 키워드 특강 **총 13강**
- 심리 2단계 기출문제 특강 **총 12강**

※ 경로 : www.sdedu.co.kr → 독학사 → 학습자료실 → 무료특강
※무료제공 강좌는 변동될 수 있습니다.

시대에듀 홈페이지 **www.sdedu.co.kr** | 상담문의 **1600-3600** 평일 9~18시 / 토요일·공휴일 휴무

시대에듀

끝까지 책임진다! 시대에듀!

QR코드를 통해 도서 출간 이후 발견된 오류나 개정법령, 변경된 시험 정보, 최신기출문제, 도서 업데이트 자료 등이 있는지 확인해 보세요!
시대에듀 합격 스마트 앱을 통해서도 알려 드리고 있으니 구글 플레이나 앱 스토어에서 다운받아 사용하세요.
또한, 파본 도서인 경우에는 구입하신 곳에서 교환해 드립니다.

편집진행 천다솜 · 김다련 | **표지디자인** 박종우 | **본문디자인** 최미림 · 고현준

이 책의 구성과 특징 STRUCTURES

01 필수 암기 키워드

핵심이론 중 반드시 알아야 할 중요 내용을 요약한 '필수 암기 키워드'로 개념을 정리해 보세요.

02 최신기출문제

'2025~2023년 기출복원문제'를 풀어 보며 출제 경향을 파악해 보세요.

합격의 공식 Formula of pass | 시대에듀 www.sdedu.co.kr

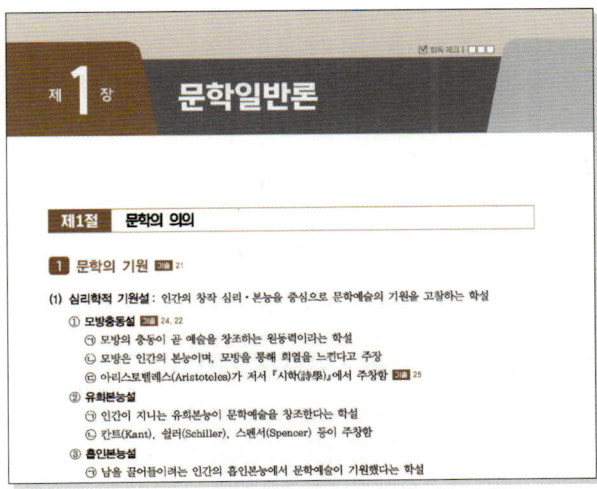

03 핵심포인트

핵심만 간추려 정리한 '핵심포인트'로 주요 내용을 빠르게 학습해 보세요.

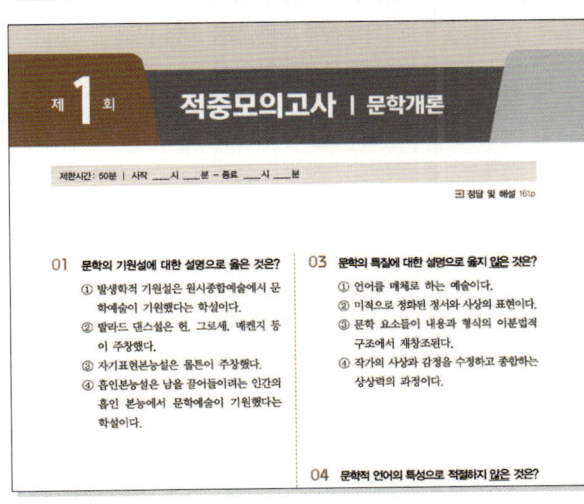

04 적중모의고사

학습한 내용을 바탕으로 '적중모의고사'를 풀어 보면서 실전 감각을 길러 보세요.

+ P / L / U / S +

1단계 시험을 핵심자료로 보강하자!

국어 / 영어 / 국사 <핵심자료집 PDF> 제공

1단계 시험을 준비하는 수험생을 위해 교양과정 필수과목인 국어 / 영어 / 국사 핵심자료집을 PDF로 제공하고 있어요. 국어는 고전문학 · 현대문학, 영어는 중요 영단어 · 숙어 · 동의어, 국사는 표 · 사료로 정리했어요.

※ 경로 : www.sdedu.co.kr ➡ 독학사 ➡ 학습자료실 ➡ 강의자료실

독학학위제 소개 INFORMATION

독학학위제란?
「독학에 의한 학위취득에 관한 법률」에 의거하여 국가에서 시행하는 시험에 합격한 사람에게 학사 학위를 수여하는 제도

과정별 응시자격
4개의 과정(교양, 전공기초, 전공심화, 학위취득 종합시험)을 모두 거쳐 합격하면 학사 학위 취득 가능

단계	과정	응시자격	과정(과목) 시험 면제 요건
1	교양	고등학교 졸업 이상 학력 소지자	• 대학(교)에서 각 학년 수료 및 일정 학점 취득 • 학점은행제 일정 학점 인정 • 국가기술자격법에 따른 자격 취득 • 교육부령에 따른 각종 시험 합격 • 면제지정기관 이수 등
2	전공기초		
3	전공심화		
4	학위취득	• 1~3단계 합격 및 면제 • 대학에서 동일 전공으로 3년 이상 수료 (3년제의 경우 졸업) 또는 105학점 이상 취득 • 학점은행제 동일 전공 105학점 이상 인정 (전공 28학점 포함) • 외국에서 15년 이상의 학교교육과정 수료	없음(반드시 응시)

※ 시험 일정 : 1단계-2월 중 / 2단계-5월 중 / 3단계-8월 중 / 4단계-10월 중
※ 접수 방법 : 온라인으로만 가능
※ 자세한 일정 및 제출 서류 등은 독학학위제 홈페이지(bdes.nile.or.kr) 참조

합격 기준
❶ **1~3단계** : 각 과목을 100점 만점으로 하여 전(全) 과목 60점 이상 득점(합격 여부만 결정)
 ▶ 1단계 : 5과목 합격
 ▶ 2~3단계 : 6과목 합격
❷ **4단계** : 총점 합격제 또는 과목별 합격제 선택

구분	합격 기준	유의사항
총점 합격제	• 총점(600점)의 60% 이상 득점(360점) • 과목 낙제 없음	• 6과목 모두 신규 응시 • 기존 합격 과목 불인정
과목별 합격제	• 각 과목 100점 만점으로 하여 전 과목 (교양 2, 전공 4) 60점 이상 득점	• 기존 합격 과목 재응시 불가 • 1과목이라도 60점 미만 득점하면 불합격

문항 수 및 배점

❶ 1~2단계 : 일반 과목과 예외 과목 구분 없이 객관식으로 40문항 출제(40문항×2.5점 = 100점)
❷ 3~4단계
  ▶ 일반 과목[총 28문항(100점)] : 객관식(24문항×2.5점 = 60점) + 주관식(4문항×10점 = 40점)
  ▶ 예외 과목[총 20문항(100점)] : 객관식(15문항×4점 = 60점) + 주관식(5문항×8점 = 40점)
※ 시험 범위 : 독학학위제 홈페이지(bdes.nile.or.kr) ➜ 학습정보 ➜ 과목별 평가영역에서 확인

독학학위제 전공 분야 (11개 전공)

※ 간호학 : 4단계만 개설
※ 유아교육학 : 3, 4단계만 개설
※ 정보통신학 : 4단계만 2026년까지 응시 가능하며 이후 전공 폐지
※ 시대에듀는 현재 6개 전공(국어국문학, 영어영문학, 심리학, 경영학, 컴퓨터공학, 간호학) 개설 완료

1단계 시험 과목 및 시간표

교시	시간	시험 과목명
1교시(필수)	09:00~10:40(100분)	국어, 국사
2교시(필수)	11:10~12:00(50분)	외국어 : 영어, 독일어, 프랑스어, 중국어, 일본어 중 택 1과목
중식 12:00~12:50(50분)		
3교시	13:10~14:50(100분)	현대사회와 윤리, 문학개론, 철학의 이해, 문화사, 한문, 법학개론, 경제학개론, 경영학개론, 사회학개론, 심리학개론, 교육학개론, 자연과학의 이해, 일반수학, 기초통계학, 컴퓨터의 이해 중 택 2과목

※ 시험 일정 및 세부사항은 반드시 독학학위제 홈페이지(bdes.nile.or.kr)를 통해 확인
※ 시대에듀에서 개설된 과목은 빨간색으로 표시

2025년 기출 경향 분석 ANALYSIS

총평

올해 시험에서는 전년 대비 시론, 비평론, 수필문학론의 문항 수가 증가하였고, 총설과 희곡론의 문항 수는 감소하였습니다. 소설론과 비교문학론은 예년과 유사한 비중을 유지하고 있으며, 특히 소설론은 시론, 비평론과 함께 매해 높은 비중을 차지하므로 이 세 분야는 집중적으로 학습할 필요가 있습니다. 기본적인 이론을 묻는 문제들이 다수 출제되어 전체적인 난도는 낮게 느껴질 수 있지만, 전체 영역의 이론을 바탕으로 출제되기 때문에 꼼꼼한 학습이 요구됩니다. 특히 시론과 소설론의 경우 구체적인 작품과 함께 출제된 경우가 많아, 이론을 실제 작품에 접목할 수 있는 힘과 다양한 작품들에 대한 지식이 필요합니다. 이론을 공부한 뒤 이를 실제 작품에 적용하여 구체적으로 이해하는 학습 방식이 효과적일 것입니다.

학습 방법

문학개론은 단순 암기 과목이 아니라, 문학적 사유와 해석 능력을 요구하는 과목입니다. 그러므로 이 과목은 이론과 실제의 연결, 개념 간의 비교, 작품에 대한 분석적·통합적 접근을 통해 인문학적 통찰을 키우는 유익한 학습 경험을 제공할 수 있습니다.
먼저 기본서를 통해 각 영역별 핵심 개념과 주요 용어를 정확히 익히고, 유사 개념 간의 차이점과 용례를 함께 학습해야 합니다. 그 후 문학이론을 실제 문학작품과 문제에 적용해 보면서 개념의 의미를 체감하는 연습이 필요합니다. 이때 자주 출제되는 작품과 대표적인 이론가를 중심으로 분석하는 훈련이 효과적입니다. 마지막으로 최신기출문제를 반복 학습하며 문제 유형별 접근 방식을 익히는 것이 좋습니다. 특히 고난도 응용형 문제에 대비하여 개념 간 연결 관계를 이해할 필요가 있습니다.

출제 영역 분석

출제 영역	문항 수		
	2023년	2024년	2025년
총설	4	5	4
시론	8	10	11
소설론	10	8	8
비평론	7	7	8
수필문학론	2	2	3
희곡론	7	6	4
비교문학론	2	2	2
합계	40	40	40

합격수기 COMMENT

ma***
★★★★★**

시대에듀의 문을 두드리시는 많은 학습자분들처럼, 저 또한 직장생활과 육아를 병행하며 공부에 대한 열정을 놓지 않았습니다. 학력에 대한 미련이 있었기에 독학사에 자연스레 관심이 생겼고, 시대에듀 교재로 공부를 해서 합격했습니다. 처음 독학학위제 공식 홈페이지에서 평가영역을 봤을 때, 많은 범위들을 보고 막막했습니다. 하지만 시대에듀의 교재는 이를 일목요연하게 정리해주어 방대한 학습량을 쪼개어 이해할 수 있도록 도와주는 길잡이 역할을 해주었습니다. 또한 예상문제 수록으로 회독이 지루하지 않게 도와주었습니다.

ar***
★★★★★**

시대에듀 덕분에 많은 불안감을 뒤로하고 시험에 합격할 수 있었습니다. 제가 시대에듀를 선택한 이유는 무엇보다 교재의 내용이 매우 훌륭했기 때문입니다. 중요한 개념은 보기 좋게 표시되어 있었고, 예상문제도 질적·양적으로 모두 만족스러웠습니다. 시험이 임박한 시점에 최종모의고사를 통해 효과적으로 마무리 정리를 할 수 있었던 점이 특히 큰 도움이 되었습니다. 저는 사실 공부란 책 한 권으로 혼자 열심히 이뤄내는 과정이라고 생각했습니다. 하지만 시대에듀를 통해 양질의 책과 강의로 공부하는 것이 효율적이고 중요하다는 것을 깨달았습니다.

ss***
★★★★★**

시대에듀 독학사 패키지를 통해 10개월 만에 학위를 취득한 직장인입니다. 직장생활을 하면서 전문성을 키우고 싶었으나, 정규 대학은 시간도 금액도 부담이 되었습니다. 그러던 중 독학사 제도를 알게 되었고, 시대에듀의 효율적인 온라인 강의에 매력을 느껴 선택하게 되었습니다. 2~3단계를 학습할 때는 배운 내용을 실제 일상과 업무에 적용하며 이해도를 높이려 노력했고, 마지막 학위취득 과정인 4단계에서는 모의고사 등 문제풀이를 통해 학습한 내용을 총정리하였습니다.
일과 학업을 병행하는 과정이 쉽지는 않았습니다. 하지만 목표를 상기하며 꾸준히 노력한 덕에 합격할 수 있었습니다. 이 과정에서 시대에듀가 큰 도움이 되었습니다!

wl***
★★★★★**

타 업체 도서로 먼저 공부하다가 시대에듀 도서를 봤는데, 이론이 체계적으로 한눈에 들어오게 구성되어 있고, 중요 표시도 잘 되어 있어서 좋았습니다. 단원별로 풍부하게 수록된 문제들을 통해 충분한 연습이 가능했고, 해설이 문제 바로 옆에 배치되어 학습 시간을 크게 단축할 수 있어 효율적인 학습에 매우 적합한 교재였습니다. 강의도 들었는데, 이전 업체 강의보다 훨씬 상세하고 쉽게 설명해 주셔서 기대 이상의 큰 도움이 되었으며 그 가치를 충분히 느꼈습니다. 직장생활과 병행하며 공부하는 게 정말 쉽지 않지만, 자기계발을 위한 시험으로는 독학사만한 게 없다고 생각합니다. 처음부터 시대에듀로 했더라면 더 좋았을 것 같아요.

목차 CONTENTS

부록 필수 암기 키워드

기출편 최신기출문제

- 2025년 기출복원문제 · 3
- 2024년 기출복원문제 · 20
- 2023년 기출복원문제 · 36

이론편 핵심포인트

- 제1장 문학일반론 · 3
- 제2장 시론 · 12
- 제3장 소설론 · 28
- 제4장 희곡론 · 44
- 제5장 수필문학론 · 58
- 제6장 문학비평론 · 64
- 제7장 비교문학론 · 78

문제편　적중모의고사

제1회　적중모의고사 ··· 87
제2회　적중모의고사 ··· 94
제3회　적중모의고사 ·· 101
제4회　적중모의고사 ·· 108
제5회　적중모의고사 ·· 115
제6회　적중모의고사 ·· 122
제7회　적중모의고사 ·· 130
제8회　적중모의고사 ·· 137
제9회　적중모의고사 ·· 145
제10회　적중모의고사 ··· 152

해설편　정답 및 해설

제1회　적중모의고사 정답 및 해설 ···························· 161
제2회　적중모의고사 정답 및 해설 ···························· 165
제3회　적중모의고사 정답 및 해설 ···························· 169
제4회　적중모의고사 정답 및 해설 ···························· 173
제5회　적중모의고사 정답 및 해설 ···························· 177
제6회　적중모의고사 정답 및 해설 ···························· 181
제7회　적중모의고사 정답 및 해설 ···························· 185
제8회　적중모의고사 정답 및 해설 ···························· 189
제9회　적중모의고사 정답 및 해설 ···························· 193
제10회　적중모의고사 정답 및 해설 ·························· 197

기록의 힘

나만의 학습 플래너

D -

공부 시작일(YEAR/MONTH/DAY)   /   /

2026 독학학위제 시험 일정   /   /

WEEK 1	WEEK 2	WEEK 3

WEEK 4	WEEK 5	WEEK 6

WEEK 7	WEEK 8	< MEMO >

학습 진행률 확인

	20%	40%	60%	80%	100%

기출복원문제 및 적중모의고사 점수 변화

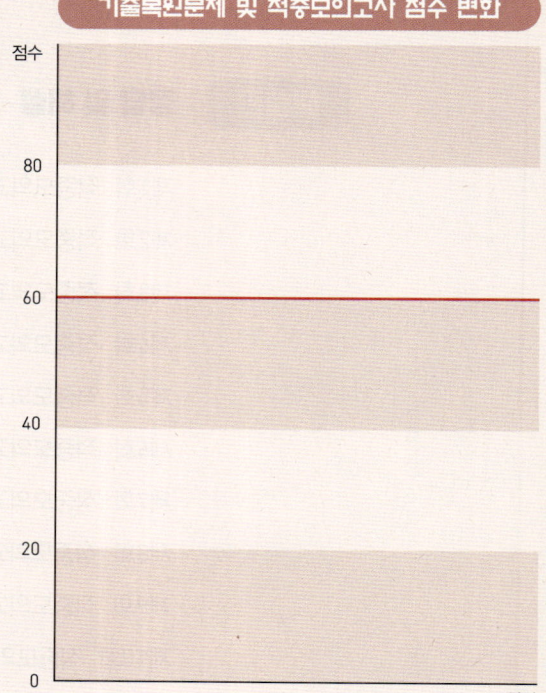

기록의 힘

나만의 키워드 정리

과목

키워드	설명	비고

※ 공부하면서 어려웠거나 헷갈렸던 개념, 중요한 개념 등을 한 번 더 정리해 보세요!

기록의 힘

나만의 키워드 정리

과목

키워드	설명	비고

※ 공부하면서 어려웠거나 헷갈렸던 개념, 중요한 개념 등을 한 번 더 정리해 보세요!

문학개론

최신기출문제

- **2025년** 기출복원문제
- **2024년** 기출복원문제
- **2023년** 기출복원문제

출/제/유/형/완/벽/파/악/

훌륭한 가정만한 학교가 없고, 덕이 있는 부모만한 스승은 없다.

– 마하트마 간디 –

문학개론

2025년 기출복원문제

출제유형 완벽파악

▶ 온라인(www.sdedu.co.kr)을 통해 기출문제 무료 강의를 만나 보세요.

※ 기출문제를 복원한 것으로 실제 시험과 일부 차이가 있으며, 저작권은 시대에듀에 있습니다.

01 문학비평의 네 가지 좌표에 해당되지 <u>않는</u> 것은?

① 작품
② 작가
③ 세계
④ 시대

01 문학비평의 네 가지 좌표는 일반적으로 작품, 작가, 세계, 독자이다. 시대는 비평의 맥락이나 사회·역사적 배경으로는 중요하지만, 비평의 기본 좌표로 보지는 않는다.

02 M. H. 에이브럼스의 '문학을 바라보는 네 가지 관점'에 해당되지 <u>않는</u> 것은?

① 모방론
② 구조론
③ 효용론
④ 표현론

02 M. H. 에이브럼스의 비평의 좌표에는 모방론, 효용론(실용론), 표현론, 객관론(존재론)이 해당된다. 객관론에서 작품의 구조적인 면을 중시해서 보기는 하지만, 이를 '구조론'이라고 하지는 않는다.

03 다음 중 시의 내용상 갈래에 해당하지 <u>않는</u> 것은?

① 서정시
② 서사시
③ 자유시
④ 극시

03 시는 내용상 서정시, 서사시, 극시로 나뉜다. 자유시는 시의 형식상 갈래에 해당하는 것으로, 형식상 시는 정형시, 자유시, 산문시로 나뉜다.

정답 01 ④ 02 ② 03 ③

04 「베오울프」는 시인의 정서를 표현하는 서정시가 아니라, 영웅의 모험과 투쟁을 그린 서사시이다. 게르만족의 영웅 베오울프가 괴물과 싸우고 여러 지역을 모험하는 이야기를 담은 작품으로, 현존하는 가장 오래된 영문학 작품으로 여겨진다.

04 다음 중 서정시에 대한 설명으로 옳지 않은 것은?
① 시인의 주관적인 정서를 표현한다.
② 소네트는 대표적인 서정시의 종류이다.
③ 「베오울프」는 서정시이다.
④ 한국 최초의 서정시는 고구려 유리왕의 「황조가」이다.

05 논리적으로 타당하고 모순이 없는 진술을 의미한다는 것은 역설과 반어 모두 해당하지 않는 설명이다.

05 역설과 반어에 대한 설명으로 옳지 않은 것은?
① "어린이는 어른의 부모다."는 역설적 표현이다.
② '역설'은 겉보기에는 모순되지만 속뜻에는 진리를 담은 표현으로, 패러독스라고 한다.
③ '반어'는 말의 표면적 의미와 실제 의미가 반대되는 표현으로, 아이러니라고 한다.
④ '반어'는 논리적으로 타당하고 모순이 없는 진술을 의미한다.

06 감정 이입이란 시적 화자가 자신의 감정을 대상에 투영하여, 마치 그 대상도 자신이 느끼는 바를 동일하게 느끼는 것처럼 표현하는 방식이다. 반면, ③번에서 '별'은 화자에게 쓸쓸함과 동경의 감정을 불러일으키는 계기일 뿐, 별 자체가 화자와 같은 감정을 느낀다고 보기는 어렵다.
감정 이입과 혼동하기 쉬운 개념으로 객관적 상관물이 있다. 객관적 상관물은 시적 화자가 자신의 감정을 대상에 빗대어 표현한다는 점에서는 감정 이입과 같으나, 화자와 대상의 감정이 다를 수도 있다는 점에서 차이가 있다. 즉 대상은 시적 화자의 감정을 불러일으키거나 강화하는 역할을 한 것일 수 있다.

06 다음 중 작가가 시적 자아와 대상의 감정을 동일시한 예로 옳지 않은 것은?
① 손 닿자 애절히 우는 서러운 내 가얏고여.
　　　　　　　　　　　　　　　- 정완영, 「조국」
② 언제부턴가 갈대는 속으로 / 조용히 울고 있었다.
　　　　　　　　　　　　　　　- 신경림, 「갈대」
③ 별 하나에 쓸쓸함과 / 별 하나에 동경과
　　　　　　　　　　　　　　　- 윤동주, 「별 헤는 밤」
④ 목장의 깃발도, 능금나무도 / 부을면 꺼질 듯이 외로운 들길.
　　　　　　　　　　　　　　　- 김광균, 「데생」

정답 04 ③ 05 ④ 06 ③

07 다음 설명에 해당하는 개념은 무엇인가?

> 우리 고전 시가는 일정한 단위로 끊어 읽는 리듬감을 지닌다. 예를 들어 시조는 일반적으로 한 행을 네 마디로 나누어 읽으며, 한 마디는 대개 3~4음절로 이루어져 있다. 이러한 기본 단위를 중심으로 시의 리듬이 형성된다.

① 음수율
② 음성률
③ 음보율
④ 음위율

07 제시문은 음보율에 대한 설명이다.
① 음수율은 일정한 수의 음절이 반복됨으로써 이루어지는 운율이다.
② 음성률은 음의 강약, 고저, 장단 등 음성적 요소의 반복으로 생기는 리듬을 말하는데, 우리 시가에서는 찾아보기 힘들다.
④ 음위율은 음이 일정한 위치에 반복됨으로써 생기는 운율로, 한시에서 주로 찾아볼 수 있다.

08 다음 중 '콩트'에 대한 설명으로 옳지 않은 것은?

① 콩트는 다양한 인물 군상을 나타내기에 유리하다.
② 콩트는 단편 소설의 압축형이다.
③ 콩트는 간결한 구성과 반전 있는 결말을 특징으로 한다.
④ 콩트는 프랑스어에서 유래한 말로, 짧은 이야기를 뜻한다.

08 다양한 인물 군상을 나타내기에 유리한 것은 장편 소설의 특징이다. 단편 소설보다 더 짧은 형태의 콩트에서는 단일한 작중인물이 등장한다.

09 작가가 전달하고자 한 의미를 구체화한 것은?

① 소재
② 인물
③ 문체
④ 플롯

09 인물은 작가가 지니고 있는 사상이나 철학 등을 구체적으로 구현해 주는 존재이다. 소재는 의미를 구체화하기 위해 동원되는 수단이며, 문체는 작가가 글을 쓰는 스타일을 뜻하고, 플롯은 주제를 구현하는 기법에 해당한다.

정답 07 ③ 08 ① 09 ②

10 다음 중 운율에 대한 설명으로 옳지 않은 것은?

① 리듬감을 형성하여 정서적 효과를 높인다.
② 반복, 대구, 음보 등의 수사적 장치를 통해 형성되기도 한다.
③ 시어의 함축성과 긴밀히 관련된다.
④ 음성적 형상화를 통해 감흥을 일으킨다.

10 운율은 시의 음악적 요소로, 시어의 함축성보다는 음악성과 긴밀히 관련되는 요소이다.

11 다음 시에 대한 설명으로 옳은 것은?

> 유성에서 조치원으로 가는 어느 들판에 우두커니 서 있는 한 그루 늙은 나무를 만났다. 수도승일까. 묵중하게 서 있었다.
> …〈중략〉…
> 온양에서 서울로 돌아오자, 놀랍게도 그들은 이미 내 안에 뿌리를 펴고 있었다. 묵중한 그들의. 침울한 그들의. 아아 고독한 모습. 그 후로 나는 뽑아낼 수 없는 몇 그루의 나무를 기르게 되었다.
> – 박목월, 「나무」

① 시인은 시선의 이동에 따라 시상을 전개하고 있다.
② 시 속의 나무는 시적 화자의 내면을 형상화한 추상적 사물로서만 존재한다.
③ 시적 화자는 나무를 통해 느낄 수 있었던 고독이 자신의 내면에 이미 깊이 존재하고 있음을 깨닫는다.
④ 시적 화자는 여행 중 자신이 만났던 노인을 나무에 빗대어 표현하고 있다.

11 ① 시적 화자는 시선이 아닌 장소의 이동에 따라 시상을 전개하고 있다.
② 시 속의 나무는 객관적 세계에 존재하는 사물이면서 동시에 시적 화자의 내면을 반영하는 사물이다. 따라서 이 시에서의 나무는 추상적 사물로서만 존재하는 것이 아니다.
④ 이 시에서는 노인을 나무에 빗댄 것이 아니라, 나무를 '수도승'으로 인격화하여 표현했다.

정답 10 ③   11 ③

12 다음 내용에서 괄호 안에 들어갈 용어를 순서대로 옳게 고른 것은?

- 사물의 한 부분이 그 사물과 관계가 깊은 다른 어떤 것을 나타내는 것을 (㉠)라 한다.
- 어느 한 부분이 전체를 나타내는 것을 (㉡)라 한다.

	㉠	㉡
①	제유	환유
②	환유	제유
③	은유	제유
④	환유	활유

12 환유와 제유 둘 다 사물의 일부 또는 그 특징을 들어서 그 자체 또는 전체를 나타내는 비유법인 대유에 해당된다. 한편 은유는 원관념을 숨기고 보조관념만을 드러내어 표현하는 것이고, 활유는 무생물을 생물인 것처럼 표현하는 것이다.

13 다음 중 비평가와 그의 저서가 잘못 연결된 것은?

① T. S. 엘리엇 - 『전통과 개인의 재능』
② 롤랑 바르트 - 『비극의 탄생』
③ 호라티우스 - 『시론』
④ 아리스토텔레스 - 『시학』

13 『비극의 탄생』은 프리드리히 니체의 저서이다. 롤랑 바르트는 『신화론』, 『텍스트의 즐거움』 등 구조주의 및 후기 구조주의 비평의 대표 저서를 남겼다.
① T. S. 엘리엇은 『전통과 개인의 재능』에서 예술가의 역사의식을 강조하였다.
③ 호라티우스의 『시론(Ars Poetica)』은 라틴 문학의 시작품이자 고전주의 비평의 기초가 된다.
④ 아리스토텔레스의 『시학』은 서양 문학비평사에서 가장 오래된, 본격적인 문예 이론서이다.

정답 12 ② 13 ②

14 제시된 시는 박남수의 「새」의 후반부로, 이 시에서 '새'는 순수의 결정체를 의미하는 매체이다. 한편 '뜻, 교태, 포수'는 모두 순수하지 않은 것, 혹은 순수를 파괴하는 것이라는 주지를 지님으로써 '새'와 대립한다.

14 다음 시에서 밑줄 친 시어에 대한 설명이 옳지 않은 것은?

> <u>새</u>는 울어
> <u>뜻</u>을 만들지 않고,
> 지어서 <u>교태</u>로
> 사랑을 가식(假飾)하지 않는다.
>
> ──<u>포수</u>는 한 덩이 납으로
> 그 순수(純粹)를 겨냥하지만,
> 매양 쏘는 것은
> 피에 젖은 한 마리 상(傷)한 새에 지나지 않는다.

① '새'는 순수함을 나타내는 매체이다.
② '새'와 '뜻'의 주지는 '교태'와 '포수'의 주지와 대립적이다.
③ '뜻'은 '새'와 대비되는 주지를 지닌다.
④ '포수'의 주지는 순수의 파괴자로 현대문명을 의미한다.

정답 14 ②

15 다음 시에 대한 설명으로 옳지 않은 것은?

> 함부로 흘리는 피가 싫어서
> 이다지 낡아빠진 생활을 하는 것은 아니리라
> 먼지 낀 잡초 우에
> 잠자는 구름이여
> 고생도 마음대로 할 수 없는 세상에서는
> 철늦은 거미같이 존재 없이 살기도 어려운 일
>
> 방 두 칸과 마루 한 칸과 말쑥한 부엌과 애처로운 妻(처)를 거느리고
> 외양만이라도 남과 같이 살아간다는 것이 이다지도 쑥스러울 수가 있을까
>
> 詩(시)를 배반하고 사는 마음이여
> 자기의 裸體(나체)를 더듬어보고 살펴볼 수 없는 詩人(시인)처럼 비참한 사람이 또 어디 있을까
> 거리에 나와서 집을 보고 집에 앉아서 거리를 그리던 어리석음도 이제는 모두 사라졌나 보다
> 날아간 제비와 같이
>
> 날아간 제비와 같이 자국도 꿈도 없이
> 어디로인지 알 수 없으나
> 어디로이든 가야 할 反逆(반역)의 정신
>
> 나는 지금 산정에 있다 ─
> 시를 반역한 죄로
> 이 메마른 산정에서 오랫동안 꿈도 없이 바라보아야 할 구름
> 그리고 그 구름의 파수병인 나.

① '날아간 제비와 같이'에는 직유법이 쓰였다.
② '구름의 파수병인 나'에는 은유법이 쓰였다.
③ '구름'은 화자가 지향하는 삶을 상징하는 소재이다.
④ 화자는 시를 배반하고 살아가는 삶으로 인해 좌절하고 있다.

15 제시된 작품은 김수영의 시 「구름의 파수병」의 후반부이다. 이 시에서 '구름'은 이상을 추구하며 자유롭게 떠도는 존재를 의미한다. 화자는 생활에 몰두한 자신을 반성하고, 자신을 '구름의 파수병'이라 지칭함으로써 지향하는 삶의 모습을 은유적으로 나타내고 있다. 이러한 비유법으로는 '날아간 제비와 같이'에서 직유법도 사용되었음을 알 수 있다. 또한 시적 화자는 자신을 '구름의 파수병'으로 규정함으로써 좌절에 그치는 것이 아니라 의지를 세우는 모습도 함께 보이고 있다.

정답 15 ④

16 은유는 원관념과 보조관념의 상관관계가 뚜렷한 반면 상징은 원관념이 주로 생략되므로 상관관계가 뚜렷하지 않다.

16 다음 중 상징에 대한 설명으로 옳지 <u>않은</u> 것은?

① '하늘'이 신성함을 의미하는 것은 원형적 상징의 예이다.
② 상징은 은유에 비해 원관념이 뚜렷이 드러난다.
③ 상징은 공동체 구성원 간의 결속을 강화하는 기능을 한다.
④ 창조적 상징은 작가의 독창적 체험을 통해 창출된 상징으로, 문학적 성격이 강한 편이다.

17 갈등 단계에서 등장인물들 간의 대립이 일어나는 것은 맞지만 그에 앞서 발단 단계에서 등장인물 및 배경이 제시되면서 사건의 윤곽이 드러나야 한다.

17 플롯의 진행 단계에 대한 설명으로 옳지 <u>않은</u> 것은?

① 발단 : 처음 시작 부분으로 사건의 윤곽이 드러난다.
② 갈등 : 등장인물이 제시되면서 서로 간의 대립이 일어난다.
③ 절정 : 갈등이 고조되어 최고점에 이른다.
④ 결말 : 주인공의 운명이 분명해진다.

18 포스터는 『소설의 양상』에서 플롯과 스토리를 구별했는데, 플롯은 인과관계에 중점을 둔 사건의 서술인 반면 스토리는 시간적 순서대로 배열된 사건의 서술을 의미한다.

18 다음 중 소설의 플롯에 대한 설명으로 옳지 <u>않은</u> 것은?

① 플롯은 소설에 나타난 행위의 구조를 말한다.
② 플롯은 시간적 순서에 따른 서술이며, 스토리는 인과관계에 따른 서술이다.
③ 하나의 주제에 일정한 주인공이 겪는 여러 개의 사건을 배치하는 방식은 피카레스크식 구성이다.
④ 평면적 진행은 현대소설에서 거의 사용하지 않는 방법이다.

정답 16 ② 17 ② 18 ②

19. 다음 내용에서 괄호 안에 들어갈 인물의 유형을 순서대로 옳게 고른 것은?

> (㉠)은 이야기 내내 성격이 변하지 않고 한 가지 성격만을 보여주고, (㉡)은 사건의 전개에 따라 성격이나 태도가 변한다.

	㉠	㉡
①	전형적 인물	개성적 인물
②	개성적 인물	전형적 인물
③	입체적 인물	평면적 인물
④	평면적 인물	입체적 인물

19. 평면적 인물은 한 가지 성격이나 특징만을 지닌 변화하지 않는 단조로운 인물로, 이야기 속에서 기능적인 역할을 수행한다. 입체적 인물은 시간의 흐름이나 사건에 따라 성격이 복잡하게 변하고 발전하는 인물로, 현실적이고 생생한 느낌을 준다. 한편 전형적 인물은 특정 시대나 계층의 일반적 성격을 대표하는 인물이고, 개성적 인물은 독특하고 개별적인 성격과 행동을 지닌 인물이다.

20. 다음 중 모티프에 대한 설명으로 옳지 않은 것은?
① 사건의 최소 단위이다.
② 반복적으로 나타나는 주제, 상징, 이미지 등을 의미한다.
③ 모티프는 각 작품마다 고유하다.
④ 작품의 주제나 인물의 성격, 사건 구조 등을 형성한다.

20. 하나의 모티프가 여러 작품에서 나타날 수 있다.

정답 19 ④ 20 ③

21 제시된 작품은 이상의 소설 「날개」의 후반부이다. 이 작품은 '나'라는 인물을 중심으로 그 내면 심리와 자아의 분열, 현실에 대한 인식과 환상 사이의 혼란을 깊이 있게 탐색한다. 제시된 부분을 보면 '나'라는 서술자가 등장하여 자신의 심리, 욕망을 서술하고 있다. 이것은 1인칭 주인공 시점의 특징에 부합한다.

21 다음 제시된 부분의 시점으로 옳은 것은?

> 이때 뚜우 하고 정오 사이렌이 울었다. 사람들은 모두 네 활개를 펴고 닭처럼 푸드덕거리는 것 같고 온갖 유리와 강철과 대리석과 지폐와 잉크가 부글부글 끓고 수선을 떨고 하는 것 같은 찰나! 그야말로 현란을 극한 정오다.
>
> 나는 불현듯 겨드랑이가 가렵다. 아하, 그것은 내 인공의 날개가 돋았던 자국이다. 오늘은 없는 이 날개. 머릿속에서는 희망과 야심이 말소된 페이지가 딕셔너리 넘어가듯 번뜩였다.
>
> 나는 걷던 걸음을 멈추고 그리고 일어나 한 번 이렇게 외쳐 보고 싶었다.
>
> 날개야 다시 돋아라.
>
> 날자. 날자. 한 번만 더 날자꾸나.
>
> 한 번만 더 날아 보자꾸나.

① 전지적 관찰자 시점
② 1인칭 관찰자 시점
③ 전지적 작가 시점
④ 1인칭 주인공 시점

22 복잡한 인물 관계와 다양한 갈등은 장편 소설의 특징에 가깝다. 단편 소설은 제한된 분량 안에서 핵심적인 사건이나 인물, 갈등에 집중하여 간결하고 밀도 있는 전개를 추구한다.

22 다음 중 단편 소설에 대한 설명으로 옳지 않은 것은?

① 단편 소설은 짧은 분량 안에 하나의 사건이나 인물 중심으로 서사를 전개한다.
② 단편 소설은 압축적 구성과 뚜렷한 주제 의식이 특징이다.
③ 단편 소설은 복잡한 인물 관계와 다양한 갈등을 통해 서사의 확장을 추구한다.
④ 단편 소설은 서사의 집중도를 높이기 위해 불필요한 배경 설명이나 인물 수를 제한하는 경우가 많다.

정답 21 ④ 22 ③

23 다음 중 신비평에 대한 설명으로 옳지 <u>않은</u> 것은?

① 형식주의 비평의 한 갈래이다.
② 주로 프랑스 학자들을 중심으로 발전하였다.
③ 언어의 의미가 갖는 아이러니, 역설, 메타포 등을 중시한다.
④ 작품 그 자체를 중심으로 분석하며 작가의 의도나 독자의 반응은 배제한다.

23 신비평 이론가 중에는 브룩스, 워런, 블랙머, 테이트 등 미국의 시 비평가와 영국의 리비스가 있다. 이처럼 신비평이라 하면 일반적으로 주로 영미권에서 이루어졌던 비평 활동을 가리킨다.

24 다음 중 역사주의 비평에 대한 설명으로 옳지 <u>않은</u> 것은?

① 작품을 한 시대의 소산으로 본다.
② 작가 연구는 역사주의 비평가들의 핵심 영역이다.
③ 주요 학자에는 생트뵈브, 테느, 그레브스타인이 있다.
④ 언어의 사회성에 주목한다.

24 역사주의 비평에서 주목하는 것은 언어의 역사성이다. 역사주의 비평가들은 작품에 사용된 언어가 당시의 문화적 배경 속에서 지니는 특수한 의미를 이해하고 설명하기 위해 언어에 대해 연구한다.

25 일반 비평론에 대한 설명으로 옳지 <u>않은</u> 것은?

① 문학비평의 네 가지 범주에는 작품, 작가, 대상, 시대가 있다.
② 비평의 좌표에 따르면 모방론, 효용론, 표현론, 객관론이 있다.
③ E. D. 허시에 따르면, 문학비평에서 '이해'란 텍스트의 기본 의미 파악을 뜻한다.
④ 비평가는 작가와 독자 사이의 중간에 위치한다.

25 문학비평의 네 가지 범주는 작품, 작가, 대상, 독자이다. 이때 독자는 청중이라고도 하는데 작가가 의도하는 '참여하기'에 적극 가담하는 존재이다.

정답 23 ② 24 ④ 25 ①

26 제시문은 자크 데리다의 해체주의에 대한 설명이다. 해와 달처럼 대립되는 개념(이분법)을 해체하는 것이 해체주의의 핵심이며, 언어와 의미의 불안정성, 다의성, 해석 가능성의 열림을 강조한다.

26 다음 설명에서 설명하는 문예이론은 무엇인가?

> 이 이론은 언어의 의미가 고정되어 있지 않으며, 텍스트는 끊임없이 해석되고 재구성된다고 본다. 전통적으로 중심이라 여겨진 개념들 – 예컨대 해와 달처럼 분명하게 구분된 이분법 구조 – 을 의심하고 해체하며, 의미는 항상 다른 의미와의 차이 속에서 생성된다고 본다. 자크 데리다는 이러한 사유를 통해 텍스트 내의 모순, 간극, 흔들리는 의미를 밝혀내고자 했다. 이 이론은 구조주의의 한계를 넘어선 해석의 다원성을 중시한다.

① 사실주의
② 해체주의
③ 실존주의
④ 표현주의

27 심리주의 비평은 작가와 인물의 심리적 내면, 무의식, 욕망 등을 중심으로 작품을 해석하는 비평으로, 주로 정신분석 이론에 기반한다. 제시된 설명은 사회·문화적 비평에 대한 설명에 해당한다.

27 각 비평에 대한 설명으로 옳지 <u>않은</u> 것은?

① 구조주의 비평 – 문학작품을 하나의 자율적인 구조로 보고, 언어의 내적 체계와 구조를 분석한다.
② 신화 비평 – 원형(archetype)과 신화적 상징을 통해 작품에 내재된 보편적 의미를 해석한다.
③ 형식주의 비평 – 작품의 언어적 구조와 의미 작용을 중심으로 분석하며, 독립된 자율성에 주목한다.
④ 심리주의 비평 – 문학작품이 사회적 현실과 이데올로기를 반영한다는 전제에서 출발한다.

정답 26 ② 27 ④

28 다음 중 수필에 대한 설명으로 옳지 않은 것은?

① 수필은 작가의 체험과 사상을 자유로운 형식으로 표현한 산문 문학이다.
② 수필은 논리적 전개와 객관적 사실 전달을 중시하는 점에서 논문과 유사하다.
③ 수필은 형식의 제약이 적고 작가의 개성이 드러나는 경우가 많다.
④ 수필은 감상적 정서와 일상적 소재를 바탕으로 독자와의 공감대를 형성한다.

28 수필은 논문처럼 객관적 사실 전달이나 논리적 전개보다는 작가의 주관적 체험, 감성, 사상 등을 자유롭게 표현하는 문학 양식이다. 오히려 자유로운 형식과 표현이 수필의 중요한 특징이다.

29 다음 설명에 해당하는 수필의 종류는?

> 개인적 체험이나 감상을 서정적으로 풀어내는 수필과 달리, 비판적이고 사색적인 내용을 논리적으로 전개하는 수필이다. 주로 사회, 문화, 철학, 예술 등에 대한 객관적 시각과 주관적 성찰이 결합된 글이다. 문장 표현은 자유롭지만, 논리성과 주제 의식이 비교적 뚜렷한 글쓰기라 할 수 있다.

① 베이컨형 수필
② 햄릿형 수필
③ 몽테뉴형 수필
④ 칸트형 수필

29 제시문은 중수필에 대한 설명으로, 중수필은 베이컨형 수필이라고도 한다. 한편 중수필의 상대적 개념인 경수필은 주정적 수필을 말하는 것으로, 몽테뉴형 수필에 해당된다.

정답 28 ② 29 ①

30 제시된 글은 피천득의 「수필」의 일부로, 함축적이고 정서적인 언어로 쓴 수필론이다. 제시문에서 수필은 '마음의 산책'이며 '온아우미'하고, '비둘기빛이나 진주빛'과 같은 은은한 아름다움을 지녔다고 하였다. 이는 감정의 절제, 표현의 우아함, 그리고 인생의 여운을 중시하는 수필의 특성을 보여준다.
① 제시문에 언급된 수필의 특성(절제된 감정, 우아한 표현 등)과는 다른, 강한 어조의 논픽션이나 논설문에 가까운 설명이다.
② 수필의 자유로운 형식과 주관적인 표현과는 거리가 먼 설명이다.
④ 제시문에서 수필은 절제되고 우아한 표현을 주로 사용하는 것으로, 강한 전개와 화려한 표현을 사용하는 것은 감성적 글쓰기에 더 가까운 설명이다.

31 페미니즘 비평은 여성 작가뿐 아니라 남성 작가의 작품에서도 여성 인물의 재현 방식, 가부장제 이데올로기, 성별 권력 관계를 분석한다. 따라서 여성 작가의 작품에만 집중하거나 남성 작가의 문학을 배제하지 않는다.

정답 30 ③ 31 ②

30 다음 제시문과 관련 있는 수필의 특성은?

> 수필은 흥미는 주지마는, 읽는 사람을 흥분시키지는 아니한다. 수필은 마음의 산책이다. 그 속에는 인생의 향취와 여운이 숨어 있다.
> 수필의 빛깔은 황홀 찬란하거나 진하지 아니하며, 검거나 희지 않고, 퇴락하여 추하지 않고, 언제나 온아우미하다. 수필의 빛은 비둘기빛이거나 진주빛이다. 수필이 비단이라면, 번쩍거리지 않는 바탕에 약간의 무늬가 있는 것이다. 무늬는 사람 얼굴에 미소를 띠게 한다.
> 수필은 한가하면서도 나태하지 아니하고, 속박을 벗어나고서도 산만하지 않으며, 찬란하지 않고 우아하며 날카롭지 않으나 산뜻한 문학이다.

① 수필은 날카로운 논리와 강렬한 감정으로 독자에게 사상적 충격을 주는 문학이다.
② 수필은 엄격한 형식과 주제를 갖추고 있으며, 사실 보도와 같이 객관성을 중시한다.
③ 수필은 절제된 감정과 우아한 표현으로 인생의 향기와 여운을 전하는 문학이다.
④ 수필은 독자의 주의를 강하게 환기시키는 전개와 화려한 표현을 특징으로 한다.

31 다음 중 페미니즘 비평에 대한 설명으로 옳지 않은 것은?
① 페미니즘 비평은 문학에 나타난 남성 중심적 시각과 여성 억압의 양상을 분석한다.
② 페미니즘 비평은 여성 작가의 작품에만 집중하며 남성 작가의 문학은 배제한다.
③ 페미니즘 비평은 성별 이분법을 비판하고 여성의 주체적 목소리를 회복하려 한다.
④ 페미니즘 비평은 문학 속 여성 재현 방식과 젠더 권력 구조를 문제 삼는다.

32 문학작품과 작가의 관계에 대한 일반적 설명으로 옳은 것은?

① 작가는 문학 창작의 기술적 기능만 수행하며, 인격이나 정서는 작품에 반영되지 않는다.
② 문학은 독자의 상상력에 의해 완성되므로, 작가의 삶이나 인격은 고려 대상이 아니다.
③ 문학작품은 작가의 인격과 정서, 세계관이 일정 부분 투영된 창조적 표현물로 볼 수 있다.
④ 작가는 문학적 규칙에 따라 구조를 설계하는 기능적 존재이다.

32 일반적으로 문학의 창작 주체인 작가는 자신의 인격과 감정, 세계관을 작품 속에 투영한다고 본다. 이는 작품의 정서, 주제, 인물 형상화 등에 영향을 미친다.
① · ④ 작가를 단순히 기술적 · 기계적 도구로만 보는, 극단적인 형식주의적 관점에 해당한다.
② 롤랑 바르트의 견해를 반영하였으나, 이는 작가 개입의 중요성을 부정하는 특정 비평 이론의 입장이기 때문에 문학작품과 작가의 관계에 대한 보편적 · 일반적인 설명으로 보기 어렵다.

33 희곡의 어원에 대한 설명으로 옳지 않은 것은?

① 희곡을 뜻하는 'Drama'는 '행동하다'는 의미의 그리스어 'Dran'에서 유래했다.
② '희곡'은 단순한 이야기 형식의 글이라는 뜻에서 유래했다.
③ '희곡(戱曲)'이라는 용어는 중국에서 가무 중심의 전통극을 가리키는 말이었다.
④ 희곡이라는 말 자체에 연극성이 내포되어 있다.

33 '희곡'은 '희[戱(놀다, 연기하다)]'와 '곡[曲(음악, 노래)]'이 합쳐진 말로, '연극의 대본'이라는 뜻을 가진다. 따라서 단순히 이야기 형식의 글이라는 뜻에서 유래했다는 설명은 정확하지 않다.

34 다음 설명에 해당하는 희곡의 단계는?

> 인물 간의 대립이나 사건이 최고조에 이르러 긴장감이 극대화된다. 이 시점에서 인물의 운명이 결정되는 중요한 전환이 일어나며, 관객의 몰입도도 가장 높아진다.

① 발단
② 전개
③ 절정
④ 대단원

34 희곡의 구성 5단계는 '발단 → 상승(전개) → 절정(위기, 정점) → 하강(반전) → 결말(대단원)'으로 이루어진다. 이 중 갈등이 최고조에 이르는 단계는 절정에 해당한다.

정답 32 ③ 33 ② 34 ③

35 희곡의 3요소는 대사, 지문, 해설이다. 제시된 설명은 희곡의 지문, 즉 무대 지시문에 해당한다.

35 다음 설명에 해당하는 희곡의 요소는?

> 인물의 행동, 표정, 무대위치, 조명, 효과음 등을 설명한다. 괄호 안이나 글씨체를 달리하여 표시되며 대사 외에 무대 연출의 시각적·청각적 요소를 구체화하는 것으로, 배우와 연출자가 장면을 구현하는 데 도움을 준다.

① 대사
② 지문
③ 해설
④ 인물

36 고전극, 특히 프랑스 고전주의 희곡에서는 아리스토텔레스의 『시학』 해석을 바탕으로 한 '3일치의 원리'가 강조되었다. 이때 3일치란 시간, 장소, 행동의 일치를 말하는 데 사건은 24시간 내에 일어나야 하며, 하나의 장소에서만 일어나야 하고, 하나의 중심 줄거리만을 따라야 한다는 것이다. 대사는 극의 표현 방식일 뿐 3일치 원리와는 관련이 없다.

36 다음 중 고전극의 3일치에 해당하지 않는 것은?

① 시간
② 장소
③ 행동
④ 대사

37 카타르시스는 아리스토텔레스의 『시학』에 나오는 개념으로, 정화 혹은 배설이라고도 한다. 아리스토텔레스는 비극을 통해 공포와 연민의 감정을 불러일으키고, 이를 통해 관객이 내면의 긴장과 감정을 정화한다고 설명했다.

37 다음 내용에서 괄호 안에 들어갈 용어로 옳은 것은?

> (   )은(는) 문학이 주는 정서적 치유와 감정적 해방의 핵심 개념이다. 문학작품을 통해 독자나 관객이 감정적으로 깊이 공감하고, 억눌린 감정을 해소하며 정화되는 심리적 과정을 말한다. 아리스토텔레스는 비극을 통해 이것을 느낄 수 있다고 했다.

① 모방
② 카타르시스
③ 모방충돌설
④ 교시

정답 35 ② 36 ④ 37 ②

38 문학 언어의 특징에 대한 설명으로 옳지 <u>않은</u> 것은?

① 상상력의 언어이다.
② 언어를 통해 인간과 세계를 연결한다.
③ 주관적이고 함축적이다.
④ 의미를 정확하게 전달함으로써 공감을 끌어낸다.

38 의미의 정확한 전달을 목표로 하는 것은 언어를 과학적·철학적으로 사용했을 때 중시하는 것이다. 문학 언어는 언어를 개성적으로 사용하는 데 중점을 둔다.

39 비교문학 일반론에 대한 설명으로 옳지 <u>않은</u> 것은?

① 비교문학은 문학과 타 예술 간의 상호 관계를 탐구할 수 있다.
② 비교문학은 작품들 간의 유사성과 차이점, 영향력 등을 연구함으로써 한 작품으로 다른 작품을 설명할 수 있다.
③ 비교문학은 동일한 언어권 국가의 문학만을 연구 대상으로 삼는다.
④ 비교문학은 문학의 수용과 영향 관계를 중심으로 텍스트 간의 연관성을 분석한다.

39 비교문학은 국경, 언어, 민족의 경계를 넘어 문학 현상을 연구하는 문학론으로, 동일한 언어권 국가만이 아니라 다양한 언어권과 문화권의 문학을 비교·분석한다.

40 프랑스 비교문학에 대한 설명으로 옳지 <u>않은</u> 것은?

① 동양 문학과 서양 문학을 비교하기 위해 시작되었다.
② '영향 관계'를 중심으로 문학작품 간의 연관성을 분석하였다.
③ 비교문학의 학문적 체계를 처음 정립한 것은 프랑스 학자들이었다.
④ 국경을 넘는 문학적 교류와 수용 양상을 중시하였다.

40 프랑스 비교문학은 자국의 문학사를 기록하는 과정에서 문학의 국제적 영향 관계를 밝히면서 시작되었다. 이때는 주로 특히 유럽을 중심으로 한 서양 내부의 문학 간의 관계를 밝히는 데 주목하였다. 동양 문학과 서양 문학의 비교는 훨씬 나중에 이루어졌다.

정답 38 ④ 39 ③ 40 ①

2024년 기출복원문제

※ 기출문제를 복원한 것으로 실제 시험과 일부 차이가 있으며, 저작권은 시대에듀에 있습니다.

01 문학은 독자적이고 개별적인 것을 지향하는 것으로 개인적, 주관적 정서를 표현하는 것이다.

01 다음 중 문학의 속성으로 가장 적절하지 않은 것은?

① 사회를 비추는 거울로서 현실을 반영한다.
② 정서적 언어로 감정을 표현한다.
③ 집단적, 객관적 정서를 표현한다.
④ 작가가 자신의 인생관, 가치관을 드러낸다.

02 ① 다윈 등의 진화론자들이 제시한 것으로, 인간에게는 남을 끌어들이려는 흡인본능이 있다고 보는 흡인본능론에 대한 설명이다.
② 허드슨의 자기표현본능설에 대한 설명이다.
③ 칸트와 스펜서가 제시한 유희본능설에 대한 설명이다.

02 다음 중 모방론에서 제시하는 문학작품이 발생한 이유로 가장 적절한 것은?

① 문학작품은 사람들로부터 관심을 끌기 위한 욕구로부터 발생하였다.
② 문학작품은 사람들이 자신의 감정이나 생각을 표현하기 위해 발생하였다.
③ 문학작품은 사람들이 행위 자체를 즐기는 충동으로부터 발생하였다.
④ 문학작품은 다른 사람을 모방하는 본성과 그것을 보고 느끼는 쾌락에서 발생하였다.

정답 01 ③ 02 ④

03 다음 작품과 관련된 문학의 기능은?

> 오늘도 다 새거다 호믜 메고 가쟈스라.
> 내 논 다 믹여든 네 논 졈 믹여 주마.
> 올 길헤 뽕 따다가 누에 머겨 보쟈스라.
> 　　　　　　　　　　　　　　 - 정철,「훈민가」

① 쾌락적
② 비판적
③ 교시적
④ 오락적

03 교시적 기능이란 작품을 통해 독자들이 자신의 행위를 돌아보게 하고 교훈을 주는 문학의 기능을 말한다. 정철의「훈민가」는 제목에서도 드러나듯이 백성들에게 유교적 윤리와 도덕을 권장하는 내용의 연시조이다. 제시된 부분은「훈민가」전 16수 중 13수에 해당하는 것으로, 상부상조의 자세를 권하고 있다.

04 다음 중 문학 장르의 세 가지 기준 모형에 속하지 <u>않는</u> 것은?

① 극
② 서정
③ 설화
④ 서사

04 전통적으로 문학 장르는 서정, 서사, 극으로 구분한다. 설화는 서사의 하위분야에 속한다.

05 다음 중 장르를 나누는 기준으로 옳은 것은?

① 독자와의 관계에 따라 운문과 산문으로 나눌 수 있다.
② 매체의 형태에 따라 기록문학과 구비문학으로 나눌 수 있다.
③ 창작의 목적에 따라 순수문학과 참여문학으로 나눌 수 있다.
④ 제재의 성격에 따라 농촌문학, 연애문학, 역사문학, 풍속문학으로 나눌 수 있다.

05 ① 운문과 산문으로 나누는 것은 작품의 매체 및 형태에 따른 구분이다.
② 기록문학과 구비문학으로 나누는 것은 언어의 전달방식에 따른 구분이다.
③ 창작 목적에 따라서는 참여문학, 계몽문학, 오락문학으로 구분한다. 순수문학은 독자와의 관계에 따른 구분의 한 갈래로, 이에 따르면 문학 장르는 순수문학, 대중문학, 통속문학으로 구분된다.

정답　03 ③　04 ③　05 ④

06 다음 비평문의 내용과 관련된 시어의 성격은?

> 김수영의 시 「눈」에 나오는 '눈'은 해석하는 사람의 관점에 따라 '사람의 눈'이 될 수도, '하늘에서 내리는 눈'이 될 수도 있다. 이는 '눈'이라는 단어가 동음이의어로서 두 가지 뜻을 갖고 있기 때문인데, 시인이 이러한 언어를 의도적으로 사용함으로써 정서적 깊이를 증대시키고 시에 대한 해석을 풍부하게 할 수 있다.

① 주관성
② 애매성
③ 감수성
④ 추상성

06 시어에 해당하는 언어가 따로 존재하는 것은 아니지만, 일상어와 달리 시어는 주관적이며 함축적, 간접적, 2차적 등등의 특징을 지니는 경우가 많다. 제시된 비평문에서 알 수 있는 시어의 특징은 해석이 두 가지 이상으로 가능하다는 것인데, 이는 W. 엠프슨이 말한 애매성에 해당한다.

07 2~5음절 정도의 글자가 결합되어 이루어진 구절을 규칙적으로 반복하는 운율은?

① 음보율
② 음수율
③ 내재율
④ 강약률

07 음보율은 우리 시에서 가장 두드러진 운율로, 일정 글자 수로 이루어진 구절을 3~4번 반복함으로써 이루어진다.
② 음수율은 일정한 글자 수가 반복되는 것이다.
③ 내재율은 작품의 내면에 흐르는 운율로, 외형상의 규칙성이 드러나지 않는다.
④ 강약률은 외국 시에 주로 사용되는 것으로, 글자 수는 상관없이 악센트의 수를 일치시킴으로써 이루어지는 운율이다.

정답 06 ② 07 ①

08 다음 시에 나타나는 운율에 대한 설명으로 가장 적절한 것은?

> 늦은 저녁때 오는 눈발은 말집 호롱불 밑에 붐비다
> 늦은 저녁때 오는 눈발은 조랑말 발굽 밑에 붐비다
> 늦은 저녁때 오는 눈발은 여물 써는 소리에 붐비다
> 늦은 저녁때 오는 눈발은 변두리 빈터만 다니며 붐비다.
> – 박용래, 「저녁눈」

① 외형률보다 내재율이 두드러진다.
② 전통적인 7·5조의 음수율이 나타난다.
③ 자유시이므로 운율을 느끼기가 어렵다.
④ 특정하게 반복되는 구절로 운율을 형성한다.

08
'늦은 저녁때 오는 눈발은', '~붐비다'라는 구절이 반복됨으로써 운율을 형성하고 있다.
① 외형상 일정한 구절이 반복되고 있으므로 내재율보다는 외형률이 두드러지는 시이다.
② 7·5조는 글자 수가 3·4·5 혹은 4·3·5로 일정하게 반복되는 것인데, 이 시에 드러나는 글자 수와는 다르다.
③ 제시된 시가 자유시인 것은 맞지만, 이 시를 소리 내어 읽다보면 비슷한 구절이 반복됨에 따라 운율을 느낄 수 있다. 따라서 자유시에도 운율이 내재되어 있음을 알 수 있다.

09 다음 시구에 나타나는 음보율은?

> 나 보기가 역겨워
> 가실 때에는
> 말없이 고이 보내 드리우리다
>
> 영변에 약산
> 진달래꽃
> 아름 따다 가실 길에 뿌리우리다

① 2음보
② 3음보
③ 4음보
④ 5음보

09
제시된 작품은 김소월의 「진달래꽃」의 일부로, 7·5조의 3음보로 이루어진 시이다. 제시된 구절은 음보에 따라 다음과 같이 끊어 읽는다.

> 나 보기가 / 역겨워 / 가실 때에는 // 말없이 / 고이 보내 / 드리우리다 // 영변에 / 약산 / 진달래꽃 // 아름 따다 / 가실 길에 / 뿌리우리다
> ※ / : 음보와 음보 사이의 구분
>   // : 3음보 단위 구분

정답 08 ④ 09 ②

10 서정시는 개인의 주관적인 감정이나 정서를 다룬 시로, 대부분의 현대시가 이에 속한다.
① · ③ 서사시에 대한 설명이다.
④ 형태를 기준으로 했을 때 정형시와 대립되는 것은 서정시가 아니라 자유시이다.

10 다음 중 서정시에 대한 설명으로 가장 적절한 것은?
① 시의 대상이 신이나 영웅, 역사적 사실이다.
② 지성을 강조하는 주지시 역시 내용상 서정시에 적용된다.
③ 객관적 사실을 노래하면서 서사 지향성을 지닌다.
④ 형태를 기준으로 시를 분류하면 정형시와 대립된다.

11 휠라이트는 은유를 치환과 병치라는 두 가지 관점에서 설명했다. 치환은 원관념과 보조관념 사이에 논리적 관계가 있는 전통적인 개념의 은유이고, 병치는 비논리적인 관계를 통해 새로운 의미를 창조하는 것이다. 제시된 시의 경우, 독립성을 지닌 '얼굴들'과 '꽃잎들'의 이미지가 병치되면서 새로운 의미가 생산되고 있다. ② · ③ · ④의 관습, 내재, 해석은 은유와 관련성이 없는 개념들이다.

11 다음 내용에서 괄호 안에 공통으로 들어갈 말로 옳은 것은?

> 휠라이트는 (　　) 은유의 예로 "군중 속에서 유령처럼 피어나는 이 얼굴들, / 까맣게 젖은 나뭇가지 위의 꽃잎들"이란 에즈라 파운드의 시를 인용했다. 여기에서 '얼굴들'과 '꽃잎들'은 서로가 같은 것인지 다른 것인지 판단이 유보된다. 이러한 점에서 (　　) 은유는 해체주의적 관심까지 불러일으킨다.

① 병치
② 관습
③ 내재
④ 해석

12 시각적 이미지를 비롯하여 시의 이미지는 시의 주제와 조화를 이루어 주제를 구현하는 데 기여하는 방식으로 이루어져야 한다.

12 다음 중 시각적 이미지에 대한 설명으로 가장 적절하지 않은 것은?
① 신선하고 독창적이어야 효과적이다.
② 감각적 체험의 재생을 제시하는 것이 좋다.
③ 비유, 상징 등의 표현 기교에 결합되어야 한다.
④ 주제와 관계 없이 독립적 맥락에서 형성되어야 한다.

정답　10 ②　11 ①　12 ④

13 다음 중 시구에 나타난 심상이 나머지와 <u>다른</u> 하나는?

① 파아란 바람이 불고 가을이 있고
② 젊은 아버지의 서느런 옷자락에
③ 피부의 바깥에 스미는 어둠
④ 매운 계절의 채찍질에 갈겨

13 김종길의 「성탄제」의 시구로, '서느런 옷자락'에서는 촉각적 심상만이 드러난다. 나머지 선지에서는 모두 공감각적 심상이 드러난다.
① 윤동주의 「자화상」의 시구로, '파아란 바람'에서 촉각의 시각화라는 공감각적 심상이 드러난다.
③ 김광균의 「와사등」의 시구로, '어둠'을 피부로 느끼는 듯 표현했기 때문에 시각의 촉각화라는 공감각적 심상이 드러난다.
④ 이육사의 「절정」의 시구로, '계절의 채찍'이라는 촉각을 '매운'이라는 미각으로 표현했기 때문에 촉각의 미각화라는 공감각적 심상이 드러난다.

14 다음 시에 대한 설명으로 가장 적절하지 <u>않은</u> 것은?

> 얇은 사 하이얀 고깔은
> 고이 접어서 나빌레라.
>
> 파르라니 깎은 머리
> 박사 고깔에 감추오고
>
> 두 볼에 흐르는 빛이
> 정작으로 고와서 서러워라.
>
>   - 조지훈, 「승무」

① 시적 허용을 통해서 시어를 새롭게 제시하였다.
② 은유를 통해서 서로 다른 존재를 융합하였다.
③ 청각적 이미지를 통해 감각을 환기시키고 있다.
④ 역설적 표현을 통해 정서를 불러일으키고 있다.

14 조지훈의 「승무」의 일부가 제시되었다. 이 시는 청각적 이미지가 아니라 시각적 이미지가 두드러지게 나타나고 있다.
① '하이얀', '나빌레라', '감추오고'와 같은 시어들은 문법적으로는 맞지 않는 것으로, 이는 시적 허용에 해당된다.
② 1연에서 얇고 하얀 천으로 만든 고깔을 '나비'와 융합하여 '나빌레라'라는 표현을 만들어냈다.
④ 마지막 행의 '고와서 서러워라'라는 표현은 '곱다'와 '서럽다'라는 이질적인 이미지를 동시에 제시함으로써 역설적 표현이 이루어졌다.

정답   13 ②   14 ③

15 은유의 경우 원관념은 숨기고 보조 관념만을 드러내어 'A는 B이다'와 같은 형식을 취하게 되는데, (가)와 (나) 둘 다 이러한 형식을 찾아볼 수는 없다. 직유는 '~처럼', '~인 양', '~듯이'와 같은 형식을 사용한다. (가)에서는 '장미꽃처럼'이란 표현을 통해 직유가 사용되었음을 알 수 있다. 또한 상징은 은유와 달리 원관념과 보조관념 사이의 유사성이 없고 원관념이 생략되는 경향이 있다. (나)에서 '장미꽃'이 의미하는 바는 글 전체의 문맥을 통해 의미 파악이 가능하고, 원관념이 생략되어 있다는 점에서 상징이라 할 수 있다.

16 스토리와 플롯의 가장 큰 차이는 시간적 순서에 따른 서술인가, 인과관계에 따른 논리적 서술인가 하는 점이다.
'입체'와 '평면'은 구성과 관련하여 쓰일 경우, 시간적 흐름에 따라 구성이 이루어진 경우 평면적 구성(순행적 구성), 시간의 순서가 뒤섞여 있는 경우 입체적 구성(역순행적 구성)이라고 불린다.

17 소설의 서술자는 작품의 인물, 사건, 배경을 바라보고 독자에게 이야기를 전해주는 인물로서 시에서의 시적 화자와 마찬가지로 작가가 가공해 낸 가상의 인물이다. 작가, 즉 소설가와 서술자는 동일 인물이 아니다.

정답 15 ③ 16 ① 17 ③

---

15 다음 두 제시문에 대한 설명으로 옳은 것은?

> (가) 나의 첫사랑은 장미꽃처럼 화려하다.
> (나) 내 삶에 장미꽃은 없었다.

① 모두 은유를 활용하고 있다.
② 모두 상징을 활용하고 있다.
③ (가)는 직유, (나)는 상징을 활용하고 있다.
④ (가)는 상징, (나)는 은유를 활용하고 있다.

16 다음 중 괄호 안에 들어갈 용어를 순서대로 옳게 고른 것은?

> 소설에서 사건을 서술하는 방법은 두 가지가 있다. 먼저 (㉠)은(는) 시간 순서에 따라 사건을 제시하는 것이다. 반면 (㉡)은(는) 논리적 인과관계에 따라 사건을 설명하고, 미적 계획에 맞춰 이야기를 구성하는 것이다.

	㉠	㉡
①	스토리	플롯
②	평면	입체
③	플롯	스토리
④	입체	평면

17 다음 중 소설에 대한 설명으로 가장 적절하지 않은 것은?

① 인물과 상황을 중심으로 이야기를 풀어나간다.
② 인간의 삶을 다루지만 허구적 요소가 들어 있다.
③ 소설가와 서술자를 동일한 존재로 인식할 수 있다.
④ 갈등을 다루는 이야기이므로 갈등 구조를 보여준다.

18 다음 중 괄호 안에 들어갈 용어를 순서대로 옳게 고른 것은?

> (㉠)은(는) 인물과 배경이 동일하지만, 사건은 다른 이야기들이 전개된다. 「데카메론」도 이러한 구조를 띄고 있다. 한편 (㉡)은(는) 이야기 속에 이야기가 있는 형식으로 구성된다.

	㉠	㉡
①	옴니버스	액자형 플롯
②	액자형 플롯	옴니버스
③	피카레스크	옴니버스
④	피카레스크	액자형 플롯

18 액자형 플롯은 하나의 플롯 속에 또 하나의 플롯이 삽입된 것을 말한다. 옴니버스와 피카레스크는 하나의 주제를 중심으로 여러 사건이 전개된다는 점에서는 동일하지만, 옴니버스가 각 이야기의 주요 인물이 다른 반면 피카레스크는 주요 인물이 일정하다는 차이점이 있다.

19 다음 설명에 해당하는 개념으로 적절한 것은?

> 이들은 한 사회의 집단이나 계층에 소속된 인물이며, 공통적으로 보여주는 기질이 있다. 어떤 계층의 성격적 특징을 대변하며, 사회로부터 고립되지 않고 소속되어 있기 때문에 이들에게는 어떤 공통된 성격이 부여된다.

① 전형적 인물
② 개성적 인물
③ 입체적 인물
④ 문제적 인물

19 ② 개성적 인물이란 전형적 인물에 대응하는 개념으로, 작가가 독특한 개성을 발휘하여 창조한 인물을 말한다.
③ 입체적 인물은 한 작품 안에서 성격이 거의 변하지 않는 평면적 인물과 달리 성격이 발전, 변화하는 인물이다.
④ 문제적 인물은 사회의 보편적 질서에 맞서는 인물로, 근대에 들어 새롭게 등장한 인물 유형을 가리킨다.

정답 18 ④ 19 ①

20 ② 입체적 인물은 평면적 인물에 대응하는 개념으로, 작품 전개에 따라 성격이 발전 및 변화하는 인물을 말한다.
③ 개성적 인물은 전형성에서 탈피하여 작가의 독특한 개성이 발휘된 창조적 인물이다.
④ 해설적 인물이라는 개념은 없다. 다만 인물 제시 방법으로써 인물의 성격을 작가가 직접적으로 제시하는 경우, 이를 해설적으로 제시한다고 할 수 있다.

20 다음 내용에서 괄호 안에 들어갈 말로 가장 적절한 것은?

( )은 루카치의 『소설의 이론』에서 쓰인 용어로, 근대 이후에 등장한 소설의 새로운 인물 유형을 일컫는다. 이들은 자신이 속한 세계가 행복한 사회가 아니기 때문에 보편적 질서에 맞서는 인물로 나타난다. 예를 들어 「죄와 벌」의 라스콜리니코프, 「이방인」의 뫼르소, 「광장」의 이명준과 같은 이들이 여기에 속한다.

① 문제적 인물
② 입체적 인물
③ 개성적 인물
④ 해설적 인물

21 제시된 작품은 은희경의 「빈처」의 시작 부분이다. 이 작품은 남편이 우연히 발견한 아내의 일기장을 봄으로써 드러나게 되는 아내의 삶, 그리고 부부간의 소통과 사랑의 문제를 다루고 있다. 제시된 부분은 '나(남편)'라는 작품 속 서술자를 내세워 서술하고 있으므로 전지적 시점이나 3인칭 시점이 아닌 1인칭 시점이다. 또한 이 작품에서 주된 서술의 대상은 '나(남편)'의 시선에 의해 드러나는 아내의 삶이므로, 주인공 시점이 아니라 관찰자 시점이다.
③ 문제에 제시된 부분은 아니지만, 이 작품에서 아내의 일기 내용이 언급되는 부분은 1인칭 주인공 시점으로 서술된다.

21 다음 제시된 부분의 시점으로 옳은 것은?

나는 그녀가 일기를 쓴다는 것을 몰랐다. 뭘 쓴다는 것이 그녀에게는 도무지 안 어울리는 일이었다. 자기반성이나 자의식 같은 것이 일기를 쓰게 하는 나이도 아니었다. 그렇다고 학생 때 무슨 글을 써 봤다는 소리도 듣지 못했다. 내게 쓴 연애편지 몇 장도 그저 그런 여자스러운 감상을 담고 있을 뿐 글재주 같은 건 없었다.
그날 나는 낮 시간에 집에 있었다. 간밤에 초상집에 갔다가 새벽에 들어와서 열두 시가 넘도록 늘어지게 잤던 것이다. 자고 일어나 보니 집에는 아무도 없었다. 그녀는 아이들을 데리고 시장에라도 간 모양이었다. 물을 마시려고 자리에서 몸을 일으키던 나는 화장대 위에 웬 노트가 놓여 있는 걸 보았다. 당연히 가계부인 줄 알았다. 그런데 일기장이었다.

① 전지적 작가 시점
② 1인칭 관찰자 시점
③ 1인칭 주인공 시점
④ 3인칭 관찰자 시점

정답 20 ① 21 ②

22 다음 중 뮤어의 소설 분류에 대한 설명으로 옳지 않은 것은?
① 성격 소설은 개성적이고 새로운 성격을 지닌 인물을 표현하는 것에 중점을 둔다.
② 행동 소설은 호기심을 유발하는, 박력 있는 사건을 통해 즐거움을 제공하는 것을 중시한다.
③ 극적 소설은 플롯에 초점을 맞추어 주인공의 완결된 체험을 제시하는 데 초점을 둔다.
④ 시대 소설은 탄생, 성장, 죽음의 시간 순서에 의해 구성되는 외적 진행으로 이루어진다.

22 시대 소설은 한 시대의 풍속을 반영한 것으로 한 시대의 분위기나 환경, 역사적 흥미나 관심을 제공하는 데 중점을 둔다. 개인의 '탄생, 성장, 죽음의 시간 순서에 의해 구성'되는 것은 연대기 소설에 대한 설명이라 할 수 있다.

23 단편 소설과 장편 소설에 대한 설명으로 옳지 않은 것은?
① 단편 소설은 기교 중심의 글이지만, 장편 소설은 주제와 사상의 초월에 집중하는 글이다.
② 단편 소설은 집중적이고 압축적인 구성을 지니지만, 장편 소설은 복잡하고 발전적인 구성을 지닌다.
③ 단편 소설은 인생의 단면을 예각적으로 제시하는 반면, 장편 소설은 인간과 사회를 총체적으로 보여준다.
④ 단편 소설은 인물을 평면적 성격으로 제시하는 게 유리하고, 장편 소설은 입체적 성격으로 제시하는 게 유리하다.

23 단편 소설은 장편 소설에 비해 기교적인 면에서 두드러지지만, 그렇다고 단편 소설이 기교 중심의 글인 것은 아니다. 단편 소설은 압축된 구성을 통해 인생의 단면을 예리하게 그려내는 과정에서 뛰어난 표현기교를 사용하게 될 뿐이다.

24 문학비평에 대한 설명으로 옳지 않은 것은?
① 문학비평이란 작품을 판단하고 식별하는 것이다.
② 문학비평이란 작품의 가치를 평가하는 과정을 포함한다.
③ 문학비평에서는 작품 감상도 문학비평의 일종으로 본다.
④ 문학비평에서는 작품의 부정적 면모를 부각하는 것이 최종 목표이다.

24 문학비평의 최종 목적은 가치 판단에 있다. 비평을 통해 작품의 부정적 면모에 대한 비판적 검토가 이루어질 수는 있어도 그것이 비평의 최종 목표는 아니다.

정답 22 ④ 23 ① 24 ④

25 문학비평의 대상이 되는 것은 문학작품을 창작한 작가의 생애이지 비평이론가의 생애가 아니다.

25 다음 중 문학비평의 대상이 <u>아닌</u> 것은?

① 문학적 텍스트
② 비평이론가의 생애
③ 대중매체와의 연관성
④ 텍스트 생산의 사회·역사적 상황

26 제시문은 역사·전기적 비평의 관점을 보여준다.
① '심리'는 심리주의 비평과 관련되는 것으로, 심리주의 비평에서는 인간의 내면세계를 분석함으로써 창작 심리를 해명하고자 한다.
③·④ 사상, 세계관 연구는 작가의 전기 연구를 통해 드러나는 것이라 보는 게 타당하다.

26 다음 내용에서 괄호 안에 들어갈 말로 가장 적절한 것은?

> 문학적 산물은 한 사람의 전체 성격과 구별할 수 없다. 개별 작품을 즐길 수는 있지만, 그 사람 자체를 알지 못하고 작품만 독립적으로 판단할 수는 없다는 뜻이다. "열매를 보면 그 나무를 알 수 있다."라는 말이 바로 그러하다. 즉, 문학 연구는 인간 그 자체 (　　) 연구로 옮겨진다.

① 심리(心理)
② 전기(傳記)
③ 사상(思想)
④ 세계관(世界觀)

27 ① 신비평에서는 문학작품 자체에 집중한다.
② 구조주의 비평은 역사주의 비평과 대립되는 관계로, 작품의 역사성을 배제하고 작품의 현재성 및 구조 파악에 초점을 맞춘다.
③ 원형주의 비평에서는 문학작품 속에 나타난 신화의 원형을 찾고자 한다.

27 다음 내용에서 괄호 안에 공통으로 들어갈 비평의 종류는?

> (　　)은 문학, 역사, 현실 관계를 중시하는 태도에서 기초하였다. 이 관점에서는 문학작품 출현을 역사적 사건처럼 취급한다. 특히 문학의 기원, 갈래의 발생, 문학작품의 시대적 변천은 (　　)의 중요한 관심사이다. 또한 (　　)에서는 문학의 사회·역사적 의미에 대한 가치 추출이 중요하다.

① 신비평
② 구조주의 비평
③ 원형주의 비평
④ 역사주의 비평

정답   25 ②   26 ②   27 ④

28 다음 중 괄호 안에 들어갈 용어로 가장 적절한 것은?

> 형식주의 비평가들은 관습적 반응과 새로운 지각, 기계적 인식과 발견의 대립에 기초해서 (   )을(를) 처음으로 제시하였다. 이것은 예술과 삶의 경험에 대한 인간 감각을 새롭게 한다는 점에서 출발하였다.

① 낯설게 하기
② 무의식의 세계
③ 의식의 흐름
④ 구조적 상동성

29 다음 중 사회·문화적 비평의 한계에 해당하는 것은?

① 경직된 목적의식이 있어 관념에 사로잡히기 쉽다.
② 공시적 관점에 주목하여 역사적 변화를 도외시한다.
③ 문체, 이미지, 상징 등에 대한 이해가 부족할 수 있다.
④ 심층 심리에 지나치게 관심을 보여 과도한 해석을 하기도 한다.

30 다음 어휘들과 관련된 비평론으로 가장 적절한 것은?

> 프로이트, 라캉, 꿈, 무의식, 자아,
> 초자아, 이드, 욕망, 상상계, 상징계

① 원형 비평
② 심리주의 비평
③ 구조주의 비평
④ 사회 문화적 비평

---

28 ②·③ 무의식의 세계, 의식의 흐름은 심리주의 비평가들이 주목한 것이다.
④ 구조적 상동성은 구조주의 비평가들의 주목 대상이다.

29 ① 마르크스주의 비평의 한계에 대한 설명이다. 마르크스주의 비평이 사회·문화적 비평의 한 부분에 해당하긴 하지만, 이를 전반적인 사회·문화적 비평의 한계라고 할 수는 없다.
② 구조주의 비평의 한계에 대한 설명이다.
④ 심리주의 비평의 한계에 대한 설명이다.

30 제시된 단어들은 모두 심리주의 비평과 관련된 것들이다. 프로이트는 정신분석학을 통해 심리주의 비평의 장을 연 인물이며, 라캉은 프로이트의 이론에 구조주의 언어학을 첨가하여 심리주의 비평을 발전시켰다. 심리주의 비평에서는 꿈, 무의식, 자아, 초자아, 이드, 욕망, 상상계, 상징계 등을 통해 작품 및 작가, 독자의 심리를 해명한다.

정답 28 ① 29 ③ 30 ②

31 경수필과 중수필에 대한 설명이 서로 바뀌었다. 경수필이 개인적·주관적·정서적인 것인 반면, 중수필은 사회적·논리적이다.

32 수필의 종류를 구분하는 기준은 여러 가지가 있다. 이 중 『미국백과사전』의 10종설은 가장 세분화된 구분이다. 이에 따르면 특수한 형태에 해당하는 수필에는 담화 수필(서사 수필), 서한 수필, 사설 수필이 있다. 지식적 수필은 일본의 히사마츠 센이치가 『수필과 문학의식』에서 분류한 수필의 3종설(문학적 수필, 문학론적 수필, 지식적 수필)에 해당한다.

정답 31 ④ 32 ④

---

31 다음 중 수필의 특징으로 가장 적절하지 <u>않은</u> 것은?

① 동양의 수필은 서양의 에세이와 유사한 속성이 있다.
② 수필은 시나 소설과 달리 형식적 요건을 필요로 하지 않는다.
③ 수필은 인생과 자연을 자유롭게 표현하는 산문 문학이다.
④ 경수필은 사회적·논리적이며, 중수필은 개인적·주관적·정서적이다.

32 다음 중 괄호 안에 들어갈 수필의 종류에 해당하지 <u>않는</u> 것은?

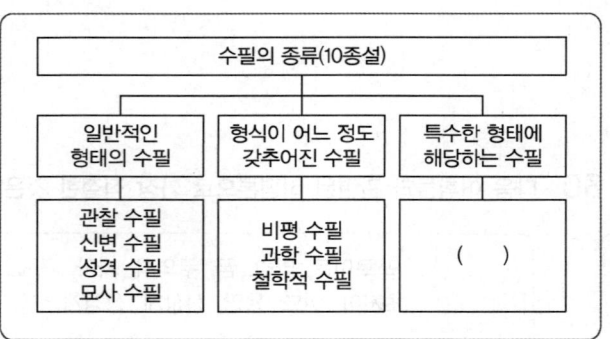

① 담화 수필
② 서한 수필
③ 사설 수필
④ 지식적 수필

33. 다음 내용에서 괄호 안에 들어갈 표현으로 가장 적절한 것은?

> 서술자가 독자에게 사건을 전달하는 것은 서사에 해당한다. 한편 화자가 독자에게 자신의 생각이나 정서를 전달하는 것은 서정에 해당한다. 한편, 희곡은 (   )을(를) 통해 관객에게 사건을 직접 보여주는 것이다.

① 인물의 말과 행동
② 가상의 공간과 상황
③ 실제 인물인 배우
④ 무대와 객석의 소통

33 희곡은 무대 상연을 전제로 대화와 행동을 통해 관객에게 작가의 의도를 직접 전달하는 문학장르이다.

34. 다음 중 연극의 네 가지 요소가 <u>아닌</u> 것은?

① 희곡
② 노래
③ 무대
④ 관객

34 연극의 4요소는 희곡, 무대, 관객에 '배우'를 합한 것이다.

35. 다음 내용에서 괄호 안에 들어갈 개념으로 옳은 것은?

> (   )는 『시학』에 나오는 용어로, 비극이 관객으로 하여금 등장인물에 대하여 느끼는 연민과 두려움을 통해 감정의 정화를 일으키게 하는 것을 의미한다.

① 미토스
② 카타르시스
③ 파토스
④ 하마르티아

35 ① 미토스는 플롯을 뜻한다.
③ 파토스는 격정적인 감정 혹은 열정을 뜻한다.
④ 하마르티아는 비극에서 주인공을 파멸에 이르게 만드는 주인공 자신의 선천적인 결함이나 성격을 의미한다.

정답 33 ① 34 ② 35 ②

36 희곡의 5막 구성 중 발단에 해당하는 설명으로 옳은 것은?

① 관객의 긴장을 새로운 방향으로 전환시킨다.
② 극적 행동에 대한 관객의 흥미와 주의를 집중시킨다.
③ 플롯의 실마리가 드러나고 사건의 방향성을 제시한다.
④ 논리적이고 필연적인 반전을 통해 긴장감을 느슨하게 만든다.

37 다음 중 작품과 그 작가가 잘못 연결된 것은?

① 「토막」 – 유치진
② 「호신술」 – 채만식
③ 「원고지」 – 이근삼
④ 「파수꾼」 – 이강백

38 다음 내용에서 괄호 안에 들어갈 극의 종류는?

( )은 관객이 정서의 지배를 받지 않고, 비판적 판단을 하도록 유도한다. 이는 플롯을 따르는 것이 아니라 사건 과정 자체를 서술하는 데 초점을 두는 것이다. 이러한 과정은 관객의 몰입을 차단하며, 낯설게 하기를 유발할 수 있다.

① 서사극
② 사실주의극
③ 부조리극
④ 낭만주의극

---

36 5단 구성은 발단, 상승(전개), 정점(위기, 절정), 하강(반전), 결말(대단원)로 구성된다.
①·④ 하강에 대한 설명이다.
② 상승(전개)에 대한 설명이다.

37 「호신술」은 송영의 작품으로, 일제 치하 자본가들에 대한 비판과 풍자의 내용을 담고 있다.

38 서사극에서는 연극과 이성적 판단과의 객관적 거리를 유지하도록 하는 극적 장치를 사용한다.
② 사실주의극은 합리주의 사상과 과학정신을 토대로 객관성을 중시하여 인간 사회의 부정, 불균형의 원인을 있는 그대로 묘사하는 데 초점을 둔다.
③ 부조리극은 인간에 대한 냉혹한 시선과 실소가 주를 이루는 극이다.
④ 낭만주의극은 자유롭고 복합적인 무대에서 다양한 내용을 추구하였다.

정답 36 ③ 37 ② 38 ①

39 다음 내용에서 밑줄 친 부분에 해당하는 비교문학의 단계는?

> 이 시대에는 개개의 작가와 작품 사이의 유사성에 주목하여 연구 논문을 발표하기도 했다. 하지만 아직 사실 관계나 실증적 영향 관계의 규명을 체계적으로 하는 단계는 아니었다.

① 비교문학의 선사시대
② 비교문학의 중세시대
③ 비교문학의 전환시대
④ 비교문학의 근대시대

40 다음 중 '발신자 – 전신자(매개자) – 수신자'라는 비교문학 연구의 도식을 만든 인물은?

① 카레
② 방 티겜
③ 귀야르
④ 발당스페르제

---

39 비교문학은 1920년대를 기준으로 선사시대와 역사시대로 구분한다. 이 중 제시된 선사시대는 비교문학의 초기 단계에 해당한다.

40 방 티겜은 '발신자 – 전신자 – 수신자'라는 비교문학 연구의 중요한 틀을 세운 인물이다. 발신자란 영향을 준 쪽의 작가, 작품, 사고를 말하고, 수신자는 영향을 받은 쪽의 작가, 작품, 페이지, 사상, 감정 등 도착점에 해당하는 것을 말한다. 발신자에서 수신자로의 전달은 개인 또는 단체, 원작의 번역 내지 모방을 매개로 하여 이루어지는데, 이를 전신자라고 한다. 즉 전신자는 두 나라 사이의 문학적 접촉과 교환을 뜻하며, 비교문학의 연구 대상은 바로 전신자를 다루는 것이 된다.

정답 39 ① 40 ②

2023년 기출복원문제

※ 기출문제를 복원한 것으로 실제 시험과 일부 차이가 있으며, 저작권은 시대에듀에 있습니다.

01 다음 중 문학적 언어의 특징으로 옳지 <u>않은</u> 것은?

① 함축적
② 정서적
③ 지시성
④ 개성

02 다음 설명에 해당하는 비평 이론은?

- 작품의 구조, 리듬, 수사법, 이미지, 시상 전개 등을 중심으로 분석한다.
- 엘리엇은 "시는 그 시로써 취급되어야 한다."라는 말을 통해 "분석과 감상은 작가가 아닌 작품을 향한다."는 점을 강조했다.
- 작가, 독자, 사회 현실 등 작품의 외적 조건이 아니라 내적 조건을 중시한다.
- 작품 중심의 문학 비평 방법이다.

① 신비평
② 역사 비평
③ 전기 비평
④ 인상 비평

---

01 지시성은 언어와 그 언어가 지시하는 대상 사이의 정확한 대응을 중시하는 과학적·철학적 언어의 특징이다. 문학적 언어는 주관적인 언어이므로 지시성이 중시되지 않는다.

02 신비평은 1930년대 후반부터 1950년대까지 주로 미국에서 행해진 것으로, 작품에 대한 철저한 분석을 중시한 비평 이론이다.
②·③ 역사 비평, 전기 비평은 작가와 작품의 역사적 배경, 사회적 환경, 작가의 전기 등을 작품과 관련지어 연구하는 것으로, '작품 자체를 경시'한다는 지적을 받기 때문에 신비평과 반대되는 위치에 서 있다.
④ 인상 비평은 비평가의 개인적·주관적 인상을 토대로 한 비평 방법이다.

정답 01 ③ 02 ①

03 다음 중 괄호 안에 들어갈 용어를 순서대로 옳게 고른 것은?

> 원체스터는 문학의 특성을 (㉠)과 (㉡)이라고 설명하였다. 전자는 시대를 초월한 인간의 정서, 사상을 담아 감동을 준다는 것을 의미하고, 후자는 공간을 초월하여 인류에게 감동을 주는 보편적 인간 정서를 다룬다는 것을 의미한다.

	㉠	㉡
①	항구성	보편성
②	항구성	개성
③	보편성	항구성
④	보편성	개성

03 원체스터는 문학의 특성으로 항구성, 보편성, 개성을 들었다. 이 중 항구성은 시간성과 관련되는 요소이고, 보편성은 공간성과 관련되는 요소이다. 한편, 개성은 문학의 본질이자 생명에 해당하는 것으로, 문학이 작가 개인의 주관적 체험으로서 갖게 되는 특이성을 의미한다. 이것은 독창성과 관련된다.

04 다음 설명과 가장 관련 없는 것은?

> 의사가 어린이에게 쑥탕을 먹이려 할 때 그릇의 거죽에 달콤한 꿀물을 칠해서 먹이는 것처럼, 문학도 꿀물과 같은 역할을 해서 시인이 말하려는 철학의 쓴 약을 꿀물인 달콤한 운문으로 독자 앞에 내놓아야 한다.
> – 『문학비평용어사전』, 한국문학평론가협회

① 문학쾌락설
② 플라톤
③ 호라티우스
④ 문학당의설

04 해당 제시문은 로마의 시인 루크레티우스의 문학관을 표현한 '문학당의설(文學糖衣說)'에 해당하는 설명으로, 문학의 쾌락적 요소는 쓴 알약을 쉽게 삼키도록 감싼 당의(糖衣, 달콤한 설탕 껍질)와 같고, 문학이 주는 교훈은 알맹이에 해당하는 쓴 약과 같다는 관점이다. 이는 문학의 쾌락적 기능을 교훈 전달의 수단, 즉 부차적인 것으로 보는 시각으로, 호라티우스도 이러한 관점을 지지했다. 또한, 플라톤은 문학의 교시적 기능을 주장했으므로 쾌락적 요소를 부차적인 것으로 보는 시각과 일맥상통한다. 그러나 문학쾌락설은 문학이 주는 쾌락적 요소를 문학의 본질적 기능으로 보는 입장이므로, 문학당의설과 다른 관점이라 할 수 있다.

정답 03 ① 04 ①

05 ①·②·④는 문학의 교시적 기능에 대한 설명이다. 문학의 교시적 기능을 중시하는 입장에서는 문학이 독자들로 하여금 새로운 세계를 발견하고 주위의 사물을 새롭게 인식하여 자신의 행위를 돌아보게 하고 교훈을 주는 것이라고 본다. 반면, 문학의 쾌락적 기능을 중시하는 입장에서는 문학이 독자에게 감동과 즐거움을 주는 것이라고 본다.

06 언어를 외연적으로 사용한다는 것은 개념의 정확성을 목표로 한다. 따라서 직접적이고 객관적인 과학어의 특성에 해당한다. 반면, 시어는 언어를 내포적으로 사용한다. 이는 하나의 언어에 여러 가지 의미를 포함시켜 함축적·압축적으로 사용한다는 의미이다.

07 애매성은 의미 해석이 두 가지 이상으로 가능한 시어의 특성으로 인해 생겨나는 것이다. 이러한 애매성은 시어의 함축성을 높이는 역할을 한다.

05 다음 중 문학의 쾌락적 기능에 대한 설명으로 옳은 것은?

① 작가는 구체적 형상화를 통해 독자들에게 삶의 진실을 전달한다.
② 독자들에게 반성적 성찰의 기회를 제공함으로써 사회적 교화를 목적으로 한다.
③ 문학은 작품의 아름다움을 경험함으로써 독자들이 즐거움을 얻는 것을 추구한다.
④ 작품에서 얻는 감동을 통해 도덕과 윤리를 중시하게 한다.

06 다음 중 시어의 특징으로 옳지 않은 것은?

① 운율적
② 내포적
③ 외연적
④ 압축적

07 시어의 애매성에 대한 설명으로 옳지 않은 것은?

① 시어의 함축성을 낮추는 특성이다.
② 두 가지 이상의 의미로 해석이 되도록 한다.
③ 미묘한 의미를 가지고 있어 시적 깊이를 증대시킨다.
④ 엠프슨은 동음이의어도 애매성의 일종으로 보았다.

정답 05 ③ 06 ③ 07 ①

08 다음 중 운율에 대한 설명으로 옳지 않은 것은?

① 이미지 자질에 영향을 준다.
② 리듬을 형성함으로써 미감을 느끼게 한다.
③ 음성적 형상화를 통해 감흥을 불러일으킨다.
④ 대비되는 구조로 병렬을 이룸으로써 운율이 생겨나기도 한다.

08 시의 이미지는 언어의 의미에 따라 떠오르는 것으로, 운율에 의해 형성되는 것은 아니다.

09 다음 시에 대한 설명으로 옳지 않은 것은?

> 향료를 뿌린 듯 곱―다란 노을 위에
> 전신주 하나하나 기울어지고
>
> 먼― 고가선 위에 밤이 켜진다.
>
> 구름은
> 보랏빛 색지 위에
> 마구 칠한 한 다발 장미.
>
> 목장의 깃발도, 능금나무도
> 부을면 꺼질 듯이 외로운 들길.
>
> ― 김광균, 「데생」

① 도시적 이미지를 형상화하는 시어를 사용했다.
② 색채적 이미지가 두드러진다.
③ 외로움의 정서가 드러난다.
④ 시각적 이미지만 강조하고 운율은 드러내지 않았다.

09 김광균의 시는 이미지를 중시하는 경향이 강하지만 자유시가 지닌 내재율 역시 드러난다. 행과 연의 구분, '~듯', '~도'의 반복, '먼―'을 늘여 쓰는 방식 등을 통해 운율이 드러난다.
① '전신주', '고가선' 등의 시어를 통해 도시적 이미지가 드러난다.
② '노을', '보랏빛 색지' 등의 시어를 통해 색채적 이미지가 두드러진다.
③ '외로운 들길'이라는 시어를 통해 외로움의 정서가 직접적으로 드러난다.

정답 08 ① 09 ④

10 수사법에는 비유법, 강조법, 변화법이 있다. 비유법은 원관념을 보조관념에 빗대어 표현하는 것으로 은유, 직유, 의인, 대유 등이 있다. 강조법은 특별히 강조하거나 두드러지게 표현하는 것으로 과장법, 반복법, 열거법, 대조법 등이 있다. 변화법은 표현하려는 문장에 변화를 주어 단조로움을 피하는 방법으로 도치, 대구, 역설, 반어, 인용 등이 있다.
①·②는 은유, ③은 직유로 모두 비유법이 쓰인 반면, ④는 변화법 중 반어법이 쓰였다.

10 다음 중 수사법이 다른 하나는 무엇인가?

① 당신은 나의 태양이로소이다.
② 내 마음은 호수요, / 그대 노 저어 오오.
③ 도라지꽃처럼 파랗게 멍든 새벽길 간다.
④ 나 보기가 역겨워 / 가실 때에는 / 죽어도 아니 눈물 흘리우리다

11 '하이힐'이 '숙녀'를 의미하는 것은 환유(換喩)에 해당한다. 환유와 제유(提喩)는 둘 다 대유법에 해당하지만, 환유는 사물의 한 부분이 그 사물과 관계가 깊은 다른 어떠한 것을 나타내는 것이고, 제유는 한 부분이 전체를 나타내는 것이다.

11 환유와 제유에 대한 설명으로 옳지 않은 것은?

① 제유는 부분이 전체를 대표하는 것이다.
② '하이힐'이 '숙녀'를 의미하는 것은 제유에 해당한다.
③ 둘 다 대유법에 해당한다.
④ 환유는 시공간적 확장을 가능하게 한다.

12 김광균의 「외인촌」 중 일부이다. 청각의 시각화의 예로, 공감각적 표현에 해당한다.
① 김종길의 「성탄제」 중 일부로, 촉각적 이미지이다.
② 김종길의 「성탄제」 중 일부로, 시각적 이미지이다.
④ 신경림의 「가난한 사랑 노래」의 일부로, 청각적 이미지이다.

12 다음 설명에 해당하는 것으로 적절한 것은?

> 공감각적 이미지란 한 종류의 감각이 다른 종류의 감각으로 전이되는 것을 의미한다. 예를 들어, 어떤 특정한 음의 소리를 듣고 색채를 떠올리는 색청이 이에 해당한다.

① 젊은 아버지의 서느런 옷자락에
② 어두운 방 안엔 / 바알간 숯불이 피고
③ 분수처럼 흩어지는 푸른 종소리
④ 눈을 뜨면 멀리 육중한 기계 굴러가는 소리.

정답 10 ④ 11 ② 12 ③

13 다음 중 상징에 대한 설명으로 옳지 않은 것은?
① 원관념이 표면에 드러나지 않는다.
② 인습적 상징과 개인적 상징으로 구분할 수 있다.
③ 개인적 상징이란 작자가 특별한 의미를 부여한 것이다.
④ 하나의 상징은 반드시 하나의 원관념만을 가지고 있다.

13 상징은 원관념과 보조관념의 관계가 일대다(1 : 多)의 관계를 갖고 있으므로, 하나의 상징은 여러 가지 원관념을 가질 수 있고, 하나의 원관념이 여러 가지 상징으로 나타날 수도 있다.

14 다음 중 소설의 특징으로 옳지 않은 것은?
① 현실을 있는 그대로 재현한 것이다.
② 작가가 만들어낸 허구적인 이야기이다.
③ 고대에 발생하기 시작하여 근대에 발전하였다.
④ 신을 모방하여 인간성을 표현하고자 하였다.

14 소설은 현실을 바탕으로 하지만, 현실을 있는 그대로 재현하는 게 아니라 작가에 의해 꾸며진 현실을 보여준다.

15 다음 중 소설의 '리얼리티'에 대한 설명으로 옳지 않은 것은?
① 그럴듯하게 꾸며 사실인 것처럼 느끼게 하는 것이다.
② 내적 일관성과 질서를 갖추게 하는 것이다.
③ 현실 사회에서 보는 사실 그 자체이다.
④ 작가 정신의 산물이다.

15 소설은 인간의 구체적인 삶과 깊은 관계를 가진다. 그러나 리얼리티는 현실 사회에서 보는 사실 그 자체가 아니라 사실이 갖는 보편적 호소력에서 생겨난다.

정답 13 ④ 14 ① 15 ③

16 서술자가 작품 속 등장인물이 아니며, 등장인물인 정주사의 속마음을 모두 알고 있는 시점이므로, 전지적 작가 시점에 해당한다.

16 다음 글의 시점으로 적절한 것은?

> 정주사는 마침 만조가 되어 축제 밑에서 늠실거리는 강물을 내려다본다.
> 그는, 죽지만 않을 테라면은 시방 그대로 두루마기를 둘러쓰고 풍덩 물로 뛰어들어 자살이라도 해보고 싶은 마음이다.
> 젊은 녀석한테 대로상에서 멱살을 따잡혀, 들을 소리, 못들을 소리 다 듣고 망신을 한 것이야 물론 창피다. 그러나 그러한 창피까지 보게 된 이 지경이니 장차 어떻게 해야 살아가느냐 하는 것이, 창피고 체면이고 다 접어놓고, 앞을 서는 걱정이다.
> — 채만식, 「탁류」

① 전지적 관찰자 시점
② 1인칭 관찰자 시점
③ 전지적 작가 시점
④ 1인칭 주인공 시점

17 소설 구성 단계에 대한 설명은 순서대로 다음과 같다.
- 발단 : 갈등의 실마리가 제시되는 부분으로, 인물과 배경이 제시된다.
- 전개 : 갈등이 표출되며 사건의 구체화가 이루어진다.
- 위기 : 갈등이 고조 및 심화되며 사건 전환의 계기가 마련된다.
- 절정 : 갈등이 최고조에 이르는 부분으로, 해결의 실마리가 드러난다.
- 결말 : 갈등이 해소되며, 주인공의 운명이 정해진다.

17 다음 설명에 해당하는 소설의 구성 단계는?

> 작품의 사건 진행이나 갈등이 최고조에 달하는 부분이다.

① 발단
② 전개
③ 위기
④ 절정

정답 16 ③ 17 ④

18 다음 설명에 해당하는 것은 무엇인가?

> 행동의 개연성을 만들어 내는 사건의 인과적 짜임새

① 플롯
② 스토리
③ 내러티브
④ 구조

19 다음 중 소설의 인물에 대한 설명으로 적절한 것은?
① 입체적 인물이란 작품 안에서 성격이 변화하는 인물이다.
② 평면적 인물이란 특정 계층이나 집단을 대표하는 인물이다.
③ 개성적 인물이란 타인에게 관대하며 사교적인 인물이다.
④ 전형적 인물이란 작품 안에서 성격이 변하지 않는 인물이다.

20 다음 설명에 해당하는 소설의 인물 유형은?

> 소설에는 작품 속의 주인공에 맞서거나 주인공의 앞길을 방해하는 인물이 등장한다.

① 개성적 인물
② 입체적 인물
③ 반동적 인물
④ 주동적 인물

---

18 플롯은 스토리와 달리 인과관계에 중점을 둔다.
② 스토리는 시간적 순서대로 배열된 사건의 서술, 즉 이야기 그 자체를 말한다.
③ 내러티브는 일반적으로 스토리와 스토리를 전달하는 방식을 모두 포괄하는 뜻으로 사용된다.
④ 구조는 짜임새를 뜻하는 말로, 소설에서만이 아니라 다양한 분야에서 사용되며, 플롯보다 큰 개념이다.

19 ② 평면적 인물은 작품 속에서 성격이 거의 변하지 않는 인물이다.
③ 개성적 인물은 작가의 독특한 개성이 발휘된 창조적 인물이다.
④ 전형적 인물은 한 사회의 어떤 계층이나 집단의 공통된 성격적 기질을 보여주는 인물이다.

20 소설의 인물을 역할에 따라 나누면 주동 인물과 반동 인물로 나눌 수 있다. 주동 인물은 소설의 주인공으로 사건과 행동의 주체가 되는 인물이고, 반동 인물은 소설 속에서 주인공의 의지와 행동에 맞서 갈등을 만들어내는 인물이다.
개성적 인물은 전형성에서 탈피하여 자기만의 뚜렷한 개성을 지닌 인물이고, 입체적 인물은 작품에서 성격이 변화하는 인물이다.

정답 18 ① 19 ① 20 ③

21 주제는 작가가 작품을 쓰고자 한 의도나 목적과 긴밀히 관련되지만, 그 의도나 목적 자체가 주제인 것은 아니다.

21 다음 중 소설의 주제에 대한 설명으로 옳지 <u>않은</u> 것은?
① 작품을 관통하는 중심 사상에 해당한다.
② 장편 소설에서는 여러 개의 부수적 주제가 존재할 수 있다.
③ 작품의 스토리와 캐릭터에 대한 해석에 따라 달라진다.
④ 작가가 작품을 쓰고자 한 의도가 곧 주제이다.

22 프로이트의 정신분석학이 나타난 이후 발달하게 된 심리주의 비평에 대한 설명이다. 프로이트는 인간의 심리를 자아, 초자아, 무의식으로 나누었는데, 무의식은 모든 심적 에너지의 원천으로 원시적·동물적·본능적 요소이다. 프로이트의 이론은 이후 아들러, 융, 라캉 등에 의해 발전적으로 계승되었다.

22 다음 설명에 해당하는 개념은 무엇인가?

> 프로이트는 인간 본성이란 본디 비이성적이고 비합리적인 것이라 보았다. 즉, 인간의 본성이란 무의식의 영역으로, 작품은 무의식의 반영이다. 따라서 작가의 내면세계를 분석함으로써 작가와 작품의 관계를 설명할 수 있다.

① 고전주의 비평
② 낭만주의 비평
③ 사실주의 비평
④ 심리주의 비평

23 뮤어는 행동 소설, 성격 소설, 극적 소설, 연대기 소설, 시대 소설의 5가지로 소설을 분류했다.
심리 소설은 루카치의 소설 분류에 해당하는데, 루카치는 소설을 추상적 이상주의 소설, 심리 소설, 교양 소설, 톨스토이의 소설형으로 구분했다.

23 다음 중 뮤어의 소설 분류에 해당하지 <u>않는</u> 것은?
① 성격 소설
② 극적 소설
③ 연대기 소설
④ 심리 소설

정답 21 ④ 22 ④ 23 ④

24 다음 글과 관련 있는 소설의 기법은?

> 조선 후기에는 평민의식의 성장과 더불어 평민층이 주된 창작층인 사설시조가 등장하였다. 사설시조는 기존의 평시조에서 일부가 길어지는 형태를 띤다. 이는 산문정신의 발전이 밑바탕에 깔린 것이었다. 사설시조는 이전에 존재했던, 양반들이 평시조에서 사용했던 표현 기법을 비틀어 서민들의 생활 감정을 진솔하고 사실적으로 표현했다. 또한 구체적인 이야기, 대담한 비유, 강렬한 애정, 자기 폭로 등이 표현되었다. 이로써 현실의 모순을 직시하게 하여 비판을 가하고 기존의 고정관념을 깨부수는 풍자와 해학의 효과가 나타났다.

① 낯설게 하기
② 언어의 상징성
③ 산문의 이미저리
④ 정치·역사적 기호

24 '낯설게 하기'란 러시아 형식주의자들이 처음 사용한 말로, 일상의 언어 규범에 작가가 의도한 조직적인 폭력을 가해 일상성에서 일탈시킴으로써 낯선 언어 규범을 만들어 내는 문학 기법을 말한다. 사설시조가 형식과 표현 등의 측면에서 기존 양반들의 평시조와 다른 표현 기법을 사용함으로써 새로운 장르를 만들어냈다는 것은 소설의 '낯설게 하기'에 해당한다.

25 다음 설명과 관련 있는 비평은 무엇인가?

> 작품을 현실이나 독자 또는 작가로부터 독립된 내적 원리를 지닌 것으로 보고 객관적으로 평가하고자 한다.

① 모방론
② 효용론
③ 존재론
④ 표현론

25 객관론이라고도 불리는 존재론에 대한 설명이다.
① 모방론은 문학작품이 인간의 삶 또는 우주의 만상을 얼마나 진실하게 반영하고 있는지에 관심을 둔다.
② 효용론은 작품이 독자에게 미치는 영향을 척도로 삼아 작품을 판단한다.
④ 표현론은 작품을 작가 정신의 산물로 보고, 작가에 초점을 맞춘다.

정답 24 ① 25 ③

26 작품의 내적 요소와 구조를 중시한 것은 형식주의 비평의 특징으로, 이 방법에서는 텍스트를 고유하고 객관적인 구조를 지닌 것으로 본다.

27 역사·전기적 비평에 대한 설명으로, 현재를 버리고 과거를 중시하는 관점은 인간의 의식구조상 불가능하고 불필요한 것이라고 볼 수 있다. 구조주의 비평은 작품의 역사성을 배제하고, 작품의 현재성 및 작품을 있게 만드는 구조를 파악하는 것을 목표로 한다. 따라서 과거를 중시한다는 설명은 잘못되었다.

28 '백마 타고 오는 초인'의 원형적 이미지를 통해 '광야'를 해석하는 것은 신화·원형 비평이 적용된 사례이다.

26 다음 중 역사·전기적 비평의 특징으로 옳지 않은 것은?
① 문학을 연구할 때 작가와 작품의 역사적 배경과 작품이 지니는 관계를 중시하였다.
② 작품을 쓴 작가에 대한 지식 없이는 작품을 이해할 수 없다고 보았다.
③ 내적 요소와 구조를 중시하여 상세한 분석에 집중하였다.
④ 문학작품의 출현을 역사적 사건으로 취급하였다.

27 다음 중 구조주의 비평의 한계로 옳지 않은 것은?
① 과거를 중시하여 반현재적 오류를 범할 수 있다.
② 추상적 구조를 중시하여 작품의 개성과 가치를 무시할 수 있다.
③ 텍스트 속에 숨겨진 구조 찾기를 목표로 하여 문학 외적 요소를 외면할 수 있다.
④ 공시적 관점에만 집중하여 하여 역사적 변화를 도외시할 수 있다.

28 다음 설명과 관련 있는 비평 이론은?

> 이육사의 「광야」는 광야의 과거, 현재, 미래에 이르는 모습을 보여주며 '백마 타고 오는 초인'을 통해 민족이 처한 암울한 현실 극복에 대한 희망을 노래하였다. '백마 타고 오는 초인'은 강력한 아버지의 모습으로, 결국 이 시는 아버지 신에게 바치는 초혼이라 해석할 수 있다.

① 원전 비평
② 러시아 형식주의 비평
③ 신화·원형 비평
④ 역사·전기적 비평

정답 26 ③ 27 ① 28 ③

29 다음 설명과 관련 있는 비평 이론은?

- 텍스트를 중시
- 텍스트 본래의 순수성 회복을 목적으로 함
- 판본의 상이점 조사
- 판본의 족보와 결정본 검토

① 원전 비평
② 심리주의 비평
③ 신화・원형 비평
④ 구조주의 비평

29 ② 심리주의 비평은 프로이트의 정신분석학이 나타난 이후, 내면세계를 분석함으로써 작가와 작품의 관계를 해명하고자 하는 비평이다.
③ 신화・원형 비평은 문학작품 속에 나타난 신화의 원형을 찾아내고 이 원형들의 재현 양상을 살핀다.
④ 구조주의 비평이란 작품 내의 구성요소들간의 상호 관계를 분석함으로써 의미를 밝히는 비평방법이다.

30 다음 내용에서 괄호 안에 들어갈 용어를 순서대로 옳게 고른 것은?

수필의 소재는 다양하다. 수필은 신변잡기적인 것을 다루는 (㉠)와(과) 철학적이고 논리적인 것을 다루는 (㉡)(으)로 나눌 수 있다.

	㉠	㉡
①	에세이	칼럼
②	경수필	중수필
③	에세이	미셀러니
④	칼럼	사설

30 수필을 두 종류로 분류할 때 일반적으로 경수필과 중수필로 분류한다. 경수필은 개인의 감정이나 심경 등 자기 주변적 색채가 짙어 주관적이고 개인적인 경향이 강하다. 반면, 중수필은 사회문제를 대상으로 하여 논리적・객관적인 성격을 지닌다.

31 다음 중 수필의 특징으로 옳은 것은?

① 허구의 산물이다.
② 운문 정신을 토대로 한다.
③ 전문가가 쓴 글이다.
④ '무형식의 형식'을 가진다.

31 수필은 작가의 체험을 바탕으로 하고, 생활 속의 산문 정신을 표현한 글이다. 또한 누구나 쓸 수 있어서 비전문성의 문학이라고 한다.

정답 29 ① 30 ② 31 ④

32 희곡은 대화와 행동을 통해 관객에게 작가의 의도를 직접 전달하는 문학이다. 따라서 대화의 비중이 압도적이다.

32 다음 중 희곡의 개념에 해당하지 <u>않는</u> 것은?
① 무대에서 상연될 것을 전제로 하여 쓰인 글이다.
② 인간의 행동을 표현한다.
③ 그리스어 'dran'에서 유래하였다.
④ 대화의 비중은 줄이고 장면의 묘사를 높인 글이다.

33 신이나 왕 중심의 사고방식은 고전주의의 바탕이며, 근대극의 바탕이 된 근대의식은 개인의식의 성장에서 나온 것이다.

33 다음 중 근대극의 특징으로 옳지 <u>않은</u> 것은?
① 대표적인 작가로는 입센, 버나드 쇼, 체호프 등이 있다.
② 신 중심의 근대정신을 반영하고 있다.
③ 결혼과 가정의 문제, 여권 신장 등을 주제로 한 글이 등장하였다.
④ 주인공이 귀족적 인물이어야 한다는 기존의 편견을 타파하기 시작하였다.

34 희곡의 삼일치론에 따라 고전극은 시간, 장소, 행동(사건)이 일치해야 한다. 그러나 구조의 일치와는 상관없다. 고전극은 3막 구성 혹은 5막 구성을 취할 수 있었다.

34 다음 중 고전극의 원칙에 해당하지 <u>않는</u> 것은?
① 장소의 일치
② 구조의 일치
③ 행동의 일치
④ 시간의 일치

정답 32 ④ 33 ② 34 ②

35 다음 중 희극의 대사에 대한 설명으로 옳지 <u>않은</u> 것은?

① 방백은 몇 사람만 듣는다는 가정으로 혼자 말하는 것이다.
② 독백은 배우가 하는 혼잣말이다.
③ 방백은 해설자의 역할을 하는 배우가 관객들에게 설명을 하는 것이다.
④ 방백은 보통 가장 짧은 형태로 제시된다.

35 방백은 배우가 관객들에게 하는 말이다. 그러나 이것은 설명이 아닌 대사의 일종이며, 방백을 하는 배우가 해설자의 역할을 맡고 있는 것도 아니다. 희곡에서 무대, 등장인물, 시간, 장소 등에 대한 설명은 희곡의 가장 앞부분에 있는 해설 부분에서 이루어진다.

36 다음 설명에 해당하는 작품의 제목과 작가가 옳게 연결된 것은?

> 주인공은 어느 날 자기가 아버지를 죽이고 어머니를 아내로 맞을 운명이라는 신탁을 듣게 된다. 이를 피해 집을 떠나 길을 가다가 한 노인과 시비가 붙어 그 노인을 죽이는데 그 노인은 사실 주인공의 친부였다. 또한 주인공은 길을 가다 만난 스핑크스가 낸 수수께끼를 맞히고 테베의 왕으로 추대받는다. 그리고 전 왕이었던 남편을 잃은 왕비가 자신의 친어머니인 줄도 모르고 어머니와 결혼하게 된다. 나라에 퍼진 역병의 원인을 찾다가 결국 이 모든 사실을 알게 된 주인공은 자신의 눈을 찌르고 방랑의 길을 떠난다.

① 「안티고네」 – 소포클레스
② 「안티고네」 – 볼테르
③ 「오이디푸스 왕」 – 소포클레스
④ 「오이디푸스 왕」 – 볼테르

36 ①·② 「안티고네」가 소포클레스의 작품인 것은 맞지만, 해당 설명에 맞는 작품은 「오이디푸스 왕」이다. 「안티고네」는 오이디푸스의 딸 안티고네가 왕의 명령을 어기고 오빠의 시신을 매장했다가 사형당하는 이야기이다.
④ 볼테르는 18세기 프랑스의 계몽주의 작가로 소설 「캉디드」를 썼다.

37 다음 중 비극의 특징으로 옳지 <u>않은</u> 것은?

① 간단한 형식은 소극이라고 한다.
② 주어진 운명 앞에 패배하는 인간의 모습을 소재로 한다.
③ 복잡하지만 치밀한 구조를 가지고 있는 경우가 많다.
④ 'tragoidia'라는 말에서 유래하여 '비극', '산양의 노래'라는 의미를 가지고 있다.

37 '소극(笑劇)'은 희극의 한 종류로, 희극의 가장 간단한 형태이다.

정답 35 ③ 36 ③ 37 ①

38 다음 중 희극의 특징으로 옳지 않은 것은?

① 웃음을 통하여 현실의 문제점을 제시한다.
② 비극적 상황에서 행복한 상황으로 전환되며 작품이 마무리된다.
③ 유형적 인물을 내세워 시대에 대한 풍자를 시도한다.
④ 해학, 골계, 풍자, 조소를 통하여 웃음을 유발한다.

38 비극적 상황에서 행복한 결말로 전환하여 막을 내리는 것은 희극이 아니라 희비극에 대한 설명이다. 희비극은 희극적 요소와 비극적 요소가 융합된 것으로, 대표작으로는 셰익스피어의 「베니스의 상인」, 체호프의 「곰」, 임희재의 「고래」 등이 있다.

39 다음 중 비교문학에 대한 설명으로 옳지 않은 것은?

① 귀야르는 실증주의 비교문학자다.
② 민족문학들 간의 공통점보다 차이점을 찾는 데 초점을 둔다.
③ 국민문학들끼리 비교하는 것 이상의 목적을 지닌 문학연구 방법이다.
④ 웰렉은 실증적 경향에서 나아가 비교문학의 영역을 역사, 이론, 비평 등을 포괄하는 범위로 넓혀 총체적으로 연구하고자 했다.

39 비교문학은 민족문학 또는 여러 작품들 사이의 차이점뿐만 아니라 공통점과 작품의 영향 및 차용관계를 밝히는 것을 목적으로 한다.

정답 38 ② 39 ②

40 다음 중 비교문학의 영향의 범주에 대한 설명으로 옳지 <u>않은</u> 것은?

① 암시는 수용자의 작품 제작 동기가 발신자에 의해 마련된다.
② 표절은 수용자의 고의적 은폐가 이루어진 것이다.
③ 차용은 표절과 달리 빌려왔음을 밝힌 것이다.
④ 모방은 영속적이고 무의식적으로 이루어진다.

40 모방은 특별히 선호하는 발신자를 의식적으로 닮고자 하는 수신자의 의도가 있을 때 이루어지는 것으로 비교적 단기간이다. 영속적·무의식적으로 이루어지는 것은 '영향'에 대한 설명이다.

정답 40 ④

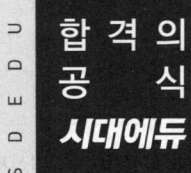

교육은 우리 자신의 무지를 점차 발견해 가는 과정이다.

- 윌 듀란트 -

문학개론

핵심포인트

- **제1장** 문학일반론
- **제2장** 시론
- **제3장** 소설론
- **제4장** 희곡론
- **제5장** 수필문학론
- **제6장** 문학비평론
- **제7장** 비교문학론

교육이란 사람이 학교에서 배운 것을 잊어버린 후에 남은 것을 말한다.

― 알버트 아인슈타인 ―

제1장 문학일반론

제1절 문학의 의의

1 문학의 기원 기출 21

(1) **심리학적 기원설** : 인간의 창작 심리·본능을 중심으로 문학예술의 기원을 고찰하는 학설

① **모방충동설** 기출 24, 22
  ㉠ 모방의 충동이 곧 예술을 창조하는 원동력이라는 학설
  ㉡ 모방은 인간의 본능이며, 모방을 통해 희열을 느낀다고 주장
  ㉢ 아리스토텔레스(Aristoteles)가 저서 『시학(詩學)』에서 주창함 기출 25

② **유희본능설**
  ㉠ 인간이 지니는 유희본능이 문학예술을 창조한다는 학설
  ㉡ 칸트(Kant), 쉴러(Schiller), 스펜서(Spencer) 등이 주창함

③ **흡인본능설**
  ㉠ 남을 끌어들이려는 인간의 흡인본능에서 문학예술이 기원했다는 학설
  ㉡ 다윈(Darwin)과 같은 진화론자들이 주창함

④ **자기표현본능설**
  ㉠ 자기표현 욕구에서 문학예술이 기원했다는 학설
  ㉡ 허드슨(Hudson)은 자기 자신을 표현하고자 하는 본능에서 문학이 발생하며, 문학은 곧 인간의 사상과 감정의 표현물이라고 주장함

(2) **발생학적 기원설**
  ① 문학예술은 실제 생활과 실용성(實用性)에 의해 기원했다는 학설
  ② 실증적인 관찰을 토대로 예술은 심미성보다는 실용성이 발생 동인이라는 입장
  ③ 헌(Hirn), 그로세(Grosse), 매켄지(Mackenzie) 등이 주창함

(3) **발라드 댄스설(원시가무설)**
  ① 음악, 무용, 문학이 미분화된 상태의 원시종합예술에서 문학예술이 기원했다는 학설
  ② 고대 그리스의 디오니소스 축제나 고대 부족 국가의 각종 제천 의식에서 이루어진 의식요는 발라드 댄스설을 뒷받침해 주는 것
  ③ 몰튼(R. G. Moulton)이 주창함

2 문학의 기능

(1) 교훈적(교시적) 기능 기출 24, 22

① 문학작품은 독자들이 새로운 세계를 발견하고 사물을 새롭게 인식하며 자신을 돌아보게 하는 교훈적 기능을 지니고 있음
② 플라톤은 저서 『공화국』에서 "시인은 부도덕하고 무가치한 허상을 모방하며 진실을 가리므로 추방되어야 한다."라는 시인추방론을 주장하며 문학의 교시적 기능을 주창함
③ 문학 자체가 가지는 교시적 기능은 공리적 목적을 지향하는 목적문학이나 선전문학과 구별되어야 함
④ 독자를 가르치는 방식이 강제적·규범적이지 않고, 구체적 형상화를 통해 삶의 진실을 제시함

> **체크 포인트**
>
> **교시적 문학작품**
> - 대부분 권선징악(勸善懲惡)적인 고대 소설
> - 이광수의 「무정」, 「흙」
> - 심훈의 「상록수」
> - 입센의 「인형의 집」
> - 해리엇 비처 스토의 「톰 아저씨의 오두막집」
> - 조세희의 「난장이가 쏘아올린 작은 공」

(2) 문학의 쾌락적 기능 기출 23, 21

① **문학의 즐거움**: 문학은 예술가에 의한 상상적 창조물로, 독자에게 감동(재미)과 즐거움을 주는 기능을 지니고 있음
② **아리스토텔레스의 시인옹호론**: 저서 『시학(詩學)』에서 문학을 인간의 보편적·개연적 행위에 대한 모방으로 보고, 작가의 의도에 따라 대상을 예술적으로 모방할 때 예술적 쾌감과 흥미를 느낄 수 있다고 주장
③ **칸트의 '무목적(無目的)의 목적'**: 창조의 목적은 작가 자신의 만족을 위한 자유로운 상상의 유희이므로, 그 자체가 목적이 되고 완전성을 가지며 가치를 지닌다고 주장
④ **콜리지(Coleridge)**: 모든 예술의 공통적인 본질은 미(美)를 매개로 한 쾌락의 추구로 보는 입장
⑤ **정신적·미적 쾌락**: 문학의 쾌락적 기능은 관능적이거나 저속한 쾌락이 아니라 정신적 즐거움과 감동을 일컫는 것으로, 미적·지적 쾌락을 중요시함
⑥ **창작을 통한 해방과 욕망의 실현**: 작가는 문학을 통해 현실에서는 불가능한 욕망, 이상 등을 실현함으로써 자신의 억압된 욕망에서 해방됨

3 문학과 문학 연구

(1) 문학
① 문학은 시, 소설, 희곡 등 창작된 작품을 일컬음
② 문학은 예술의 범주에 포함되며, 문학작품 자체를 떠나서 문학을 논할 수 없음
③ 문학작품은 인간의 정신 및 정서를 대상으로 하기 때문에 단순·명백하지 않아 객관성을 확보하기 어려움

(2) 문학 연구
① 문학 연구는 문학작품을 대상으로 하는 연구 활동을 지칭함 → 학문(學文), 이론
② 이론은 작품을 이해하는 하나의 방법이며, 그것이 곧 작품 그 자체는 아님
③ 문학을 연구하기 위해서는 자연과학적 정밀성과는 다른 체계적 지식을 수립해야 함
④ 문학을 연구하는 사람은 작품이 지닌 '의미'를 이해해야 하므로, 이론적 체계 및 예술적 감수성을 지녀야 함
⑤ 자연과학이 보편적 법칙을 지향하는 데 반해, 문학 연구는 문학작품의 독자성과 개별성을 지향함

연습문제

문학의 기능에 대한 설명으로 옳지 않은 것은?
① 아리스토텔레스는 저서 『시학(詩學)』에서 시인옹호론을 내세우며 문학의 쾌락적 기능을 주장했다.
② 칸트는 창조의 목적은 작가의 자기만족을 위한 유희라고 주장하며 문학의 쾌락적 기능을 강조했다.
③ 문학의 교시적 기능은 공리적 목적을 지향하는 목적문학이나 선전문학을 말한다.
④ 문학의 쾌락적 기능은 관능적이거나 저속한 쾌락이 아니라 미적·지적 쾌락을 중요시한다.

해설 문학 자체가 가지는 교시적 기능은 공리적 목적을 지향하는 목적문학이나 선전문학과 구별되어야 한다. 즉, 교시 방식이 강제적이거나 규범적이지 않고, 구체적 형상화를 통해 삶의 진실을 제시한다.

정답 ③

제2절 문학의 본질

1 문학의 개념

(1) 문학의 특질

① **언어 예술**: 언어를 매체로 하는 예술
② **정서·사상의 표현**: 미적으로 정화된 정서와 사상의 표현
③ **재창조된 세계**: 사물, 자연, 인생의 원리 등을 작가의 상상력으로 재창조함
④ **상상력의 소산**: 작가의 사상과 감정을 수정·종합하는 상상력의 과정
⑤ **구조적 완결성**: 문학 요소들이 유기적으로 결합된 통합적 구조

(2) 문학의 속성 기출 24, 23, 22

① **개성(個性)**: 독창성
  ㉠ 문학은 단순히 인간의 체험을 의미할 뿐 아니라, 가치 있는 인간 체험의 표현임
  ㉡ 가치는 희귀성으로 평가되며, 정신세계에 있어 희귀성은 곧 특이성으로 나타남
  ㉢ 문학에서의 특이성은 개성을 의미하는데, 개성은 문학의 본질이자 생명임
② **보편성(普遍性)**: 공간성
  ㉠ 문학은 곧 전달이며, 전달은 언어를 표현 매체로 하는 인간의 공통 기반에서만 성립함
  ㉡ 체험은 환경과 유기체의 상호작용으로써 설명할 수 있는데, 객관적 환경은 인류 공통의 요소이고, 이러한 공통 요소들은 문학에서 보편성으로 나타남
  ㉢ 문학에서 개성과 보편성은 서로 분리할 수 없음
③ **항구성(恒久性)**: 시간성, 역사성
  ㉠ 일단 문자로 기록된 문학은 책으로 남아 보편성과 결합된 개성을 내포하는데, 이를 곧 문학의 항구성이라고 함
  ㉡ 문학의 생명을 '개성', 육체를 '보편성'이라 할 때, 생명과 육체가 결합하여 문학으로서의 기능을 발휘하는 '항구성'은 그 생리라 할 수 있음

체크 포인트

문학의 요소
- 정서: 심미성
- 사상: 위대성
- 상상: 창조성
- 형식: 예술성

2 문학의 구조 기출 22, 21

(1) 특성
① **유기적 결합성**: 문학은 문학적 요소의 결합이며, 문학의 구조는 서로 유기적으로 연결되어 있음
② **언어 구조의 완전성**: 작품이 완전성을 지니기 위해서는 완벽한 언어 구조를 가져야 함
③ **유의적 형태**: 전체를 이루는 구성 성분들의 규칙적 완결성이 있음
④ **역동적 구조**: 구조화시키는 동적인 변화가 있음
⑤ **자기 조정성**: 내적인 법칙성을 유지하기 위한 자체 완결적 배타성이 있음

(2) 문학 구조에 대한 이론
① **유기체설**
　㉠ 작품을 각 요소가 긴밀하게 연결되어 그 자체로 완벽한 짜임새를 가진 조직체로 여기는 입장으로, 작품을 하나의 생물체로 파악함
　㉡ '내용'은 '형식' 속에 존재하며 형식을 통해서만 가치를 구현할 수 있으므로, 형식과 내용을 따로 구분하여 논의하는 것은 오류라고 주장함
　㉢ 새로운 형식은 새로운 내용을 낳고, 새로운 내용은 새로운 형식을 낳는다고 주장함
　㉣ 주로 낭만주의 문학가들이 사용한 이론임

② **형식주의 관점**
　㉠ 작품을 외부 상황과 독립시켜 오직 작품 자체로만 이해하여 구조 분석을 시도하는 입장
　㉡ 작품을 하나의 자기 충족적 실체로 인식함

③ **동적(動的) 구조론**
　㉠ 문학작품은 시간·장소·대상에 따라 그 내용의 인식과 느낌이 달라지며, 독자의 인식 능력 및 사고방식 역시 시대의 변화에 따라 달라진다는 입장
　㉡ 한 작품에 있어 구조의 근본적인 변화가 없더라도 그 구조를 이루는 각 부분의 유기적 연관 관계는 다르게 파악될 수 있다고 주장함
　㉢ 대상을 단지 '재현'하는 것이 아니라 '표현'하는 것이므로, 본래 언어 재료로서의 변별적 자질은 달라질 수 있다고 봄

(3) 문학 구조를 전체적으로 파악할 때 특징
① 문학의 자율성을 확보할 수 있음
② '내용과 형식', '주제와 형태' 등 기존의 이분법적 이론의 모순을 극복할 수 있음
③ 작품 감상의 편협적(偏狹的) 태도에서 탈피할 수 있음
④ 문학작품과 작품 이전의 소재를 구별하고 설명할 수 있음
⑤ 문학을 진실 추구 외의 다른 목적으로 이용할 가능성을 막을 수 있음
⑥ 문학작품이 문학 외적인 것으로 환원되는 것을 막을 수 있음

3 문학과 언어

(1) 문학적 언어의 특성 기출 25, 23

① **내포적 언어**
   ㉠ 하나의 단어 안에 여러 가지 의미를 포함시킬 수 있으며 주관 및 상황에 따라 이미지를 다르게 구체화할 수 있음
   ㉡ 문학적 언어를 통한 표현은 의미의 전달이 아닌 '의미의 변용'이므로, 독자는 그 의미를 다양하게 해석할 수 있음
   ㉢ 언어의 내포적 사용은 그 '언어'와 관련된 다양한 경험이 동시에 재현될 때 성립함

② **구체적 형상화**
   ㉠ 문학은 표현하려는 것을 미적 대상으로 구체화·형상화하는 것임
   ㉡ 문학은 지식을 전달하는 것에 그치는 것이 아니라, 구체적 형상화를 통해 인생의 진실과 사상을 체험하게 하는 것임

③ **비유적·함축적 표현**
   ㉠ 문학에서 사용되는 언어는 표현적 묘사이므로, 주관적이고 함축적임
   ㉡ 표현적 묘사는 언어의 기술적 의미에서 벗어나 독특하고 개성적인 의미를 추구함
   ㉢ 문학적 언어는 과학자에게는 거짓된 것이지만, 상상의 세계에서는 진실이라 말할 수 있기 때문에 문학적 진리는 비유적·상징적·직관적 진리임
   ㉣ 암시적·상징적 의미를 강조함

> **체크 포인트**
>
> **과학적 언어와 문학적 언어**
>
> | 과학적 언어 | 문학적 언어 |
> | --- | --- |
> | 외연적(개념의 정확성) | 내포적(개념의 다양성) |
> | 직접적(사실기술적 설명) | 함축적(표현적 묘사) |
> | 관찰, 보고 | 느낌, 해석 |

(2) 문체(文體)

① 개념
- ㉠ 작가는 작품의 독창성을 위해 필연적으로 글의 문장을 특수하고 개성적인 것으로 만드는데, 이처럼 문학적 목적을 위해 독특하게 구성되는 문장의 특수성 및 개성을 '문체(Style)'라 함
- ㉡ 작품에 나타난 '글투나 글버릇, 또는 글솜씨'를 말함
- ㉢ 작가는 상투화된 일상적 언어를 의식적으로 왜곡하여 특수하고 개별적인 독특성을 가진 언어로 구현함
- ㉣ 문체는 작가가 현실을 인식하는 태도를 반영한다고 볼 수 있으며, 이는 곧 작가가 세계를 바라보는 눈과 일치함

② 문체를 결정하는 요소
- ㉠ 문장 구조, 어휘 선택 방식, 운율 유형, 비유적 표현 유형 등의 요소가 문체를 결정함
- ㉡ 문체의 종류로 간결체, 만연체, 우유체, 강건체, 화려체, 건조체 등이 있음

③ 어조(語調)
- ㉠ 개념 : '말의 가락, 억양'을 뜻하며, 비평가들은 '함축된 작자'로 비유
- ㉡ 글의 느낌, 정서, 분위기 조성
- ㉢ 화자의 인간성, 신분, 정신 상태 등을 드러냄

연습문제

다음에서 설명하는 문학의 속성은 무엇인가?

> 작가 개인적인 독특한 경험을 표현하므로, 작품마다 (   )을 갖는다.

① 존재성 ② 보편성
③ 항구성 ④ 개성

해설 개성(個性)은 작가 개인적인 독특한 경험을 표현함으로써 갖게 되는 문학의 속성이다. 문학에서의 특이성이 바로 개성을 의미한다.

정답 ④

제3절 문학 장르

1 장르(Genre)

(1) 개념
① '종류, 유형' 등을 의미하는 라틴어 '게누스(Genus)', '게네리스(Generis)'에서 유래한 프랑스어
② 본래 생물학에서 동식물의 분류 및 체계를 설명하는 개념으로, '문학의 갈래·분류'를 일컬음
③ 작품 형성 원리와 공통적 질서에 따라 구분함

(2) 장르 구분의 의의
① 문학의 이해 및 설명에 유용하며, 작품 상호 간의 관계를 체계적으로 정리 및 분류할 수 있음
② 문학의 속성을 이해하고, 문학 이론 성립에 중요한 역할을 함
③ 장르 구분은 고정되지 않으며, 민족·언어·시대에 따라 달라지기도 함
④ 장르 설정은 규범적 측면과 관습적 측면에 따라 이루어짐
    ㉠ 규범적 측면 : 정해진 장르의 내용은 문학 이해의 척도 역할을 함
    ㉡ 관습적 측면 : 관습의 이행에 의해 장르 설정이 이루어짐

2 장르 구분

(1) **2분법** : 작품 매체 및 형태에 따른 분류
① **운문 문학** : 고대부터 있어 온 문학 형태로, 일정한 패턴이 있는 리듬 중심의 문장을 사용함
② **산문 문학** : 근대에 이르러 발달한 문학 형태로, 외형적 리듬보다 의미 전달에 초점을 둠

> **체크 포인트**
>
> **언어의 전달 방식에 따른 분류**
> - 구비 문학 : 입에서 입으로 전달된 문학
> - 기록 문학 : 글로 기록된 문학

(2) 3분법: 전통적 기준에 따른 분류 [기출 24]
① 아리스토텔레스의 저서 『시학(詩學)』에서 제시한 분류
② 장르의 기본형으로, 근대 이후 변형되어 나라마다 독자적 장르를 이룸

장르	개념	장르 변형
서정양식(Lyric)	시인의 주관적 감동 및 경험 전달	시
서사양식(Epic)	사건 전개가 있는 이야기	서사시 → 소설
극양식(Drama)	인간의 행위를 눈앞에서 표현하는 양식	극시 → 희곡

(3) 4분법: 한국 문학 장르의 기본형 [기출 21]

갈래	개념
시(서정)	개인의 주관적인 정서를 노래하는 문학
소설(서사)	사건을 객관적으로 진술·서술하는 문학
희곡(극)	인물의 대화와 행동을 통해 사건을 전개하는 문학
수필(교술)	작가의 경험·생각을 서술하고 전달하는 문학

※ 평론을 한 장르로 구분한 5분법 이론도 있음

연습문제

문학 장르에 대한 설명으로 옳지 않은 것은?
① 한국 문학의 기본적 장르 구분은 서정양식, 서사양식, 극양식, 교술양식이다.
② 서정양식은 시인의 주관적 감동 및 경험을 전달하는 양식이다.
③ 극양식은 사건 전개가 있는 이야기 양식이다.
④ 작품 매체 및 형태에 따라 운문 문학과 산문 문학으로 분류하기도 한다.

[해설] 극양식은 인간의 행위를 눈앞에서 표현하는 양식이다. 사건 전개가 있는 이야기는 서사양식이다.

[정답] ③

제2장 시론

제1절 시의 본질

1 시란 무엇인가

(1) 시의 정의
① **아리스토텔레스(Aristoteles)** : 시는 운율적 언어로 이루어진 모방이다.
② **워즈워스(W. Wordsworth)** : 시는 넘쳐흐르는 감정의 자연스러운 표출이다.
③ **포(E. A. Poe)** : 시는 아름다움의 운율적 창조이다.
④ **허드슨(W. H. Hudson)** : 시는 상상과 감정을 통한 인생의 해석이다.
⑤ **헤즐릿(Hazlitt)** : 시는 상상과 정열의 언어이다.

(2) 시의 특성
① 언어 예술
② 시인의 정서·감정이나 사상을 형상화
③ 운율적·함축적 언어 표현
④ 압축적 형식미

2 시의 언어

(1) 시어(詩語)
① **시어의 개념** : 시(詩)에서 사용되는 언어를 말함
② **워즈워스(W. Wordsworth)**
  ㉠ 인간의 정서를 소박하고 감동적으로 자연스럽게 표현한 일상적 언어야말로 진정한 시어라고 보는 입장
  ㉡ 인간의 정서를 감동적으로 표현할 수 있는 것은 모두 '시어'이고, 인위적인 시어보다는 오히려 일상어가 더 훌륭하다고 주장
③ **콜리지(Coleridge)**
  ㉠ 워즈워스의 견해를 반박하여 시어와 일상어를 구분함
  ㉡ 시에 사용된 언어는 작품 속(문맥)에서 그 의미가 달라질 수 있다고 보는 입장

④ 리처즈(I. A. Richards)
  ㉠ 시어의 정서적 기능을 중요시함
  ㉡ 낭만주의를 '포괄(包括)의 시'와 '배제(排除)의 시'의 개념을 통해 비판함
    • 포괄의 시 : 인간에게 줄 수 있는 여러 가지 충동을 시가 두루 포괄하여 수용
    • 배제의 시 : 시인이 자신이 원하는 충동만을 택하고 그 밖의 것은 제외
  ㉢ 시적 언어는 내용의 정확한 전달에 실패한다 하더라도 정서의 환기력이 클 경우 그 역할을 다한 것이라고 보는 입장

(2) 시어의 특성 기출 24, 23, 21
  ① 함축성(含蓄性)
    ㉠ 시어의 함축성이란 언어의 표면적 의미가 아닌 작가가 의도하고자 한 의미와 정서, 즉 내포적 의미를 말함
    ㉡ 사전적·지시적 의미 외에 시인이 부여한 상징적·암시적 표현

> **체크 포인트**
>
> **시어의 함축성**
>
> > 한 송이의 국화꽃을 피우기 위해
> > 봄부터 소쩍새는
> > 그렇게 울었나 보다
> > …
> > 노오란 네 꽃잎이 피려고
> > 간밤엔 무서리가 저리 내리고
> > 내게는 잠도 오지 않았나 보다
> >
> > — 서정주, 「국화 옆에서」
>
> 시에서 국화는 단순한 소재, 사전적 의미, 외연적 의미로 쓰인 것이 아니라, 온갖 역경을 헤쳐 온 누님의 모습, 원숙한 아름다움, 생명 탄생 등의 상징으로 사용되어 다양하게 해석 가능하다.

  ② 애매성(曖昧性) 기출 23
    ㉠ 애매성이란 의미 해석이 두 가지 이상으로 가능한 시어의 특성으로, 이로 인해 다양성의 혼란과 이해 불가능의 상황을 맞게 됨
    ㉡ 영국의 문학 이론가 엠프슨(W. Empson)이 『애매성의 일곱 가지 형태』에서 언급한 용어로, 시의 특성을 밝히는 중요한 용어임 기출 22
    ㉢ 다양한 의미를 내포하는 다의성을 지님
    ㉣ 애매성은 언어에 대해 선택적 반응을 할 여지를 주는 언어의 모든 복잡 미묘한 뉘앙스를 포함함
    ㉤ 일상적 언어는 가능한 한 명확한 의미를 전달하려 하지만, 시어는 언어의 애매성을 통해 정서적 깊이를 증대시키려 함

> **체크 포인트**
>
> **시어의 애매성**
>
> > 어져, 내 일이야 그릴 줄을 모로ᄃ냐.
> > 이시라 ᄒ더면 가랴마는 제 구틔여
> > 보ᄂ고 그리는 정은 나도 몰라 ᄒ노라.
> >
> > – 황진이의 시조
>
> '제'가 '임'인지 '나(시적 화자)'인지, 임을 보낸 자책과 후회인지, 자발적으로 보낸 것인지 애매성을 지닌다.

③ **음악성(音樂性)**
  ㉠ 시는 대체로 리듬감·운율이 있는 언어로 표현됨
  ㉡ 시의 아름다움은 시의 언어 조직이 실현하는 음악성을 통해 구체화되며, 운율은 소리가 발음되는 시간을 일정한 길이로 분할하여 무리를 지음으로써 감흥을 불러일으킴
  ㉢ 객관적 운율과 주관적 운율
    • 객관적 운율 : 시의 표면에 나타나 있는 형식, 문체, 형태 등처럼 실체를 쉽게 파악할 수 있는 운율
    • 주관적 운율 : 시의 내면에 잠복하고 있어 실체 파악이 어려운 경우로, 독자의 주관에 따라 운율 효과도 다를 수 있음

④ **주관성(主觀性)**
  ㉠ 시는 객관적 사실보다 주관적 느낌·정서를 표현함
  ㉡ 4대 장르 중 가장 주관적이며 오래된 양식임
  ㉢ 시인은 시적 대상을 참신하고 새로운 눈으로 바라보아야 하며, 그것을 통해 사물의 실체와 교감할 수 있는 힘을 가져야 하고, 시인이 간직한 감성과 정서를 창조적으로 표현해야 함

> **체크 포인트**
>
> **긴장(Tension)**
> • 테이트(A. Tate)가 사용한 용어로, '긴장'이란 문학적 언어가 작용하는 측면, 곧 '안'과 '밖'의 반대 방향에서 서로 당기는 힘을 의미한다.
> • 문학의 본질적 성격을 가리키는 개념으로, 하나의 문학 언어가 작품 외부를 향한 문자적 의미와 작품 내부를 향한 비유적 의미의 충돌에서 비롯되는 긴장을 품고 있다는 것이다.
> • 테이트는 과거 학자들이 시의 내포적 의미만을 강조한 것을 비판하고, 외연과 내포의 긴장 관계를 중요시해야 한다고 보았다.

> **연습문제**
>
> 시어의 특성으로 옳은 것을 〈보기〉에서 모두 고른 것은?
>
> ──── 보기 ────
> ㄱ. 애매성　　　　ㄴ. 직접성　　　　ㄷ. 음악성
> ㄹ. 보편성　　　　ㅁ. 함축성　　　　ㅂ. 주관성
>
> ① ㄱ, ㄴ, ㄷ, ㅁ　　　　② ㄱ, ㄷ, ㅁ, ㅂ
> ③ ㄴ, ㄷ, ㄹ, ㅁ　　　　④ ㄴ, ㄷ, ㅁ, ㅂ
>
> **해설** 시어는 비유·상징을 통한 간접적 표현을 특성으로 한다. '보편성'은 문학의 속성이자 소설의 특성이다.
>
> **정답** ②

제2절　시의 요소

1　음악적 요소 : 운율(韻律, Rhythm)

(1) 운율의 개념 기출 25, 23, 21

① 시 속에 표현된 말의 가락, 리듬감
② 시의 가장 기본적 구성 요소
③ 한국시에서 말하는 '운율'이란 소리의 반복을 뜻하는 '운(韻)'과 리듬의 반복을 뜻하는 '율(律)'을 의미함

　㉠ 운의 유형
　　• 두운(頭韻) : 음절 첫소리를 반복
　　• 요운(腰韻) : 시행(詩行) 중간의 일정한 위치에 같은 소리를 반복
　　• 각운(脚韻) : 둘 이상의 시행에서 동일한 끝소리를 반복

　㉡ 율격의 유형 기출 25, 24, 22
　　• 음보율(音步律) : 일정한 음보를 규칙적으로 반복함으로써 형성되는 율격(끊어 읽기)으로, 한국시에서 가장 많은 율격
　　• 음수율(音數律) : 일정한 음절수를 반복함으로써 형성되는 율격(음의 수)
　　• 음위율(音位律) : 비슷한 시어나 음운을 시행이나 연의 어느 자리에 규칙적으로 반복함으로써 형성되는 율격(음의 위치)
　　• 음성률(音聲律) : 소리의 장단·고저를 규칙적으로 배열하여 형성되는 율격(음의 소리)
　　• 복합율격(複合律格) : 두 가지 이상의 율격적 자질이 서로 얽혀 복잡한 율격 체계 형성

(2) 운율의 형성

① **반복과 병렬** 기출 23
  ㉠ 같은 단위를 되풀이하거나 교차시켜 성립되는 운율
  ㉡ 반복 : 같은 낱말, 구절, 행이 되풀이되며, 음운이 첨가 또는 생략될 수 있음
  ㉢ 병렬 : 넓은 의미에서 반복의 일종이지만, 대구·대조 개념과 관련됨
  ㉣ 현대시의 경우 반복과 병렬이 원형 그대로 쓰이는 경우는 거의 없지만, 이 두 개념을 작품의 배경에 두고 변형시켜 사용하는 경우는 종종 찾아볼 수 있음

② **반복과 베리에이션(Variation, 변조)**
  ㉠ 시의 가장 중요한 특성은 소리와 리듬의 반복이며, 행과 연에 따라 소리와 리듬이 달라짐
  ㉡ 가사와 시조는 정형시로서 기본을 따르지만, 현대시는 기본 율격의 극단적 변조를 사용하여 시의 리듬을 조성함

(3) 운율의 종류 기출 24

외형률	• 소리마디의 규칙적 반복이 외형적으로 드러나 있는 운율 형태 • 주로 고전 시가에 나타남
내재율	• 외형상 규칙성은 띠지 않고 작품의 자유로운 형태 속에 내포된 운율 형태 • 현대시는 주로 내재율을 지님

2 회화적 요소 : 심상(心狀, Image)

(1) 심상의 의의

① 시를 읽을 때 마음속에 구체적으로 떠오르는 선명한 영상이나 감각적인 인상
② 시를 구성하는 가장 중요한 요소로, 모든 시는 이미저리(Imagery : 여러 이미지들의 집합적 명칭으로, 여기서는 '감각 체험'을 의미)의 패턴을 포함하고 모든 이미지는 그 자체가 하나의 패턴임
③ 시각, 청각, 촉각, 미각, 후각 등 감각적인 언어를 사용하여 시적 상황을 구체적이고 생생하게 전달함
④ 어떤 느낌이나 분위기를 불러일으키거나 시어의 함축성을 높여서 독자가 풍부한 정서를 느끼게 함

(2) 심상의 유형 기출 24, 23, 21

① **시각적 심상**: 색채, 명암, 모양, 동작 등을 나타내는 시어를 통해 눈으로 보는 듯한 느낌을 주는 심상

> 아! 강낭콩 꽃보다도 더 푸른
> 그 물결 위에
> 양귀비꽃보다도 더 붉은
> 그 마음 흘러라.
>
> － 변영로, 「논개」

② **청각적 심상**: 소리, 음성, 음향 등 소리와 관련한 구체적인 시어를 통해 귀로 듣는 듯한 느낌을 주는 심상

> 눈을 가만 감으면 굽이 잦은 풀밭 길이
> 개울물 돌돌 길섶으로 흘러가고,
> 백양 숲 사립을 가린 초집들도 보이구요.
>
> － 김상옥, 「사향」

③ **후각적 심상**: 냄새, 향과 관련한 구체적인 시어를 통해 실제 코로 냄새를 맡는 것 같은 느낌을 주는 심상

> 꽃 피는 사월이면 진달래 향기
> 밀 익는 오월이면 보리 내음새
>
> － 김동환, 「산 넘어 남촌에는」

④ **미각적 심상**: 짠맛, 신맛, 단맛, 쓴맛 등 맛과 관련한 시어를 통해 실제 혀로 맛보는 것 같은 느낌을 주는 심상

> 물새알은 / 간간하고 짭조름한 / 미역 냄새, / 바람 냄새. //
> 산새알은 / 달콤하고 향긋한 / 풀꽃 냄새, / 이슬 냄새.
>
> － 박목월, 「물새알 산새알」

⑤ **촉각적 심상**: 부드러움, 거침, 차가움, 따뜻함 등 피부 감각과 관련한 시어를 통해 실제 피부에 닿는 듯한 느낌을 주는 심상

> 나는 한 마리 어린 짐승
> 젊은 아버지의 서느런 옷자락에
> 열(熱)로 상기한 볼을 말없이 부비는 것이었다.
>
> － 김종길, 「성탄제」

⑥ **공감각적 심상**: 하나의 감각이 다른 감각으로 전이되어 일어나는 심상 기출 22

> 분수처럼 흩어지는 푸른 종소리 → 청각(종소리)의 시각화(푸른)
> 해설피 금빛 게으른 울음을 우는 곳 → 청각(울음)의 시각화(금빛)
> 나비 허리에 새파란 초생달이 시리다 → 시각(새파란 초생달)의 촉각화(시리다)
> 피라미 은빛 비린내 → 후각(비린내)의 시각화(은빛)

⑦ **복합감각적 심상**: 서로 다른 감각이 나열되어 있는 경우

> 술 익는 마을마다 타는 저녁 놀 → 후각 + 시각
> 접동새 소리 별 그림자 → 청각 + 시각

3 의미적 요소: 주제(主題, Theme)

(1) 시의 주제
① 시 속에 반영된 시인의 생각, 느낌, 태도
② 시의 주제는 직접적 설명으로 드러나기보다는 다른 요소들과 결합되어 시 속에 용해되어야 함. 즉, 시의 주제는 이미지로 구체화되고 정서 형태로 바뀌어야 하며, 언어 표현 속에 숨겨져 있어야 함

(2) 어조(語調)
① **시의 화자**
  ㉠ 시인이 자기 생각과 느낌을 효과적으로 드러내기 위하여 시 속에 내세우는 인물
  ㉡ 시인은 화자를 통해 시적 정서와 시적 의미 조절
  ㉢ 화자는 시인 자신일 수도 있고 아닐 수도 있음(다음 예문에서 시의 화자는 '어린 소년'임)

> 엄마야 누나야, 강변 살자.
> 뜰에는 반짝이는 금모래 빛
>
>   - 김소월, 「엄마야 누나야」

② **시의 어조**
  ㉠ 시적 대상이나 독자에 대한 시적 화자의 태도 또는 목소리
  ㉡ 어조는 시적 분위기나 정서와 관련되며, 시어의 어미에서 잘 드러남
  ㉢ 시의 어조는 대체로 한 작품에서 일관되지만 화자의 정서 변화에 따라 어조 변화가 나타나기도 함

③ **어조의 유형**
  ㉠ 독백적 : 자기 내면세계를 고백하듯이 말하는 태도
  ㉡ 관조적 : 대상을 관찰하면서 자신의 마음을 비춰 보는 태도
  ㉢ 풍자적 : 문제점을 꼬집어 비판하는 태도
  ㉣ 해학적 : 대상을 희화화하여 익살스럽게 바라보는 태도
  ㉤ 냉소적 : 차갑게 비웃으면서 업신여기는 태도

연습문제

다음 시에서 주로 사용된 심상은 무엇인가?

> 아무도 그에게 수심(水深)을 일러 준 일이 없기에
> 흰나비는 도무지 바다가 무섭지 않다.
>
> 청(靑) 무우밭인가 해서 내려갔다가는
> 어린 날개가 물결에 절어서
> 공주(公主)처럼 지쳐서 돌아온다.
>
> — 김기림, 「바다와 나비」

① 복합감각적 심상   ② 공감각적 심상
③ 청각적 심상   ④ 시각적 심상

해설 '흰나비', '청 무우밭'은 색채를 나타내는 시어로 시각적 심상이 사용되었다.
정답 ④

제3절 시의 표현

1 비유

(1) 비유의 개념
① 비유는 어떤 사물의 모양이나 상태, 성질 등을 효과적으로 표현하기 위하여 그것과 비슷한 사물에 비교하여 표현하는 언어적 방법임
② 시 창작의 가장 중요한 원리로서, 사물의 개성적·독창적 표현 방법임
③ 비유는 표현하고자 하는 대상이나 관념(원관념)을 그것과 유사하거나 관련성이 있는 다른 사물(보조관념)에 빗대어서 표현하는 방법으로, 보조관념의 의미는 그 사물의 속성이나 전통적인 관념을 바탕으로 하여 의미가 형성됨

(2) 비유법 기출 25, 24, 23, 21
① **직유법**: 원관념에 해당하는 사물·관념을 보조관념과 직접적으로 비교하는 방법으로, '-같이, -처럼, -마냥' 등이 쓰임(직접적 비유)
  예 공중의 깃발처럼 울고만 있나니
② **은유법**: 비교되는 두 가지 사물·관념이 동일 관계로 이어짐(암시적 비유)
  예 내 마음은 호수요.
③ **의인법**: 무생물을 생물처럼 표현하거나, 동식물에게 인격을 부여하는 표현법
  예 먼 산이 나를 향해 손짓한다.
④ **대유법**: 사물의 명칭을 직접 쓰지 않고 사물의 일부나 특징을 들어서 그 자체나 전체를 나타내는 비유법으로, 환유(換喻)와 제유(提喻)로 구분 기출 25
  ㉠ 환유법: 어떤 사물을 그것의 속성과 밀접한 관계가 있는 다른 낱말을 빌려서 표현하는 방법으로, 주지와 매체가 1:1의 관계를 형성
    예 흰 저고리 검정 치마 → 우리 민족
  ㉡ 제유법: 일부분이 전체를 나타내는 것으로, 주지와 매체가 일(一):다(多)의 관계 형성
    예 인간은 빵만으로 살 수 없다. → '빵'은 식량의 한 종류이지만, 식량 전체를 의미

> **체크 포인트**
>
> **죽은 비유**
> 일상에서 널리 쓰이는 식상한 비유로, 그 의미를 떠올리는 데 별다른 유추 과정이 필요 없는 표현 방법
> 예 세월이 유수 같다, 앵두 같은 입술

(3) 비유론

① **휠라이트(P. Wheelwright)** 기출 24

㉠ 병치(竝置) : 시구와 시어를 병렬하여 새로운 의미를 만들어 내는 표현법(예문에서 '군중 속 얼굴들'과 '나뭇가지 위의 꽃잎들'은 상관관계를 맺지 않고 각각 독립성을 유지하고 있지만, 이 두 이미지가 병치되면서 새로운 의미를 생산하고 있음)

> 군중 속에서 유령처럼 나타나는 얼굴들
> 까맣게 젖은 나뭇가지 위의 꽃잎들
>   - 에즈라 파운드(Ezra Pound), 「지하철역에서(In a Station of the Metro)」

㉡ 치환(置換) : 보조관념이 원관념을 대체하는 전통적 은유법(예문에서 '내 마음'이 '호수', '촛불'로 치환되어 독자들의 상상력의 폭이 확대됨)

> 내 마음은 호수요,
> 그대 노 저어 오오.
> 나는 그대의 흰 그림자를 안고, 옥 같이
> 그대의 뱃전에 부서지리라.
>
> 내 마음은 촛불이요,
> 그대 저 문을 닫아 주오.
> 나는 그대의 비단 옷자락에 떨며, 고요히
> 최후의 한 방울도 남김없이 타오리다.
>   - 김동명, 「내 마음은」

② **막스 블랙(Max Black)**

㉠ 기존 비유론을 대치론과 비교론으로 규정하고, 비유를 시의 형태와 구조를 활성화시키는 데 필수적인 것으로 보는 '상호작용론'을 주장함
- 대치(代置) : 가장 일반적으로 통용되는 비유로, 문자 그대로의 뜻·주지를 다른 형태로 바꾸어 놓는 것
  예 달덩이(→ 희고 둥근 얼굴)
- 비교(比較) : 이질적인 두 사물·관념을 연결시키는 것

㉡ 상호작용론(相互作用論)
- "리처드왕은 사자다."라는 예문에서 비유를 형성하는 두 개의 관념인 '리처드왕'과 '사자'는 제각기 독자성을 가지는데, 이때 주지는 매체에 작용하고, 매체 또한 주지에 작용하므로 양자는 서로 역동적인 상관관계를 가짐
- 상호작용론에서 비유는 끊임없이 시의 형태, 구조를 활성화시키는 역학적 실체로서 시의 필수 불가결한 요소라 할 수 있음
- 비유를 구성하는 두 사물·관념이 이질적일수록 시적 표현 효과가 더욱 커짐

③ 리처즈(I. A. Richards)
  ㉠ 주지(主旨)와 매체(媒體)의 개념 제시 기출 25, 22
    • 주지 : 시인이 본래 표현하고자 하는 사상이나 정서 등의 주된 요소 → 원관념
    • 매체 : 주지를 구체화하거나 변용, 전달하는 데 사용되는 표현 방식 또는 수단 → 보조관념
  ㉡ 주지와 매체의 상호작용 관계는 비유의 본질이 될 뿐만 아니라 그 성격도 결정한다고 봄
  ㉢ 주지와 매체가 비유로 성립하기 위해서는 두 관념 사이에 유추적 관계가 내포되어 있어야 하며, 유추적 관계는 상상력에 의해 발견되는 것임
  ㉣ 별개의 사물이 각각 원관념과 보조관념으로 결합될 수 있는 것은 두 사물 사이의 유사성 혹은 동일성을 바탕으로 하기 때문임

2 상징 기출 23, 21

(1) 상징의 의의
① 개념
  ㉠ 상징(Symbol)의 어원은 희랍어인 'Symballein'으로, '표시', '표상'을 의미
  ㉡ 추상적인 사물·관념을 구체적인 사물로 나타내는 것으로, 서로 다른 대상이 결합되어 새로운 의미를 지니게 됨
② 은유와 상징 기출 25, 24, 22
  ㉠ 상징은 다른 의미를 함축한다는 점에서 은유의 일종이라 할 수 있지만, 은유는 유사성을 근거로 하는 데 반해 상징은 상관성이 먼 상징어를 연결하여 의미를 확대·심화시킴
  ㉡ 상징은 원관념이 숨어 있고, 은유는 원관념과 보조관념의 상관관계가 명확함
  ㉢ 상징은 은유에 비해 훨씬 고차원적인 유추 과정을 통해 이해될 수 있음
③ 재문맥화
  ㉠ 상징은 본래 전혀 이질적인 두 요소의 폭력적인 결합이라고 할 수 있으며, 이를 통한 문맥화에서 상징의 기능이 발휘됨
  ㉡ 이미 알려진 상징의 이미지에 새로운 의미를 부여하는 것으로, 그것을 가능하게 하는 것은 시의 언어 조직을 통해서이며 또한 형태·구조상의 기법이 수반되어야 함

④ **장력 상징**
  ㉠ 휠라이트는 상징을 언어의 긴장감의 정도에 따라 협의 상징과 장력 상징으로 분류함
  ㉡ 협의 상징(관습적 상징) : 이미 한 사회나 조직에서 되풀이되어 사용되어 온 것으로, 그 의미 해석의 테두리가 정해져 있는 것을 말함
  ㉢ 장력 상징(개인적 상징)
    • 필연적으로 의미가 조작되며, 그 의미가 언제나 애매함
    • 장력 상징은 개인의 상상력에 의해 만들어 낸 것으로, 이는 곧 갓 태어난 상징의 의미를 독자들에게 각인시키기 위해서는 불가피하게 필연적인 의미의 조작이 필요하다는 것임
    • 상징은 의미의 애매함에 의해 연상 또는 상상력의 폭과 깊이를 확보할 수 있음

(2) **상징의 유형**
  ① **원형적 상징** 기출 25, 22
    ㉠ 인류나 민족의 무의식 속에 내재되어 면면이 이어지는 보편적인 상징
    ㉡ 시대를 초월하여 반복성과 동일성을 지니고, 모든 인간에게 유사한 의미를 환기시킴
    예 물 → 생명, 어둠 → 죽음, 하늘 → 신성함
  ② **관습적 상징** : 사회적으로 공인되어 관습적으로 사용하는 상징
    ㉠ 제도적 상징 : 어떤 제도적 집단에 소속된 사람들에게만 의미가 있는 상징
      예 태극기 → 대한민국, 십자가 → 기독교
    ㉡ 자연적 상징 : 대부분의 사람들이 비슷한 의미로 받아들이는 자연물의 상징
      예 붉은 장미 → 사랑・열정, 비둘기 → 평화
    ㉢ 알레고리컬 상징 : 암시적이지 않고 한 가지 의미로 명확하게 고착된 상징
      예 매화 → 절개
  ③ **창조적 상징** 기출 25
    ㉠ 작가가 자신의 작품 속에서만 특수한 의미로 사용하는 상징
    ㉡ 한 개인의 개성・창조적 능력에 의해 창출해낸 개인적 상징
    예 서정주의 「국화 옆에서」에서 '국화', 윤동주의 「서시」에서 '별'

3 시적 표현 기출 25

(1) 반어(Irony)
표현의 효과를 높이기 위하여 실제와 반대되는 뜻의 말을 하는 표현법

> 나 보기가 역겨워
> 가실 때에는
> 죽어도 아니 눈물 흘리우리다
>
> — 김소월, 「진달래꽃」

(2) 역설(Paradox)
표면적인 언어 구조 자체가 모순된 진술이지만, 실제로는 진실을 담고 있는 표현법

> 아아, 님은 갔지마는 나는 님을 보내지 아니하였습니다.
>
> — 한용운, 「님의 침묵」
>
> 이것은 소리 없는 아우성
>
> — 유치환, 「깃발」

(3) 시적 허용(Poetic licence)
① 시의 표현 효과를 위해 특별히 허용하는 문법적인 자유
② 운율을 살리거나 특별한 느낌·분위기를 강조하기 위해 맞춤법이나 띄어쓰기에 어긋나는 표현을 일부러 사용함

> 모든 순간이 다아
> 꽃봉오리인 것을,
>
> — 정현종, 「모든 순간이 꽃봉오리인 것을」

> **연습문제**
>
> 다음에서 설명하는 시적 표현법은 무엇인가?
>
> > 운율을 살리거나 특별한 느낌·분위기를 강조하기 위해 맞춤법이나 띄어쓰기에 어긋나는 표현을 일부러 사용하는 방법이다.
>
> ① 반어법 ② 역설법
> ③ 언어 유희 ④ 시적 허용
>
> **해설** 시적 허용은 시의 표현 효과를 위해 특별히 허용하는 문법적인 자유를 말한다.
> **정답** ④

제4절 시의 분류

1 형식상 분류 기출 22

(1) 정형시
① 일정한 형식이나 규칙을 따르는 시로, 주로 외형률을 갖춤
② 시행이 리듬의 단위가 됨
③ 가장 대표적인 정형시는 시조

(2) 자유시
① 외형적 형식보다 자유로운 표현을 중시하는 시
② 주로 내재율을 갖추고, 시행이 리듬과 상관없이 구분되는 경우가 많음
③ 형식이 없는 것이 아니라 형식이 매우 다양함

(3) 산문시
① 행과 연의 구분이 없고, 운율을 배제한 시
② 산문 형식 속에 시 정신을 담아 노래함. 산문시와 산문은 행과 연의 구분이 없다는 면에서는 일치하지만, 산문시는 산문에는 없는 시 정신이 담겨 있음

2 내용상 분류 기출 25

(1) 서정시(Lyric) 기출 24
① 수금(竪琴, Lyre)의 반주에 의해 불리는 노래
② 시의 음악성, 함축성을 중요시함
③ 개인의 주관적 감정, 정서, 사상을 다룬 시
④ 대체로 길이가 짧고 구성이 치밀함
⑤ 대부분의 현대시가 포함

(2) 서사시(Epic) 기출 22, 21
① 이야기를 직접적으로 서술하는 시
② 주로 역사적 사실이나 영웅의 이야기를 다룬 시로, 소설의 원조
③ 대체로 극시보다 길며 구성이 산만함
④ 호머의 「일리아드」, 「오디세이」 등

(3) 극시(Drama)
① 인간의 행위를 눈앞에서 표현하는 양식
② 연극적인 내용을 시의 형식으로 표현한 것
③ 셰익스피어의 희곡은 대부분 극시

3 시의 다양한 분류

(1) 목적성에 따른 분류
① **순수시** : 예술성을 추구한 시
② **참여시** : 예술성보다 목적의식을 중시한 시

(2) 경향성에 따른 분류
① **주정시** : 개인의 감정·정서를 노래한 시
② **주지시** : 이성과 심상을 중시한 시
③ **주의시** : 인간의 의지의 측면을 중시한 시

(3) 문예 사조에 따른 갈래
① **낭만시(浪漫詩)** : 전통에 반발하여, 개인의 자유로운 정서를 중요시한 시
② **상징시(象徵詩)** : 언어가 지닌 모호성, 상징성, 음악성을 중요시한 시
③ **주지시(主知詩)** : 냉철한 지성을 바탕으로 해서 쓰인 시
④ **초현실시(超現實詩)** : 인간의 내면세계를 중시하여 자동기술법을 바탕으로 쓰인 시

용어사전

자동기술법(Automatism) : 초현실주의 작가들이 사용한 기법으로 무의식적 자동 작용을 말한다. 모든 습관적 기법이나 고정관념, 이성 등의 영향을 배제하고 무의식의 상태에서 솟구쳐 오르는 그대로 기록하는 방법이다.

연습문제

시의 형식상 분류에 해당하지 <u>않는</u> 것은?
① 산문시　　　　　　　　② 극시
③ 자유시　　　　　　　　④ 정형시

해설 극시는 시의 내용상 분류에 해당한다.
정답 ②

제3장 소설론

제1절 소설의 본질

1 소설의 기원

(1) 고대 서사문학에서 기원했다고 보는 견해
   ① 서사시가 영역을 확대하여 소설의 모태가 되었다고 주장
   ② 소설의 기본적인 특질이 이야기(Story)와 서술(Narration)이라고 보는 견해
   ③ 대표적 학자로 몰튼(R. G. Moulton), 허드슨(W. H. Hudson) 등

(2) 중세 로망스에서 기원했다고 보는 견해
   ① **로망스(Romance)** : 이국적 경향을 지닌 중세의 서사문학으로, 주로 용감한 기사들의 무용담이나 사랑, 모험 등의 이야기를 다룸
      예) 「아서왕(Arthur) 이야기」, 「샤를마뉴(Charlemagne) 이야기」 등
   ② **로망스의 특징** : 인플레이션 양식, 과장되고 부풀린 삶, 대부분 영웅호걸과 절세가인 등장, 현실도피적, 아이러니 형질 없음
   ③ **대표적 학자** : 티보데(Thibaudet) 등

(3) 근대 사회의 발달로 출발했다고 보는 견해
   ① 본격적인 소설의 특질을 이야기(Story)가 아닌 인간성 탐구와 인생 표현으로 보는 견해
   ② 소설의 특징적 요소로 사실주의(Reality)를 강조함
   ③ 18세기 근대 사회에 이르러 나타난 리차드슨의 「파멜라(Pamela)」를 최초의 근대 소설로 봄

2 소설의 의의 기출 24, 23

(1) 소설의 정의
① **몰튼(R. G. Moulton)** : 소설은 인생의 서사시이다.
② **허드슨(W. H. Hudson)** : 소설은 인생의 해석이다.
③ **워렌 & 브룩스(R. P. Warren & C. Brooks)** : 소설은 인물에 대하여 꾸며진 이야기이다.
④ **알드레 말로(A. Maurois)** : 소설은 허구의 세계에 대한 서술이다.

(2) 소설의 특성
① **서술적** : 소설이 다른 문학 양식과 구별되는 중요한 기술 방법
② **허구성** : 작가의 상상력으로 창조된 허구의 세계임
③ **개연성·보편성** : 실제 있었던 일은 아니지만, 일어날 가능성이 있는 일을 실제처럼 그럴듯하게 꾸며 냄
④ **진실성** : 이야기 전개나 인물 설정 등에서 진실성(Reality)을 지닌 표현

> **체크 포인트**
>
> **리얼리티(Reality, 진실성)** 기출 23
> - 사건의 필연성·개연성 : 리얼리티는 작가의 상상력에 의해 거짓으로 꾸며낸 이야기를 사실인 것처럼 느끼게 하는 것으로, 소설에서의 진실성을 의미한다.
> - 사건의 논리성 : 워렌과 브룩스는 "플롯의 여러 사건을 통일시키는 것은 동기화의 논리를 포함한 논리성이다."라고 주장했다.
> - 소설은 현실 생활처럼 잡다하고 무질서하고 우연히 허용되는 세계가 아니라, 플롯의 전개나 인물의 설정 및 배경의 변화 등에 있어서 전체적인 통일이 있어야 하며 질서가 주어져야 한다. 이를 가능하게 하는 것이 바로 리얼리티이다.
> - 소설의 리얼리티는 현실 사회에서 보는 사실 그 자체가 아니라, 사실이 갖는 보편적 호소력에 있다.

연습문제

다음 괄호 안에 들어갈 소설의 특성은 무엇인가?

> 소설은 작가의 상상력으로 창조된 허구의 세계이지만, 일어날 가능성이 있는 일을 실체처럼 그럴듯하게 꾸민 (   ) 있는 이야기여야 한다.

① 허구성 ② 보편성
③ 진실성 ④ 개연성

해설 실제 있었던 일은 아니지만, 일어날 가능성이 있는 일을 실체처럼 그럴듯하게 꾸며 내는 것을 '개연성'이라고 한다.

정답 ④

제2절 소설의 요소

1 주제(Theme)

(1) 주제의 의미 기출 23, 21

① 작품 속에 구체적으로 나타내려는 작가의 의도 또는 작품의 핵심적 의미
② 작가의 가치관, 인생관, 세계관이 담겨 있는 작품의 중심 사상
③ 작품의 플롯, 인물 등에 의해 형상화되어야 하고, 작가의 설명이나 기술로 구현되어서는 안 됨

(2) 제재와 주제

제재	주제
• 주제를 낳기 위해 동원되는 재료나 근거 • 특수한 상황이나 경우를 알려 주는 것 • 주제를 나타내는 효과적 수단 • 구체적	• 소설이 말하고자 하는 '무엇'에 해당 • 제재의 속성을 추상화·일반화하여 얻은 것 • 주제 자체가 목적 • 추상화의 산물

(3) 주제와 갈등 구조
① **주제와 갈등** : 작가는 작품의 주제를 드러내기 위해 작품 속에 갈등 양상 제시
② **소설 속 갈등** : 개인의 내면세계에서 진행되는 갈등의 양상에 주목한다는 점에서 소설에서의 갈등은 정신분석학에서 다루는 갈등의 양상과 유사함
③ **갈등의 유형**
㉠ 외적 갈등 : 인물과 그를 둘러싼 외부 요소가 대립하여 일어나는 갈등
㉡ 내적 갈등 : 인물의 마음속에서 대립하여 일어나는 갈등
④ **근대 소설의 갈등 구조 양상**
㉠ 인간적과 비인간적인 것의 대립
㉡ 가진 자와 못 가진 자의 대립
㉢ 낡은 것과 새로운 것의 마찰
㉣ 도시적인 것과 비도시적인 것의 대립
㉤ 전통과 외래의 충돌
㉥ 개성적 삶과 상식적 삶의 대립
㉦ 한 개인의 인간적 조건의 대립 구조와 대결
※ 근대 소설 이후 갈등 양상은 더욱 복잡해지고 다양해짐

2 구성(Plot) 기출 21

(1) 구성의 의미
① 소설의 구조, 짜임새
② 개별적 행동의 구조가 아니라 작품 전체를 엮는 행동의 구조, 즉 인과관계에 의한 일련의 사건을 뜻함 기출 25, 24, 22
③ 주제를 구현하고 생활을 예술로 변모시키는 논리적·지적 기법
④ 포스터(E. M. Forster)의 플롯과 스토리 구분 기출 25, 24, 22

플롯(Plot)	스토리(Story)
• 인과관계에 의한 사건 전개 • 'Why(왜)'의 반응을 이끌어 냄 • 리얼리티(Reality) : 논리적 전개 • 예시 : 왕비가 죽자, 왕이 슬퍼서 울었다.	• 시간적 순서대로 배열된 사건의 서술 • 'And(그리고)'의 반응을 이끌어 냄 • 동적 모티프의 집합 • 예시 : 왕이 죽고, 왕비가 죽었다.

(2) 구성의 단계 기출 25, 23

① **발단** : 이야기가 시작되는 부분으로, 등장인물이 소개되고 배경이 제시되며 사건의 실마리가 나타남
② **전개** : 사건이 본격화되는 부분으로, 이야기가 복잡하게 얽히고 갈등이 겉으로 드러남
③ **위기** : 갈등이 고조·심화되는 부분으로, 사건의 극적 반전이나 새로운 사건이 발생하며 절정 단계를 유발함
④ **절정(Climax)** : 갈등이 최고조에 이르고, 사건 해결의 분기점이 되는 단계
⑤ **결말(대단원)** : 사건이 마무리되고 갈등이 해소되며 등장인물의 운명이 분명해지는 단계

※ 학자에 따라 구성(plot)의 단계를 '발단-갈등-절정-결말'의 4단계로 나누기도 함

체크 포인트

워렌 & 브룩스(R. P. Warren & C. Brooks)의 플롯의 단계

- 발단 : 소설이 처음 시작되는 부분으로 사건의 윤곽이 드러나고 등장인물 및 배경이 제시된다.
  → 독자의 흥미 유발
- 갈등 : 발단이 발전하여 분규를 일으키는 부분으로, 사건과 사건이 복잡하게 얽히거나 등장인물의 내적·외적 갈등 등이 일어나면서 대립의 양상을 띤다. → 이야기의 발전·주제와 긴밀하게 연결
- 절정(Climax) : 갈등이 고조되어 최고점에 이른 순간으로, 갈등 단계에서는 대립되는 요소들이 어느 정도 평형을 유지하지만, 절정 단계에서는 그 대립이 첨예화되어 균형이 와해되고 분규가 해결되려는 조짐을 보인다. → 작품의 정점(頂點)
- 결말(대단원) : 주인공의 운명이 분명해지고 문제가 해결되는 부분으로, 절정으로 끝나는 경우도 있으며, 절정과 동시에 끝나지 않고 지금까지 얽힌 사건의 양상에 대해 설명하는 경우도 있다. → 작가가 가장 심혈을 기울이는 부분이며, 독자에게 가장 깊은 감동과 인상을 줌

---

(3) 구성의 유형

① **중심 사건 수에 따른 구분**

  ㉠ 단일 구성
  - 단일 사건이 시간 순서에 따라 전개되는 구성
  - 주로 단편 소설에 많이 사용
  - 우리나라 고전 소설과 서구의 중세 소설에서 많이 발견
  - 주제를 명확히 드러낼 수 있으나, 인간·사회를 총체적으로 그리기 어려움

  ㉡ 복합 구성
  - 둘 이상의 플롯이 중첩되어 진행되는 구성
  - 플롯 간에 유기적 연관성이 있으며, 몇 개의 플롯이 이어져 하나의 커다란 플롯을 이룸
  - 주된 사건과 부수적 사건이 교차되기도 함
  - 주로 장편 소설과 현대 소설에서 많이 사용

② 사건 진행에 따른 구분
  ㉠ 평면적 구성 : 시간의 흐름에 따라 사건이 전개되는 구성
  ㉡ 입체적 구성 : 시간의 흐름에 따라 사건이 전개되지 않고, 사건의 분석 등으로 시간의 역전이 일어나는 구성
③ 사건 구성에 따른 구분 기출 24
  ㉠ 피카레스크(Picaresque) 기출 22
    • 몇 개의 독립된 스토리가 그것을 종합적으로 이어 놓은 하나의 플롯 위에 배열되는 것
    • 동일한 등장인물과 동일한 배경이 반복되면서도 각각의 이야기가 독립적으로 존재함
    • 연작 소설, 시리즈 소설이라고도 함
    • 로망스와 대립되는 개념으로, 현실적·사실주의적 소극
    예 양귀자의 「원미동 사람들」, 박태원의 「천변풍경」 등
  ㉡ 옴니버스(Omnibus)
    • 일어나는 사건뿐만이 아니라 인물과 배경도 전혀 다른 독자적인 이야기를 한데 묶어 놓은 구성
    • 각기 독립되어 있지만 주제는 같은 이야기들을 하나의 구조에 엮어 놓음
  ㉢ 액자형 플롯 : 하나의 플롯 속에 또 하나의 플롯이 삽입된 것으로, 중심 플롯과 액자 구실을 하는 플롯으로 구성
    예 안국선의 「금수회의록」, 「시골노인 이야기」, 김동인의 「배따라기」 등 기출 22
  ㉣ 산만한 플롯 : 플롯에 대한 명확한 계획 없이 여러 가지 사건을 엮어 놓은 것

연습문제

구성(Plot)의 유형에 대한 설명으로 옳지 않은 것은?

① 산만한 플롯은 플롯에 대한 명확한 계획 없이 여러 가지 사건을 엮어 놓은 것이다.
② 복합 구성은 주된 사건과 부수적 사건이 교차되기도 한다.
③ 피카레스크(Picaresque)는 하나의 플롯 속에 또 하나의 플롯이 삽입된 것이다.
④ 단일 구성은 단일 사건이 시간 순서에 따라 전개되는 구성이다.

해설 하나의 플롯 속에 또 하나의 플롯이 삽입된 것은 액자형 플롯으로, 김동인의 「배따라기」, 안국선의 「시골노인 이야기」 등이 그 예이다.

정답 ③

3 문체(Style)

(1) 소설의 문체
① 소설 문장에 나타난 작가의 개성
② 어휘 선택, 문장 길이, 표현 기법 등에 따라 문체의 차이가 생김
③ 소설의 미적 특질을 뒷받침

(2) 소설 문체의 요소
① **서술(Narration)** : 서술자가 독자에게 인물, 사건, 배경 등을 직접 설명하는 방법. 해설적, 추상적, 요약적인 표현으로 사건을 진행시킴
② **묘사(Description)** : 서술자가 객관적인 위치에서 인물, 사건, 배경 등을 구체적으로 그려내듯이 보여 주는 방법으로, 독자에게 구체적으로 이미지를 형상화하여 전달함
③ **대화(Dialogue)** : 등장인물이 주고받는 말로, 사건을 전개시키고 인물의 심리를 표출함

4 인물(Character)

(1) 인물의 개념
① 소설에 등장하는 사람으로, 그 내면적 속성인 성격을 포함
② 작가가 지닌 사상·가치관을 구체적으로 구현해 주는 존재
③ 소설을 구성하는 다른 요소들과의 관계, 즉 소설 내적 구조의 일부분

> **체크 포인트**
>
> **소설의 구성 3요소**
>
> | 3요소 | 개념 |
> |---|---|
> | 인물 | • 소설에 등장하는 사람으로, 사건과 행동의 주체
• 소설의 구성 요소 중 가장 중요한 비중을 차지함 |
> | 사건 | • 인물들의 갈등을 중심으로 전개되는 구체적 이야기
• 갈등은 글의 전개에 긴장감을 더하고 사건에 필연성을 부여함 |
> | 배경 | • 행위와 사건들이 일어나는 시간적·공간적 정황
• 일반적으로 자연적 배경과 사회적 배경으로 나뉘는데, 현대 소설에서는 심리적 배경이나 상황적 배경을 중시함 |

(2) 인물의 유형 기출 23, 21

① **중요도에 따른 분류**
   ㉠ 주요 인물 : 소설 속에서 사건을 주도해가는 인물로, 주인공이나 주인공만큼 중요한 비중을 차지
   ㉡ 주변 인물 : 주인공을 돕거나 주인공을 돋보이게 하는 부수적 인물

② **역할에 따른 분류**
   ㉠ 주동 인물 : 소설의 주인공으로, 사건과 행동의 주체가 되는 인물
   ㉡ 반동 인물 : 주인공과 맞서 갈등을 일으키는 인물

③ **특성에 따른 분류** 기출 24, 22
   ㉠ 전형적 인물 : 특정한 사회 계층이나 직업·세대를 대표하는 인물
   ㉡ 개성적 인물 : 특정 부류의 보편적 성격 대신, 개인으로서 독자적 성격을 지닌 인물

④ **인물 변화에 따른 분류** 기출 25, 24, 22

평면적 인물(정적 인물)	입체적 인물(동적 인물)
• 소설 속에서 처음부터 끝까지 성격 변화를 보이지 않는 인물 • 언제든지 등장만 하면 쉽게 알아볼 수 있음 • 환경의 변화에 영향을 받지 않아 작품이 사라져도 독자들의 기억에 남음 • 쉽게 싫증나게 하는 단점이 있음	• 소설의 전개에 따라 성격이 발전·변화하는 인물 • 작품 속에서 무궁한 인생을 갖고 있으며, 비극적 역할을 하기에 적합함 • 독자들을 감동시켜 유머를 제외한 어떠한 감정에도 빨려 들어가 몰입할 수 있게 하며, 경이감을 줌 • 독자의 예측과 상상력을 초월하므로 독자에게 강렬한 인상을 남길 수 있음

체크 포인트

문제적 인물 기출 24
루카치가 『소설의 이론』에서 제시한 개념으로, 대개 근대 사회 이후에 나타난 소설의 주인공 유형을 일컫는다. 문제적 인물은 자신이 처한 세계가 만족스럽지 않기 때문에 반항하거나 갈등을 겪고, 그 결과 대개 악마적인 성격을 지니거나 보편적 사회 질서에 맞서는 인물로 나타난다. 「돈키호테」의 돈키호테, 「안나 카레니나」의 안나 카레니나, 「죄와 벌」의 라스콜리니코프, 「이방인」의 뫼르소, 「광장」의 이명준, 「나무들 비탈에 서다」의 동호 등을 문제적 인물로 볼 수 있다.

---

(3) 인물 설정의 방법

① **직접 묘사** : 말하기(Telling)
   ㉠ 해설적·분석적 방법
   ㉡ 서술자가 인물의 특성을 직접 설명하고 소개함
   ㉢ 독자가 등장인물의 성격이나 심리를 쉽게 이해할 수 있음
   ㉣ 전지적 작가 시점, 1인칭 관찰자 시점에 적합
   ㉤ 인물에 대한 개괄적 설명으로 인해 구체성을 잃기 쉬움

② **간접 묘사**: 보여주기(Showing)
  ㉠ 극적 방법
  ㉡ 서술자가 인물의 행동·대화·표정을 통해 간접적으로 묘사
  ㉢ 독자의 상상적 참여가 가능하고, 극적인 효과
  ㉣ 독자가 인물을 생동감 있게 접할 수 있으나, 표현상의 제약
  ㉤ 3인칭 관찰자 시점에 적합함

5 시점(視點)

(1) 시점의 의의
① 시점은 소설에서 이야기를 서술하여 나가는 방식이나 관점으로, 서술의 초점이 어디에 있느냐에 따라 달라짐
② "스토리를 누가 알고 있는가?", "스토리를 누가 이야기하는가?" 등의 문제는 일련의 사건들이 특정 인물들과 기능적 관련을 맺고 있다는 것을 의미함
③ "어떤 위치에서 말하는가?" 하는 것은 이야기의 내용에 대한 작가의 판단을 드러내는 것이므로, 시점 선택은 매우 중요함

(2) 시점의 유형 기출 24, 23

구분	인물·사건의 내적 분석	인물·사건의 외적 관찰
화자 = 등장인물	1인칭 주인공 시점	1인칭 관찰자 시점
화자 ≠ 등장인물	전지적 작가 시점	3인칭(작가) 관찰자 시점

① **1인칭 주인공 시점** 기출 25
  ㉠ 작품의 주인공이 자기 이야기를 하는 시점
  ㉡ 인물의 초점과 서술의 초점이 일치
  ㉢ 독자와의 정서적 거리를 단축시켜 독자에게 친근감과 신뢰감을 줌
  ㉣ 등장인물의 내면세계를 제시하는 데 효과적
  ㉤ 김유정의 「봄·봄」, 이문열의 「젊은 날의 초상」 등

② **1인칭 관찰자 시점**
  ㉠ 작품에 등장하는 부수적 인물이 주인공의 이야기를 서술하는 시점
  ㉡ 관찰자의 눈에 비친 외면적 관찰의 기록
  ㉢ 주관적·객관적 묘사를 통해 종합적 효과를 얻을 수 있지만, '나'의 눈에 비친 외부 세계만을 다루는 제한이 있음
  ㉣ 주요섭의 「사랑손님과 어머니」, 김동인의 「붉은 산」 등

③ 3인칭 관찰자 시점(제한적 3인칭 시점)
  ㉠ 작가가 외부 관찰자의 입장에서 이야기를 서술하는 시점
  ㉡ 작가는 자기 주관, 해설, 평가를 배제하고, 객관적으로 인물을 관찰·제시하여 독자에게 보여 줌
  ㉢ 인물의 감정, 심리 상태 등을 구체적으로 제시할 수 없고, 주제 표출에 한계성을 지님
  ㉣ 장편 소설에는 적합하지 않음
  예 황순원의 「학」, 「소나기」 등

④ 전지적 작가 시점 기출 22
  ㉠ 전지전능(全知全能)한 작가가 작중 인물의 심리, 감정, 생각뿐만 아니라 다른 곳에서 일어나는 사건까지 모두 아는 입장에서 서술하는 시점
  ㉡ 작중 인물과 작가의 거리가 좁혀지고, 장편 소설에 유리함
  예 이광수의 「무정」, 염상섭의 「삼대」 등

> **연습문제**
>
> **다음 작품에서 나타난 시점은 무엇인가?**
>
> > 나는 금년 여섯 살 난 처녀애입니다. 내 이름은 박옥희이구요. 우리집 식구라고는 세상에서 제일 이쁜 우리 어머니와 단 두 식구뿐이랍니다. 아차 큰일났군, 외삼촌을 빼놓을 뻔했으니.
> > 지금 중학교에 다니는 외삼촌은 어디를 그렇게 싸돌아다니는지 집에는 끼니 때나 외에는 별로 붙어 있지를 않으니까 어떤 때는 한 주일씩 가도 외삼촌 코빼기도 못 보는 때가 많으니까요, 깜빡 잊어버리기도 예사지요, 무얼.
> > 우리 어머니는, 그야말로 세상에서 둘도 없이 곱게 생긴 우리 어머니는, 금년 나이 스물네 살인데 과부랍니다. 과부가 무엇인지 나는 잘 몰라도 하여튼 동리 사람들은 날더러 '과부딸'이라고들 부르니까 우리 어머니가 과부인 줄을 알지요. 남들은 다 아버지가 있는데 나만은 아버지가 없지요. 아버지가 없다고 아마 '과부딸'이라나 봐요.
> > － 주요섭, 「사랑손님과 어머니」
>
> ① 1인칭 주인공 시점   ② 1인칭 관찰자 시점
> ③ 3인칭 관찰자 시점   ④ 전지적 작가 시점
>
> 해설 1인칭 관찰자 시점은 작품에 등장하는 부수적 인물이 주인공의 이야기를 서술하는 시점이다. 위 작품은 '사랑손님과 어머니'의 이야기를 관찰자(옥희)의 눈을 통해 서술하고 있다.
>
> 정답 ②

제3절 소설의 분류

1 분량에 따른 분류

(1) 장편(掌篇) 기출 25
① 손바닥만한 크기의 작품이란 뜻으로, 단편보다도 짧은 소설
② 콩트(Conte)라고도 함

(2) 단편(短篇) 기출 25, 22
① 한번 앉아서 읽을 정도의 짧은 소설로, 보통 200자 원고지 100매 내외임
② 압축된 구성을 통해 인생의 단면을 예리하게 그린 소설
③ 단일한 주제, 단일한 작중 인물, 단일한 사건·상황 등으로 단일한 인상 형성(생략에 의한 통일성)
④ 기교 중심의 소설

(3) 중편(中篇)
① 200자 원고지 300~500매 분량의 소설
② 구성의 복잡성이나 주제의 복합성에서 장편과 단편의 중간임

(4) 장편(長篇)
① 구성이 복잡하고 다루는 세계도 넓으며, 등장인물도 다양한 긴 소설
② 인간의 삶과 사회 전체를 총체적으로 그리고, 주제와 사상성에 초점을 둠
③ 포용에 의한 통일성은 많은 플롯을 연결시키는 복합적·발전적인 구성
④ 상황에 따라 발전하는 입체적 인물이 주로 등장
⑤ 시점의 다각적 이동

> **체크 포인트**
>
> **단편 소설과 장편 소설의 차이** 기출 24
>
> | 단편 소설 | 장편 소설 |
> | --- | --- |
> | 단일성, 통일성(Unity) | 총체성, 전체성(Totality) |
> | 인생의 단면 | 인생의 전면 |
> | 단순 구성 | 복합 구성 |
> | 인물 하나에 초점 | 여러 인물에 초점 |
> | 단일 묘사 방법 | 복합 묘사 방법 |

2 학자에 따른 분류

(1) 뮤어(E. Muir)의 분류 기출 24, 23, 21

① **행동 소설**
- ㉠ 스토리 중심의 소설로, 호기심과 기대감을 유발함
- ㉡ 박력 있는 사건들로 즐거움 제공함
- ㉢ 비현실적인 욕망을 대리 충족시켜 주며 리얼리즘과는 거리가 먼 편임
- ㉣ 초보 단계의 소설로, 인물들이 플롯에 맞게 고안됨
- ㉤ 모험 소설, 범죄 소설, 탐정 소설 등 포함
- 예 루이스 스티븐슨의 「보물섬」, 월터 스콧의 「아이반호」, 마크 트웨인의 「톰 소여의 모험」 등

② **성격 소설** 기출 22
- ㉠ 본격적인 소설의 첫 단계
- ㉡ 등장인물의 성격을 공간적으로 설명·탐구하므로, 공간 소설이라고도 함
- ㉢ 사건보다는 인물에 초점을 둠
- ㉣ 사회를 배경으로 당시 풍습과 생활상을 보여 주고 주인공의 성격 등을 표현함
- 예 새커리의 「허영의 시장」 등

③ **극적 소설**
- ㉠ 행동 소설과 성격 소설의 종합
- ㉡ 인물의 개성이 사건을 일으키고 그 일련의 사건이 인물을 변화시킴
- ㉢ 인물과 사건 사이의 긴장 관계를 드러내며, 사건의 집중적 진행과 해결에 중점
- ㉣ 성격 소설이 공간 속에서 사건을 만들어 내는 것과는 달리 극적 소설은 시간 속에서 사건을 만들어 냄
- ㉤ 현상과 진실이 일치하며, 절정에 이르면 시적 비극과 유사해짐
- 예 에밀리 브론테의 「폭풍의 언덕」, 제인 오스틴의 「오만과 편견」, 멜빌의 「모비딕」 등

④ **연대기 소설**
- ㉠ 거대한 사회와 역사를 배경으로 한 개인의 삶의 과정을 그리는 소설
- ㉡ 시간과 공간을 총체적으로 그리므로 총체 소설이라고 함
- ㉢ 성격 소설과 극적 소설의 이중적 효과
- ㉣ 연대기 소설에서 가장 중요시되는 것은 시간 개념으로, 극적 소설에서의 시간이 내면적·본질적인 데 반해 연대기 소설의 시간은 형식적·외면적임
- ㉤ 극적 소설의 플롯이 엄격하면서 논리적인 구조인 데 반해 연대기 소설의 플롯은 외적 시간의 틀 속에서 몇 가지의 삽화가 허술하게 묶여 있음
- 예 D. H. 로렌스의 「아들과 연인」, 제임스 조이스의 「젊은 예술가의 초상」, 버지니아 울프의 「야콥의 방」 등

⑤ 시대 소설
  ㉠ 어느 한 시대의 풍속을 반영한 소설
  ㉡ 모든 시대에 공통된 삶과 인간 등을 제시하지 않고, 특정 시대의 분위기나 환경, 역사적 흥미나 관심을 제공하는 것에 그침
  [예] 드라이저의 「아메리카의 비극」 등

(2) 루카치(G. Lukacs)의 분류 기출 22
① 추상적 이상주의
  ㉠ 세계의 의미를 확신하며 화해가 가능하다는 강박을 가지고 있는 돈키호테와 같은 주인공의 실패담
  ㉡ 주인공은 외부 현실에 부딪쳐 패배하고, 삶에 대한 일체의 관계를 상실한 모습을 보임
  ㉢ 주인공은 자기 신념의 실현을 위해 직접적·직선적 행보를 보임
  [예] 세르반테스의 「돈키호테」, 스탕달의 「적과 흑」 등
② 환멸의 낭만주의
  ㉠ 낭만적 생활 감정을 담은 소설로, 환멸의 소설이라고도 함
  ㉡ 영혼과 현실의 불일치가 야기되고, 소설 주인공은 자기 내면에 집착한 나머지 사회에서 적절한 과제나 만족을 얻지 못함
  ㉢ 주인공은 외부 세계와의 갈등이나 투쟁을 아예 회피하는 경향
③ 교양 소설
  ㉠ 주인공이 일정한 삶의 형성이나 성취에 도달하기까지의 과정을 그린 소설 유형
  ㉡ 주인공은 인습의 세계를 맹목적으로 수용하는 것도 아니고, 세계와의 대립 과정에서 만들어지는 문제의 추구를 포기하는 것도 아닌 중간적 입장임
  [예] 괴테의 「빌헬름 마이스터」, 헤르만 헤세의 「싯다르타」 등
④ 톨스토이형 소설
  ㉠ 자연에 대한 본질적 체험 및 구체적·실제적 삶을 그린 소설 유형
  ㉡ 문화를 떠나 자연에 순응하며 사는 이상향의 생활에서 인간의 자연스런 삶을 전체적으로 다룸
  ㉢ 기존 세계에 대한 비판과 저항이 주관적 반성으로 머물지 않고 구체적인 대안으로 실현되어 초월·도약함

3 문예 사조에 따른 분류

(1) 낭만주의 소설
① 고전주의가 강조하는 이성과 합리, 절대적인 것의 권위를 부정하고, 인간의 본성이 비이성적이고 비합리적이고 불안하다는 것을 인정하며 인간의 자유로운 상상과 감성을 중시함
  예 빅토르 위고의 「노트르담의 곱추」, 괴테의 「젊은 베르테르의 슬픔」 등
② 한국의 낭만주의는 1920년대 동인지 「백조」를 발간하여 홍사용, 박종화, 현진건, 이상화, 나도향, 박영희 등이 관여하면서 본격적으로 일어났는데, 이들은 절망적인 시대 상황에서 도피로서의 낭만을 추구하였음
  예 나도향의 「젊은이의 시절」, 박영희의 「꿈의 나라」 등

(2) 사실주의 소설
① 경험적인 현실을 유일한 세계·가치로 인식하려는 문예 사조로, 객관적인 관찰을 통해 현실을 있는 그대로 표현하여 사물의 본질과 내면의 의미를 포착함
  예 스탕달의 「적과 흑」, 발자크의 「인간희극」, 디킨스의 「올리버 트위스트」, 하디의 「테스」, 스타인벡의 「분노의 포도」, 도스토옙스키의 「죄와 벌」 등
② 한국의 사실주의는 3·1운동 이후 좌절에 빠진 시대 상황에서 탄생하였는데, 같은 해 창간된 잡지 「창조」에 김동인, 전영택이 작품을 게재하며 처음으로 사실주의적 경향을 드러냄
  예 김동인의 「약한 자의 슬픔」, 전영택의 「천치? 천재?」 등

(3) 자연주의 소설
① 사실주의가 있는 그대로의 현실을 묘사하는 것이라면, 자연주의는 현실·대상을 과학자의 눈으로 관찰·분석·보고함
  예 모파상의 「여자의 일생」, 「비곗덩어리」, 졸라의 「목로주점」 등
② 한국의 자연주의 문학은 「개벽」과 「조선문단」을 통해 활동했는데, 3·1운동 이후 좌절의 시대에 사회의 어둠을 냉혹하게 표현함
  예 김동인의 「감자」, 염상섭의 「표본실의 청개구리」, 현진건의 「빈처」, 최서해의 「토혈」, 「탈출기」 등

체크 포인트

세태 소설 : 리얼리즘의 확대
특정 시기의 풍속·세태의 단면을 묘사하는 것을 목적으로 하는 소설 유형으로, 시정 소설(市井小說) 또는 풍속 소설(風俗小說)이라고도 한다. 당대 사회의 모순이나 부조리를 숨김없이 묘사하여 저항 수단으로 삼았던 것이 특징이다. 1936년경부터 자연주의 소설들과 구별되는 세태 소설들이 등장했는데, 박태원의 「천변풍경」, 채만식의 「탁류」가 대표적인 세태 소설이다.

(4) 심리주의 소설

① 작중 인물의 내면이나 의식 세계를 관찰하고 분석하는 데 주력하는 소설 유형으로, 정신분석학의 영향을 받음
  예 마르셀 프루스트의 「잃어버린 시간을 찾아서」, 제임스 조이스의 「율리시즈」, 버지니아 울프의 「세월」 등
② 한국의 심리 소설은 모더니즘과 주지주의 문학이 소개되면서 나타나기 시작했는데, 정상적인 발달 과정을 거치지 못함
  예 이상의 「날개」, 「봉별기」, 「종생기」 등

(5) 실존주의 소설

① 인간의 현실적 존재성과 인간의 삶에 대한 근원적 통찰을 주로 하는 소설 유형
  예 사르트르의 「구토」, 카뮈의 「이방인」, 「페스트」, 카프카의 「변신」 등
② 한국의 실존주의 문학은 6·25 전후 참담한 현실에서 인간의 실존적 의미를 추구함
  예 김성한의 「오분간」, 장용학의 「요한 시집」, 선우휘의 「불꽃」 등

(6) 모더니즘 소설

① 기존 문학의 형식·관습에 반발하는 실험적이고 전위적인 경향의 소설
② 다다이즘, 초현실주의, 표현주의, 실존주의, 이미지즘, 주지주의 등 다양한 유파가 모더니즘 범주에 포함됨

> **체크 포인트**
>
> **문예 사조의 흐름**
> 고전주의(17C) → 낭만주의(18~19C 초반) → 사실주의·자연주의(19C) → 실존주의·심리주의·모더니즘(19C 후반~20C)

4 소설의 다양한 분류 방법 기출 24

(1) 제재의 성격에 따른 분류
    ① **농촌 소설**: 농촌을 배경으로 한 소설
    ② **역사 소설**: 역사적 사실을 바탕으로 한 소설
    ③ **연애 소설**: 남녀 간의 애정을 다룬 소설
    ④ **해양 소설**: 바다를 배경으로 한 소설
    ⑤ **전쟁 소설**: 전쟁을 다룬 소설
    ⑥ **과학 소설**: 과학의 발전, 장래, 인류의 운명 등을 다룬 소설
    ⑦ **탐정 소설**: 탐정이 범죄에 관한 문제를 논리적으로 풀어가는 과정을 그린 소설

(2) 예술성에 따른 분류
    ① **고급 소설·순수 소설**: 순수 예술 세계를 추구하는 문학
    ② **대중 소설·통속 소설**: 대중을 대상으로 통속적 재미를 추구하는 문학

(3) 창작 목적에 따른 분류
    ① **순수 소설**: 현실이나 시대 상황과 무관하게 순수성을 추구하는 문학(무목적성)
    ② **계몽 소설**: 반봉건·합리주의를 바탕으로 하여 계몽의 목적이 담긴 문학(계몽 목적성)
    ③ **참여 소설**: 문학이 사회 발전에 일정한 역할을 해야 한다는 입장이 담긴 문학(사회 참여 목적성)

연습문제

뮤어(E. Muir)가 분류한 소설의 종류가 <u>아닌</u> 것은?
① 교양 소설   ② 극적 소설
③ 시대 소설   ④ 성격 소설

해설 교양 소설은 루카치(G. Lukacs)의 분류에 포함된다. 뮤어는 행동 소설, 성격 소설, 극적 소설, 연대기 소설, 시대 소설로 분류하였다.

정답 ①

제4장 희곡론

제1절 희곡의 본질

1 희곡의 개념

(1) 희곡의 기원 기출 25
① 'Drama'는 '행동하다, 움직이다'는 의미의 그리스어 'Dran'에서 유래됨
② 'Play'는 '유희하다'의 뜻으로, 우리의 전통극인 양주 별산대놀음 등의 명칭과 유사함
③ 표출의 형태를 취한 극시에서 발생하였음
④ 동서양의 연극 또는 희곡에 대한 발생은 그 뿌리가 같음

(2) 희곡(戱曲)의 정의
① **아리스토텔레스**: 극시는 이야기하는 형식에 의해서가 아니라 행동하는 인간에 의해서 보는 사람을 감동시키는 것이다.
② **볼턴**: 희곡은 단순히 읽기 위한 작품만은 아니며, 진정한 희곡 작품은 3차원의 세계이다.
③ **아처**: 희곡은 무대 상연을 전제로 하고 인간의 행동을 표출하며 대화를 유일한 표현 방식으로 갖는, 가장 객관적인 형식의 문학이다.

(3) 희곡의 개념 기출 23
① 무대 상연을 전제로 하는 연극 대본으로서의 문학임
② 등장인물의 말과 행동을 통해 작가는 관객에게 자기 의도를 직접 전달함 기출 24
③ 배우, 관객, 무대 등과 더불어 연극의 구성 요소임 기출 24
④ 연극적 성격과 문학적 성격을 아우르는 이중적 문학 형태임
⑤ 등장인물의 행동과 언어를 통해 성격적·심리적 행위를 구축하고, 이를 극적으로 구성하여 관객에게 보이기 위한 문학임
⑥ 희곡은 인간 행동을 표현하는 문학으로, 배우의 연기를 지시하여 무대 위에서 인간의 행동을 표출하는 것임

> **체크 포인트**
>
> **레제드라마(Lese-drama)**
> 무대 상연을 목적으로 하지 않고 읽기 위한 목적으로 쓴 희곡이다. 희곡이라기보다 대화 형식의 운문에 더 가까운 레제드라마는 연극성보다 문학성에 중점을 둔다. 대표적으로 괴테의 「파우스트」 제2부를 들 수 있다.

2 희곡의 의의

(1) 희곡의 특성 기출 21
① **연극성**: 연극의 대본으로서 무대 상연을 전제로 함
② **행동성**: 배우의 연기로 인간의 행동을 실현함
③ **대화성**: 인물의 성격이나 심리 등을 대사를 통해 표현함
④ **현재성**: 작품 속에서 발생하는 모든 사건이 '지금' 시점에 관객의 눈앞(무대)에서 일어남

(2) 희곡의 컨벤션(Convention)
① 배우와 관객(독자) 사이에 이루어지는 공공의 약속으로, 희곡(연극)에서 전개되는 세계가 실제 현실은 아니지만 실제 현실과 똑같다고 보는 것임
② 희곡이 상연되는 무대는 극이 전개되는 가공의 장소이지만 희곡에서는 이것을 진짜 현실로 받아들임
③ 배우는 실제 극중 인물이 아니라 분장한 인물이지만 실제 인물로 인정함
④ 배우의 행동 역시 실제 행동으로 간주함
⑤ 등장인물의 방백·독백은 다른 등장인물이 듣지 못한다고 간주함

(3) 희곡의 효용성과 제약성
① **희곡의 효용성**
　㉠ 희곡은 이야기를 통해 관객에게 재미를 줌
　㉡ 희곡은 연극적인 감수성을 충족시킴
　㉢ 희곡은 인생에 대한 체험과 공감을 줌
　㉣ 희곡은 카타르시스를 경험하게 함
② **희곡의 제약성·특수성**
　㉠ 무대 상연을 전제로 하기 때문에 작가가 직접 개입하거나 해설할 수 없음
　㉡ 행동과 대화를 통해 표현해야 하므로 인물의 심리·정신세계를 묘사하는 데 제약을 받음
　㉢ 작품의 길이, 등장인물의 수, 장소 설정 등에서 제약을 받음

(4) 희곡의 삼일치론 기출 25, 23

아리스토텔레스가 『시학』에서 제시한 고전극의 법칙으로, 현대에서는 지켜지지 않는 경우도 있음

① **사건·행동의 일치(Unity of action)**
  ㉠ 희곡에서 인물의 행동에 의해 일어나는 사건은 작가의 의도나 주제와 일치해야 하고, 다른 모든 인물의 행동 역시 여기에서 벗어나서는 안 된다는 주장
  ㉡ 연극은 인간 생활 중에서 어떤 위기를 설정하여 그 귀결에 도달하는 필연적·개연적인 행동인데, 이러한 귀결 및 해결에 이르는 필연적·개연적 행동은 '일치'가 있는 행동이어야 함
  ㉢ 엄격히 짜인 형식의 극의 사건은 하루에 한 장소에서 일어나야 하고, 플롯과 관계없는 것이 없어야 함

② **시간의 일치(Unity of time)**
  ㉠ 아리스토텔레스는 극의 사건이 가능한 한 24시간 내(하루)에 끝나야 한다고 주장함
  ㉡ 무대 상연을 전제로 하는 희곡의 제한적 성격으로 인해 발생한 법칙
  ㉢ 극에 대한 지나친 시간상의 제약으로 현대극에서는 찾아보기 어려움

③ **장소의 일치(Unity of place)**
  ㉠ 모든 사건은 가능한 한 같은 장소 안에서 이루어져야 한다고 주장
  ㉡ 작품에서의 특수한 분위기를 계속 유지하기 위해서는 장면의 변화를 극도로 제약해야 한다는 입장
  ㉢ 장면의 변화가 빈번할 경우 관객의 주의가 산만해질 수 있으므로 장소의 집중화를 통해 행동의 긴장을 유발하려는 것에서 발생한 법칙

(5) 희곡과 소설

① **공통점**
  ㉠ 5단계를 기본으로 작품 구성
  ㉡ 자아와 세계의 갈등으로 사건 전개
  ㉢ 인물과 사건을 중심으로 한 일정한 줄거리

② **차이점**

구분	희곡	소설
서술자 개입	없음	있음
전개	표출(대화, 행동)	서술
시제	주로 현재	주로 과거
등장인물 수	제약 있음	제약 없음
시·공간 제약	많음	적음
배경	제약 있음	제약 없음

③ **희곡과 소설의 영향 관계**
  ㉠ 희곡이 소설에 미친 영향
   • 희곡의 '행동성'과 '성격'을 수용하여 근대 소설 이후 성격 소설과 극적 소설이 발전
   • 희곡의 '대화'를 수용하여 대화 사용의 기교가 발전함
   • 희곡의 플롯의 원리는 산만하고 자유로운 소설 구조의 형태에 통일성을 부여함
  ㉡ 소설이 희곡에 미친 영향
   • 근대 소설의 영향을 받아 희곡의 내용이 확대됨으로써 '개인 대 사회의 갈등', '소시민의 생활과의 투쟁' 등 소설적 내용을 다루게 됨
   • 고대극에 비해 근대극으로 올수록 소설적 묘사 및 서술 등이 증가하여 무대 지시가 많아짐
   • 소설적 심리 세계와 내면 묘사가 자연주의 희곡에 반영되어 희곡이 소설적 성격을 띰

연습문제

다음에서 설명하는 것은 무엇인가?

> 배우와 관객(독자) 사이에 이루어지는 공공의 약속으로, 희곡(연극)에서 전개되는 세계가 실제 현실은 아니나 실제 현실과 똑같다고 보는 것이다.

① 레제드라마(Lese-drama)   ② 컨벤션(Convention)
③ 리얼리티(Reality)   ④ 시퀀스(Sequence)

해설 무대는 극이 전개되는 가공의 장소이지만 희곡에서는 이것을 진짜 현실로 받아들인다. 또한 배우는 분장한 가공인물이지만 실제 인물로 인정하고, 배우의 행동 역시 실제 행동으로 간주하는데, 이를 희곡의 컨벤션(Convention)이라고 한다. 등장인물의 방백이나 독백도 컨벤션에 포함된다.

정답 ②

제2절 희곡의 요소

1 인물

(1) 희곡의 인물
① **개념**: 등장인물 또는 등장인물의 성격(Character)
② **인물의 현재성**: 희곡의 인물은 현재적 성격을 지니고 있음
③ **인물의 성격 표현**: 행동이나 대화를 통해서만 인물의 성격을 표현할 수 있음
④ **인물의 집중화**: 소설과 달리 등장인물의 수에 제한이 있고 몇몇 인물에게 주된 행동을 집중시킴
⑤ **개성적 · 전형적 인물**
   ㉠ 희곡의 인물은 전형적인 동시에 개성적이어야 함
   ㉡ 그 인물이 속해 있는 사회적 계층과 교양, 사상, 습관 등의 보편성을 대표하는 전형성을 지녀야 함
   ㉢ 전형적 인물을 통해 인생을 직접적으로 재현하는 극적 표현을 더욱 선명하게 부각시킬 수 있음
   ㉣ 전형적 인물은 시대 또는 관습에 따라 다르게 설정될 수 있으며, 그 자체로서 개성을 지니고 있어야 함
   ㉤ 개성적 인물은 곧 작가의 개성이며, 다른 작품과의 차별성을 가져야 함
   ㉥ 전형적 인물을 자주 등장시키는 이유는 전형적 인물이 곧 실제적 인간 경험의 산물이기 때문임

(2) 희곡의 성격 제시 방법
① **간접적 표현**: 희곡은 극중 인물의 대화와 행동을 통해서만 성격 제시가 가능하므로, 성격이 뚜렷하고 단순해야 함
② **자연스러운 표현**: 대화는 대체로 말하는 사람의 성격을 드러내므로, 그것들이 자연스럽게 나타나야 함
③ **대화 외적 표현**: 인물의 성격 제시 또는 심리 묘사 등은 대화 이외에 조명, 음악, 독백, 방백, 다른 인물들의 간접적인 언급 등을 통해 표현될 수도 있음
④ **허드슨(W. H. Hudson)**: 인물이 뚜렷하고 단순해야 하고, 인물의 성격은 행동과 대화를 통해 자연스럽게 나타나야 하며, 주인공의 대화가 아닌 다른 인물의 언급을 통해 간접적으로 표현할 수 있어야 한다고 주장함

(3) 인물의 유형
① **돈키호테형**
   ㉠ 세르반테스의 「돈키호테」 속 주인공
   ㉡ 외향적 성격을 지닌 희극의 인간형
   ㉢ 과대망상적 공상가이며, 이상(理想)을 위해 죽음을 무릅쓰고 돌진하는 실천형 인물
   ㉣ 이론이나 지식 등을 경시(輕視)함

② **햄릿형**
　㉠ 셰익스피어의 「햄릿」 속 주인공
　㉡ 내향적 성격을 지닌 비극의 인간형
　㉢ 성격이 예민하며 반성적
　㉣ 결단력, 실행력 등이 결여된 비관적 인물의 전형

> **체크 포인트**
> - 희곡의 내용적 3요소: 인물, 사건, 배경
> - 희곡의 형식적 3요소: 해설, 지문(지시문), 대사

2 희곡의 언어

(1) 해설과 지문
① **해설**: 막이 오르기 전에 필요한 등장인물 소개, 무대 배경 등을 설명하는 부분
② **지문** 기출 25, 22
　㉠ 인물의 등장·퇴장, 행동·표정·말투, 무대 장치, 무대 효과, 조명 등을 지시하는 부분으로, 무대 지시문이라고도 함
　㉡ 대사를 제외하고 무대 위에서 이루어지는 모든 것을 지시
　㉢ 무대 지시와 동작 지시
　　• 무대 지시: 무대 분위기, 무대 장치, 조명, 효과음 등 지시
　　• 동작 지시: 등장인물의 행동, 표정, 말투 등 지시

(2) 대사(臺詞, Dialogue)
① **대사의 의의**
　㉠ 등장인물이 하는 말로서, 대화, 독백, 방백으로 분류
　㉡ 희곡은 지문을 제외하고 모두 인물의 대사로 이루어짐
　㉢ 대사를 통해 인물의 생각이나 성격, 인물 간의 관계·갈등 등을 관객에게 전달
　㉣ 대사를 통해 상황·분위기·정조(情調) 및 주제, 사건의 발전 등을 표현·제시
　㉤ 대사는 구체적인 행동과 함께 사건·이야기를 진행시킴
　㉥ 극적 효과와 전달성을 높일 수 있는 집중적·압축적 대사여야 함
　㉦ 리얼리티(Reality): 그럴듯한 자연스러움이 나타나야 하며, 진실성이 있어야 함
② **대사의 분류** 기출 23
　㉠ 대화(對話): 두 사람 이상의 등장인물이 서로 주고받는 말로, 대사는 주로 대화로 이루어짐
　㉡ 독백(獨白, Monologue): 인물이 무대에서 상대방 없이 혼자 하는 말
　㉢ 방백(傍白): 관객에게는 들리지만 무대에 있는 다른 인물들은 듣지 못하는 것으로 약속한 말

3 희곡의 형식 단위 기출 22

(1) 막(幕, Act)
① 무대와 객석 사이의 장막을 올리고 다시 내릴 때까지의 한 장면
② 장(場)으로 구성
③ 서구의 근대극 이후에 생성
④ 연극 및 희곡의 길이와 행동을 구분하는 개념
⑤ 3막이나 5막이 일반적이며, 단막이나 2막도 있음

(2) 장(場, Scene)
① 한 막(幕)을 다시 나눈 작은 단락
② 전체 가운데 하나의 독립된 장면으로, 무대 장면이 변하지 않고 이루어지는 사건의 한 토막
③ 인물의 등장·퇴장, 배경의 변화, 조명의 암전으로 구분함

4 희곡의 구성 단계

(1) 3막 구성
① 처음 - 중간 - 끝
② 모든 서사의 기본 구성임
③ 주동 인물과 반동 인물 간의 갈등·긴장이 상승하여 위기의 정점(Climax)을 맞고, 정점에서 인물들의 투쟁이 하강·해결되어 결말에 다다름

(2) 5막 구성 기출 24, 21
① 발단(도입부)
　㉠ 극의 도입부로, 앞으로 일어날 사건이나 등장인물에 대한 소개·설명
　㉡ 플롯의 실마리가 드러나고 사건의 방향성·성격 등 제시
　㉢ 인물 간 갈등의 단서 암시
　㉣ 시간, 장소, 등장인물, 분위기 등이 드러나며 '행동'이 시작되는데, 이때의 '행동'은 앞으로 있을 사건의 예시를 위한 최소한의 정보 제공
　㉤ 관객들이 사건에 흥미를 가질 수 있도록 주의해야 하고, 너무 심각하거나 강렬해서는 안 되며, 간단하고 자연스러워야 함

② **상승(전개)** 기출 22
  ㉠ 발단에서 시작된 사건과 성격이 복잡해지고 갈등이 구체화됨
  ㉡ 극적 행동에 대한 관객의 흥미・주의를 집중시키는 단계
  ㉢ 주동 인물과 반동 인물의 대결이 나타나는데, 이때 인물들의 갈등이 자연스럽고 합리적이어야 함
  ㉣ 정점(Climax)에 대한 준비 과정으로, 심리적 긴장이 고조되며 극의 속도가 빨라짐
  ㉤ 인물이 성장・변화・발전해야 하며, 복잡화되어야 함
  ㉥ 새로운 대립과 고양된 의지가 순환되어 계속 상승하면서 위기에 이르러야 함

③ **정점(Climax)** 기출 25
  ㉠ 인물들 간의 대결이나 갈등이 최고조에 이른 정점
  ㉡ 발단에서 시작된 극적 행동이 전개 과정을 거쳐 성숙하여 직결된 부분
  ㉢ 여러 차례 위기(危機)를 거치면서 점층적으로 긴장감이 최고조에 이름
  ㉣ 대개 극의 후반 지점에 설정

④ **하강(반전)**
  ㉠ 파국 또는 대단원으로 향하는 단계
  ㉡ 관객의 긴장을 새로운 방향으로 전환
  ㉢ 상승에서 정점으로 이어졌던 긴장감이 느슨해짐
  ㉣ '하강'은 주인공의 운명과 인생이 역전되는 것을 의미하며, 극적 효과가 감소되는 것을 의미하지 않음
  ㉤ 하강의 속도가 파국으로 빠르게 연결되어야 감정의 카타르시스가 일어남
  ㉥ 새로운 인물이나 사건이 개입되어서는 안 됨
  ㉦ 우발적・인위적 반전이 아닌, 논리적・필연적인 반전이 이루어져야 함
  ㉧ 비극에서는 주인공의 파멸・불행을 이끌었던 세력이 강해지는 단계이고, 희극에서는 주인공에게 방해가 되었던 장애물이 제거되어 행복한 결말로 이어지는 단계

⑤ **결말(파국, 대단원)**
  ㉠ 플롯의 결말 부분으로, 극적 행동의 해결 및 이해가 이루어지는 단계
  ㉡ 극적 갈등과 투쟁이 모두 해소되고, 모든 사건이 필연적・논리적으로 귀결됨
  ㉢ 인간 행위의 진실한 표현인 카타르시스를 체득함
  ㉣ 극적 행위를 통한 모든 의문에 대하여 관객이 충분히 이해할 수 있어야 함

연습문제

다음에서 설명하는 희곡 구성의 단계는?

- 관객의 긴장을 새로운 방향으로 전환한다.
- 새로운 인물이나 사건이 개입되어서는 안 된다.
- 주인공의 운명과 인생이 역전되는 반전이 이루어진다.

① 상승 ② 정점
③ 하강 ④ 결말

[해설] 파국 또는 대단원으로 향하는 단계로, 관객의 긴장을 새로운 방향으로 전환한다. '하강'은 주인공의 운명과 인생이 역전되는 것을 의미하지만, 극적 효과가 감소되는 것을 의미하지는 않는다. 하강의 속도가 파국으로 빠르게 연결되면서 감정의 카타르시스가 일어난다.

[정답] ③

제3절 희곡의 분류

1 형식·길이에 따른 분류

(1) 단막극(One-act play)
① 하나의 막(幕, Act)으로써 극적 사건을 전개하는 연극
② 대체로 20분에서 50분 정도의 짧은 이야기 전개
③ 압축된 구조와 일관된 긴장감
④ 이야기가 서사적이지 않고 짧은 시간에 심도 있는 표현
⑤ 장면 전환은 조명이 꺼졌다가 켜지는 장(場, Scene)에 의해 이루어짐

(2) 장막극(Full-length play)
① 2막 이상으로 이루어진 연극
② 무대에 오르는 연극은 대부분 5막으로 이루어진 장막극
③ 서사적이며, 막과 장으로 구성됨

2 내용에 따른 분류 기출 22

(1) 비극(悲劇) 기출 23

① **비극의 개념**
  ㉠ 인생의 슬픔과 비참함을 제재로 하고, 주요 인물의 파멸·패배·죽음 등 불행한 결말을 갖는 극 형식
  ㉡ 사전적 정의로는 인물 자신 또는 환경과의 갈등으로 인해 생기는 고뇌 상태를 표현하여 사건 전체의 경과 중 특히 결말에서 비장미(悲壯美)를 드러내는 희곡
  ㉢ 아리스토텔레스의 정의 : 비극은 장중하고 일정한 크기를 가진 그 자체가 완결된 행동의 모방이다.
  ㉣ 연민과 공포를 환기시키는 사건을 포함하며, 그것에 의해 카타르시스(Catharsis)를 줌

② **비극의 특징**
  ㉠ 가공적이며, 그 자체의 구조 패턴을 지닌 하나의 예술 형식
  ㉡ 비극의 주인공은 선(善)을 대표하며 주인공의 투쟁은 악(惡)과의 싸움을 의미함
  ㉢ 비극의 결말은 주요 인물의 파멸임
  ㉣ 주인공은 비극적 결함(본의 아닌 과실 또는 범죄 등)을 가진 인물이며, 비극의 동기는 '비극적 결함'에서 비롯됨
  ㉤ 비극의 구조는 집중적이고 치밀해야 하며 단일한 결말을 가져야 함

③ **비극의 효과**
  ㉠ 연민 : 비극의 주인공에 대한 전적인 공감에서 비롯된 감정으로, 타인에 대한 감정에 해당
  ㉡ 공포 : 누구에게라도 일어날 수 있다는 두려움에서 비롯된 감정으로, 자신에 대한 감정에 해당
  ㉢ 아리스토텔레스의 정의 : 연민은 주인공이 부당하게 불행에 빠지는 것을 볼 때 생기는 것이고, 공포는 우리와 비슷한 주인공이 불행에 빠지는 것을 볼 때 생김
  ㉣ 연민과 공포가 감정의 정화(카타르시스, Catharsis)를 불러일으킴

> **체크 포인트**
>
> **카타르시스(Catharsis)** 기출 25, 24, 21
> 아리스토텔레스의 『시학(詩學)』에 나오는 용어로, '정화·배설'을 의미한다. 비극을 보며 공포와 연민의 감정을 느끼고 이러한 감정을 배설함으로써 마음이 정화되는 경험을 한다.

④ **비극의 유형**
  ㉠ 고대 그리스 비극 : 운명에 의한 인간의 패배를 내용으로 하고, 등장인물은 대부분 왕이나 귀족 계급임 예 소포클레스의 「오이디푸스 왕」 등
  ㉡ 근대 고전 비극 : 인간의 천성적 성격 결함에 의한 패배를 묘사하고, 그리스 비극에 비해 인간적 인물 유형이 등장함 예 셰익스피어 작품 대부분
  ㉢ 자연주의 근대 비극 : 자신이 처한 사회적·환경적 조건에 의한 패배를 묘사하고, 상황 비극이라고도 함 예 입센의 「인형의 집」 등

(2) 희극(喜劇)
   ① **희극의 특징** 기출 23
      ㉠ 웃음을 주조로 하여 인간과 사회의 문제점을 경쾌하고 흥미있게 다룬 극 형식
      ㉡ 디오니소스 축제 때, 행렬을 지어 노래하며 춤을 추는 가운데 군중들이 주고받는 웃음거리의 말에서 시작됨
      ㉢ 웃고 즐길 수 있는 희곡으로, 웃음 속에서 갈등을 해소하고 가치를 얻음
      ㉣ 인간 생활의 모순이나 사회의 불합리성을 골계적·해학적·풍자적으로 표현함
      ㉤ 풍자와 기지가 풍부하며, 인간과 사회의 모순·부조리에 대한 신랄한 비판 의식을 담고 있음
      ㉥ 비극에 비해 삶의 영역이 넓고, 불완전한 인간성에 의존함
      ㉦ 일반적으로 행복한 결말
   ② **유머와 위트**
      ㉠ 유머[Humor, 해학(諧謔)]
         - 18세기 산문 문학이 발달하면서 풍자와 조롱과는 의미가 다른, 정답고 긍정적인 형태의 희극성을 가리키는 의미가 됨
         - 오늘날에는 골계의 일종인 미적 범주의 하나로, 유머에 있어서의 모순은 보다 높은 관조에 의해 주관적으로 특수한 대조를 일으키는 특징을 가짐
      ㉡ 위트[Wit, 기지(機智)]
         - 골계의 일종으로, 얼핏 보면 전혀 이질적인 관념들을 당돌하게 연결시켜 모순과 해결에 의한 순간적 전환을 통해 우스꽝스러운 효과를 나타내는 것
         - 이질적인 사물 속에서 유사점을 인지하는 능력으로, 문학에서의 중요한 지적(知的) 조작을 의미
         - 유희적이거나 경박한 것으로 보지 않으며, 아이러니를 만들어 내는 중요한 정신 작용의 역할을 함
   ③ **희극의 종류**
      ㉠ 소극(笑劇, Farce)
         - 해학을 기발하게 표현하여 사람을 웃길 목적으로 만든 비속한 연극으로, '저속한 코미디(Low comedy)'라고도 부름
         - 중세의 세속극에서 발생한 것으로, 희극의 가장 간단하고 비속한 형태
         - 과장된 표현, 엉터리 소동, 농담, 개그, 슬랩스틱, 우연성, 황당무계함 등을 특징으로 함
         - 웃음 자체를 위한 대사의 묘미나 성격 묘사보다는 육체적 익살스러움과 거친 기지, 우스꽝스러운 상황의 창조 등의 계략으로 웃음을 자아냄
         - 비논리적 웃음을 유머, 상황, 비교적 복합이 없는 인물들을 통해 만들어 냄
         - 대표적 작품으로는 셰익스피어의 「실책의 희극(The comedy of errors)」, 오스카 와일드의 「거짓에서 나온 성실」 등

     ⓒ 코메디아 델라르테(Commedia dell'arte)
- 16세기 초에서 18세기 초까지 이탈리아에서 성행한 희극으로, 델아트 희극이라고도 함
- 이탈리아 민간의 직업 배우들이 가면을 쓰고 미리 의논한 줄거리에 따라 즉흥적으로 연기하는 즉흥극 형태
- 노래, 춤, 팬터마임, 풍자 등이 잘 조화되어 있음

     ⓒ 풍속 희극(Comedy of manners)
- 몰리에르부터 시작되어 영국의 17세기 후반기, 즉 왕정복고 시대에 성행한 희극
- 당시 상류사회의 풍습, 즉 사치하고 음란하던 왕정복고기의 귀족 사회 및 젊은 남녀들의 연애 등 풍자

     ⓔ 최루 희극(Comedia larmoyante)
- '눈물 희극'이라고도 함
- 고전 비극과 희극의 어느 쪽에도 속하지 않는 시민극의 일종
- 지적 능력보다는 감상에 의존

(3) 희비극(喜悲劇)
① 비극의 절정에서 행복한 장면으로 전환·비약하면서 막을 내리는 희곡
② 희극적 요소(골계)와 비극적 요소(비장)가 종합된 것
③ 셰익스피어의 「베니스의 상인」, 체호프의 「곰」, 임희재의 「고래」 등이 대표적

3 사조(思潮)에 따른 분류

(1) 고전주의극
① 고대 그리스와 로마의 극을 거쳐 17~18세기 고전주의 시대에 제작된 극 양식
② 인간의 이성을 중요시하며, 모호성을 배제한 가운데 인간의 보편성, 품위, 윤리성 등을 추구함
③ 궁극적인 목적은 인간 사회의 질서 회복
④ 대사가 시(詩)로 이루어져 있으며, 극 자체의 통제와 질서를 준수
⑤ 삼일치 법칙인 '사건, 시간, 장소의 일치'는 고전주의극의 중요한 특징

(2) 낭만주의극
① 18세기 독일을 중심으로 발전함
② 인간의 감정, 천성, 개성 등의 분출을 예술로 승화시키는 것과 사회 참여적 요소가 개입되면서 출발
③ 절대적 진리를 인식하는 것은 불가능하다는 판단 아래, 부분적 진리에 도달하고자 함
④ 자유롭고 복합적인 무대에서 사건의 제한 없이 다양한 내용을 추구함
⑤ 인간의 감성, 상상력 등을 존중하였으며, 미(美)의 부각을 위해 추악함에 대한 인식이 중요시되었음

(3) 사실주의극
① 낭만주의에 대한 반감으로 발생
② 합리주의 사상과 과학 정신을 토대로 논리적·구체적 객관성을 중요시
③ 인간과 사회, 집단 등의 환경에서 발생한 부정·불균형의 원인을 있는 그대로 충실히 묘사
④ 무대에서 시를 추방하고, 관념성에서 탈피하며 개성을 중시함
예 입센의 「인형의 집」, 「유령」, 체호프의 「갈매기」, 「벚꽃 동산」, 「세 자매」 등

(4) 표현주의극
① 과학 기술 발달로 인한 산업화·도시화 속에서 살아가는 개인의 자아를 있는 그대로 표현
② 인간의 내면적 진실을 추구함
③ 자아 속에서 새로운 기점을 얻고자 한 노력과 예리한 정신을 통한 현실 초극의 태도 지향
예 유진 오닐의 「밤으로의 긴 여로」, 「털원숭이」, 뷔히너의 「당통의 죽음」, 「보이체크」, 카이저의 「칼레의 시민들」, 톨러의 「군집인간」, 스트린트베리의 「꿈의 연극」 등

(5) 서사극 기출 24
① 현대 희곡에서 가장 혁신적 이론으로 대두된 극형식
② 연극과의 완전한 감정 이입을 주장한 아리스토텔레스의 이론과 상반됨
③ 연극과 이성적 판단과의 객관적 거리를 유지하여 관객 스스로가 비판 능력을 발휘할 수 있게 하였음
④ 극적 장치로서 '소외 효과'를 사용하는데, 소외 효과는 연극에서 현실의 친숙한 주변을 생소하게 보이게 하여 극중 등장인물과 관객과의 감정적 교류를 방지하게 하는 것임
⑤ 조명, 무대 장치 등을 되도록 배제함
예 브레히트의 「코카서스의 백묵원」, 「서푼짜리 오페라」 등

(6) 부조리극 기출 22
① 전통적 예술 및 개념을 부정하는 데서 출발
② 현실과 환상의 관계에서 상대적 진리를 추구
③ 언어 외적인 문제에서 인간의 진실한 표현을 찾고자 하였으며, 인간에 대한 끊임없는 탐구로 인간에 대한 냉혹한 시선과 실소가 주를 이룸
④ 비정상적인 인식과 잠재의식을 통해 새로운 현실을 발견하려는 목적이 있음
⑤ 부조리(Absurdity)의 3대 특성으로 무의미, 무목적, 충동성이 있음
예 베게트의 「고도를 기다리며」, 「행복한 나날들」, 이오네스코의 「대머리 여가수」, 장 주네의 「하녀들」 등

연습문제

단막극(One-act play)에 대한 설명으로 옳지 않은 것은?

① 하나의 막(Act)으로써 극적 사건을 전개하는 연극 형태이다.
② 대체로 20분에서 50분 정도 짧은 이야기가 전개된다.
③ 서사적이며 막(Act)과 장(Scene)으로 이루어진다.
④ 장면 전환은 장(Scene)에 의해 이루어진다.

해설 단막극은 이야기가 서사적이지 않고 짧은 시간에 심도 있는 표현을 쓴다.

정답 ③

제5장 수필문학론

제1절 수필의 본질

1 수필의 의의

(1) 수필의 정의
① 존슨(S. Johnson) : 수필은 한 자유로운 마음의 산책이다.
② 홍매(洪邁) : 어떤 의미를 그때그때 수시로 기록한 뒤에 이를 반복해서 다듬거나 설명하지 않고 써 내려간 글을 수필이라 하였다.
③ 리드(H. Read) : 수필은 마음속에 숨어 있는 관념, 기분, 정서를 표현하는 하나의 시도이다. 그것은 관념, 정서 등에 상응하는 유형을 말로 창조하려는 무형식의 시도이다.
④ 윌리암스(W. E. Williams) : 수필이란 한 편의 산문 작품으로서 대개는 짧은 편이고 서사에 주력하지 않는다.

> **체크 포인트**
>
> **피천득의 「수필」** 기출 25
>
> 　수필(隨筆)은 청자연적(靑瓷硯滴)이다. 수필은 난(蘭)이요, 학(鶴)이요, 청초하고 몸맵시 날렵한 여인이다. 수필은 그 여인이 걸어가는, 숲 속으로 난 평탄하고 고요한 길이다. 수필은 가로수 늘어진 포도가 될 수도 있다. 그러나 그 길은 깨끗하고 사람이 적게 다니는 주택가에 있다.
> 　수필은 청춘의 글은 아니요, 서른여섯 살 중년 고개를 넘어선 사람의 글이며, 정열이나 심오한 지성을 내포한 문학이 아니요, 그저 수필가가 쓴 단순한 글이다.
> 　수필은 흥미는 주지마는, 읽는 사람을 흥분시키지는 아니한다. 수필은 마음의 산책이다. 그 속에는 인생의 향취와 여운이 숨어 있다.
> 　수필의 빛깔은 황홀 찬란하거나 진하지 아니하며, 검거나 희지 않고, 퇴락하여 추하지 않고, 언제나 온아우미(溫雅優美)하다. 수필의 빛은 비둘기빛이거나 진주빛이다. 수필이 비단이라면, 번쩍거리지 않는 바탕에 약간의 무늬가 있는 것이다. 무늬는 사람 얼굴에 미소를 띠게 한다.
> 　수필은 한가하면서도 나태하지 아니하고, 속박을 벗어나고서도 산만하지 않으며, 찬란하지 않고 우아하며 날카롭지 않으나 산뜻한 문학이다.

(2) 수필의 개념
① **어의(語義)** : 붓 가는 대로 그때그때 보고 듣고 느낀 것을 쓴 글
② **내용적 특성** : 인생이나 자연, 일상에서의 느낌이나 체험을 생각나는 대로 쓴 글
③ **형식적 특성** : 비교적 길이가 짧은 간결한 산문 문학
④ **독백 같은 글** : 마음속 감동을 밖으로 펼쳐 내는 다른 문학과는 달리 수필은 밖에서 안으로 향하는 문학으로, 관찰 대상을 자기 자신으로 하기 때문에 일종의 외로운 독백과 같음

(3) 주요 수필 작품
① 「**용재수필**」 : 중국 남송의 학자였던 홍매의 작품으로, '수필(隨筆)'이라는 용어를 제일 처음 사용함
② 「**수상록(Essais)**」 : 프랑스 사상가 몽테뉴의 작품으로, '에세이(Essay)'의 시초가 됨 기출 22
③ 「**서유견문**」 : 조선 시대 유길준의 서양 기행문으로, 최초로 국한문 혼용체를 사용함
④ 「**백운소설**」 : 고려 시대 이규보의 시화집으로, 소설이라는 명칭을 처음 썼으나 사실상 수필에 가까움

2 수필의 특성 기출 25, 24, 23, 22

(1) 자기고백적
① 글쓴이의 인생관이나 사상, 감정, 체험 등을 있는 그대로 표현함
② 수필의 내용은 주관적·주정적이고, 독백에 가까움
③ 수필의 자기표현적 특성은 작가 개인의 고백 문학적 성격을 띰

(2) 개성적
① 수필은 작가 개인적 특성이 생생하게 드러나는 글임
② 누구나 쓸 수 있는 자기표현적인 글로서, 자격이 요구되거나 전문가가 따로 없음
③ 문학 장르 중 가장 개성이 강한 글

(3) 무형식의 형식
① 형식상의 제한 요건이 없는 개방된 형식
② 형식이 다양하다는 뜻이며 아무렇게나 써도 된다는 뜻은 아님
③ 형식의 개방성은 곧 내용의 다양함을 포괄하는 기본 조건임
④ 다른 문학 장르의 특성을 수용할 수 있는 기반이 되어 독자적 수필 영역을 개척할 수 있는 토대가 됨
⑤ 다양한 내용을 자유롭게 수용하여 사상이나 감정, 정서 등 문학 내적인 요소를 광범위하게 표현할 수 있는 여건 제공

(4) 심미적·철학적
① 글쓴이의 심미적 안목과 철학적 사색을 바탕으로 함
② 대상에 대한 깊은 통찰력이 드러나야 함
③ 예술적인 언어를 바탕으로 한 예술의 한 분야임

(5) 유머와 위트의 문학
① 수필이 단순한 기록이나 객관적 서술이 아닌 '수필다움'을 지니기 위해 유머와 위트는 수필의 중요한 요소로 작용
② 수필은 신변잡기나 잡문과 달리 냉철한 통찰력과 예리한 비평 정신을 담고 있음
③ 유머와 위트는 수필의 평면성과 건조성을 구제하는 요소이며, 비평 정신은 수필의 아름다운 정서에 지적 작용을 더해 주는 요소임
④ 유머와 위트, 비평 정신은 다른 문학 양식에서도 나타나지만, 어떤 사건의 구성이 없는 수필에서는 특히 중요한 요소임
⑤ 유머와 위트는 섬세한 정서와 지적 감각을 내포하여 수필 문학을 보다 매혹적이고 찬란하게 다듬어줌

(6) 제재의 다양성
① 인생이나 자연 어디에서나 소재를 구하고 제재를 정할 수 있음
② 글쓴이의 비평적 통찰력을 거쳐 그 어떤 것에도 창조적 생명력을 불어 넣을 수 있음

(7) 간결한 산문 문학
① 수필은 간결하며 비교적 길이가 짧은 산문 문학임
② 생활 속의 산문 정신을 그대로 표현함
③ 소설이나 희곡도 산문이지만 이들은 다분히 의도적·조직적인 데 비해, 수필은 비의도적이며 생활에서 자연스럽게 배어 나오는 산문임

체크 포인트

수필에 대한 다양한 견해
- 박목월: 형식의 자유, 시필성(試筆性), 자기고백성, 비전문성
- 최승범: 형식의 자유성, 개성의 노출성, 유머와 위트성, 문체와 품위성, 제재의 다양성
- 윤오영: 감으로부터 만들어지는 곶감에 비유하면서 '시설(枾雪: 곶감 거죽에 돋은 하얀 가루)'을 수필의 생명이라고 봄

> **연습문제**
>
> **수필에 대한 설명으로 옳지 않은 것은?**
> ① 수필의 자기표현적 특성은 작가 개인의 고백 문학적 성격을 띤다.
> ② 문학 장르 중 가장 개성이 강한 글이다.
> ③ 인생이나 자연 어디에서나 소재를 구하고 제재를 정할 수 있다.
> ④ 상징과 비유는 수필의 평면성과 건조성을 구제하는 요소이다.
>
> 해설 유머와 위트는 수필의 평면성과 건조성을 구제하는 요소이며, 비평 정신은 수필의 아름다운 정서에 지적 작용을 더해 주는 요소이다. 상징과 비유는 주로 시에서 사용되는 표현법이다.
>
> 정답 ④

제2절 수필의 분류

1 2종설 기출 23

(1) 경수필(Informal essay)

① 주관적·개인적 유형
② 주정적 수필로, 인상적·감성적임
③ 대상에 대한 표현이 암시적·소극적임
④ 주제가 비교적 가볍고, 주로 정서적 이미지를 전달함
⑤ 개인적 감정이나 심경 등 자기 주변적 색채가 중심이 됨
⑥ 신변잡기나 과다한 감정 노출에 치우칠 염려가 있음
⑦ 몽테뉴형 수필류

(2) 중수필(Formal essay) 기출 25

① 주지적 수필로, 사회적·객관적·의론적(議論的) 유형
② 대체로 사회적 문제를 대상으로 하되, 논리적·객관적인 자세로 귀납
③ 과학적 사실이나 철학적 사고를 통해 자기 외적인 문제나 사회 현상을 투시·비판
④ 지식을 바탕으로 체계화되고 논리적으로 정돈된 글
⑤ 지나치게 지식을 강조하여 정서적인 면을 소홀히 하면 글이 건조해지기 쉬움
⑥ 베이컨형 수필류

> **체크 포인트**
>
> **경수필과 중수필 비교** 기출 24
>
> | 경수필(Informal essay) | 중수필(Formal essay) |
> |---|---|
> | 가벼운 주제 | 무거운 주제 |
> | 연(軟) 문장적 | 경(硬) 문장적 |
> | 개인적, 주관적 | 사회적, 객관적 |
> | '나'가 드러남 | '나'가 드러나지 않음 |
> | 개인적 감성과 정서로 짜여짐 | 보편적 윤리와 이성으로 짜여짐 |
> | 시적 | 소논문적 |
> | 정서적, 신변적 | 지적, 사색적 |

2 8종설과 10종설

(1) 8종설

① **백철의 8종설**
  ㉠ 사색적 수필 : 자연이나 인생, 일상에 대한 철학적 사색을 바탕으로 쓴 감상적 글
  ㉡ 비평적 수필 : 예술작품에 대한 비판적 시각을 바탕으로 쓴 비평적 글
  ㉢ 스케치 수필 : 스케치하듯 사실 그대로 그려낸 글
  ㉣ 담화 수필 : 사건이나 서사(Story) 중심으로 쓴 글
  ㉤ 개인 수필 : 글쓴이의 성격, 개성 등을 중심으로 쓴 신변잡기적 글
  ㉥ 연단적 수필 : 실제 연설 초고는 아니지만 연설적·웅변적 성격이 강한 글
  ㉦ 성격 수필 : 주로 성격 분석·묘사를 중점적으로 쓴 글
  ㉧ 사설 수필 : 개인의 주관이나 의견이긴 하지만, 사회의 여론을 유도하는 내용의 수필
② **공정호의 8종설** : 과학적 수필, 철학적 수필, 비평적 수필, 역사적 수필, 종교적 수필, 개인적 수필, 강연집, 설교집
③ **문덕수의 8종설** : 과학적 수필, 철학적 수필, 비평적 수필, 역사적 수필, 종교적 수필, 개인적 수필, 강연집, 논설집

(2) **10종설** 기출 24, 21

① 수필의 내용, 서술 방법 등을 중심으로 『미국백과사전』에서 분류한 것
② 가장 세분화된 수필 유형
③ 관찰 수필, 신변 수필, 성격 수필, 묘사 수필, 비평 수필, 과학 수필, 철학적 수필, 서사 수필, 서한 수필, 사설 수필

연습문제

다음 중 수필의 10종설에 포함되지 <u>않는</u> 것은?

① 성격 수필   ② 사설 수필
③ 담화 수필   ④ 서사 수필

해설 10종설에 따른 수필의 종류는 관찰 수필, 신변 수필, 성격 수필, 묘사 수필, 비평 수필, 과학 수필, 철학적 수필, 서사 수필, 서한 수필, 사설 수필이다. 담화 수필은 백철의 8종설에 따른 분류에 포함된다.

정답 ③

제6장 문학비평론

제1절 문학비평의 본질

1 문학비평의 의의

(1) **문학비평**(Literary criticism)**의 개념** 기출 24
  ① **정의**: 문학작품에 대한 평가, 즉 문학작품을 정의하고 그 가치를 분석하며 판단하는 것
  ② **리카르도**(A. Ricardou): 비평은 작가와 작품을 분석하고, 원인을 찾아 그것을 설명하고, 미적 가치를 판단하는 것이다.
  ③ **제임스**(H. James): 비평하는 것은 감상하는 것, 이해하는 것, 지적 재산을 얻는 것, 비평 대상과 비평과의 좋은 관계를 세우는 것이다.
  ④ **엘리엇**(T. S. Eliot)**의 견해**
    ㉠ 문학비평의 기본적 기능은 문학의 이해와 향수를 촉진하는 것이다.
    ㉡ 비평은 작품을 치밀하게 분석하여 그 참된 의미를 명확하게 해명하고 진술하기 위해 '이해-해석-설명'의 단계를 거친다.
    ㉢ 문학비평의 본질적 기능은 예술작품의 해석과 취미의 교정에 있다.
    ㉣ 비평은 작품을 평가하여 가치를 판단하는 작업으로, 가치 판단의 공정성에 대한 객관적 근거가 제시되어야 하며, 작품의 형식, 언어의 미적 구조에 대한 이해 및 평가가 필요하다.
    ㉤ 작품을 있는 그대로 보아야 하며, 역사적·사회적 배경, 작가의 삶 등 작품 외적인 것에 대한 진실 규명이 필요하다.
    ㉥ 작품을 이해한다는 것은 곧 그것을 '즐긴다'는 의미와 동일하다.
    ㉦ 비평은 비평가의 주관적 진실에 의존한다.
  ⑤ **허시**(E. D. Hirsch)**의 견해** 기출 25
    ㉠ 비평은 작품에 대한 자신의 해석을 다른 사람이 이해할 수 있도록 효과적으로 진술하는 문학 장르이다.
    ㉡ '이해'와 '해석'은 구별되어야 한다. 이해는 텍스트의 기본적 의미를 파악하는 것이고, 해석은 파악된 의미를 다시 해설하는 것이다.
  ⑥ **롤랑 바르트**(Roland Barthes)**의 견해**
    ㉠ 비평은 대상 언어(Object language)에 작용하는 메타 언어(Meta language)이다.
    ㉡ 비평은 진실을 발견하는 것이 아니라 유효성, 곧 논리적인 기호 체계를 이루고 있는지를 발견하는 것이다.
    ㉢ 비평 활동 시 주의할 점은 작가의 언어와 비평 언어와의 관계, 세계와 대상으로서의 언어의 관계를 고려하는 것이다.

(2) 문학비평의 영역 기출 25

작품	작가가 생산해 낸 생산물이고, 개성과 독창성을 지닌 미적 실체임
세계	자연과 우주 등을 대상으로 함
작가	개성과 독창성을 가지고 작품을 창조해내는 존재임
독자	작가가 의도하는 '참여하기'에 적극 가담하는 경험적 존재임

2 문학을 바라보는 4가지 관점 기출 25, 22

(1) 모방론(Mimetic theories)
① 작품과 현실세계와의 관계를 중심으로 보는 관점
② 문학의 본질을 설명하는 핵심적인 개념으로, 플라톤은 모방을 본질과 거리가 먼 거짓으로 규정한 반면, 아리스토텔레스는 모방을 긍정적 의미로 설명(시인추방론과 시인옹호론)함
③ 문학이란 현실을 모방하고 반영하기 때문에 작품 속의 현실과 실제 현실 사이의 관련성에 초점을 두고, 인간·현실을 얼마나 사실적으로 실감나게 모방하였는가, 어떻게 진실을 깊이 있고 그럴듯하게 모방하였는가에 관심을 둠
④ 현대 사실주의 비평의 특징이 됨

(2) 존재론(Objective theories) 기출 23
① 작품을 하나의 실체로 보고 작품 자체만을 분석 대상으로 삼는 관점
② 작품을 작가, 독자, 현실 세계와 독립시켜 객관적 존재로서 평가하는 것으로, 작품의 내적 가치를 절대적으로 우선함
③ 문학작품의 내적 구조를 분석함으로써 문학작품을 제대로 이해할 수 있다고 주장
④ 분석의 대상들이 작품 전체에서 어떻게 통일성과 짜임새를 지니고 있는가에 주안점을 둠
⑤ 존재론은 곧 형식주의 비평, 구조주의 비평, 신비평과 연계됨

(3) 효용론(Pragmatic theories)
① 작품과 독자와의 관계를 중심으로 보는 관점
② 문학작품은 독자와 사회에 쾌락과 교훈을 주는 것이며, 쾌락과 교훈은 서로 통합하고 화해해야 한다고 봄
③ 문학작품이 독자 또는 사회에 어떠한 영향을 미치는지의 문제, 즉 사회적 실용성과 예술적 효용성을 가치 판단의 척도로 삼음
④ "독자는 왜 문학작품을 읽는가?"에 관한 의문을 풀어줌

(4) 표현론(Expressive theories) 기출 22
① 표현의 주체인 작가와의 연관 속에서 작품을 파악하는 관점
② 작품은 작가 정신의 산물이며 작가의 사상, 감정, 세계관이 들어 있다고 생각하므로 작품을 잘 이해하기 위해서는 작가에 대한 연구가 필요하다고 주장함
③ 두 작품이 제재가 같은데도 주제가 다르게 표현되는 이유를 설명할 수 있음
④ 낭만주의 비평가들에 의해 주로 발전함
⑤ 작품을 평가하는 척도를 '작가의 독창성'으로 보고 중요시함
⑥ 영감설(靈感設)과 장인설(匠人設)
  ⊙ 영감설 : 작품을 작가가 지닌 광기(狂氣, Ecstacy)와 천재성의 산물로 보는 견해로, 감성과 충동을 중시함
  ⓒ 장인설 : 장인이 물건을 갈고 다듬는 것과 같이 문학적 표현 역시 작가의 치밀하고 철저한 계획에 의해 이루어지는 것으로 보는 견해로, 이성과 합리성을 중시함

3 문학비평의 준거와 과정

(1) 문학비평의 평가 기준 기출 22
① 진실성
  ⊙ 문학작품을 세계와 삶을 모방·반영·재현한 것으로 보고, 그 진실성 여부에 따라 작품을 평가
  ⓒ 현대 사실주의 비평의 평가 기준
  ⓒ 작품 속에 재현된 세계를 우리가 알고 있는 세계의 측면과 비교하고 판단하여, 독자의 체험에 의한 진실이 문학 평가의 기준이 된다는 입장
  ⓔ 당대 사회에서 주를 이루는 이념을 잘 반영하였는지, 주인공이 추구하는 사상 및 당대 사회가 공유하는 이념 사이에 차이가 없는지에 관심을 둠
② 효용성
  ⊙ 문학작품이 독자에게 미치는 효용 여부를 기준으로 하여 작품을 평가
  ⓒ 효용성의 기준은 쾌락과 교훈임
    • 쾌락 : 쾌락적 욕구에 따른 효용성
    • 교훈 : 도덕적 감화에 따른 효용성
  ⓒ 효용성의 기준을 어디에 두는지에 따라 작품의 평가가 달라질 수 있음
  ⓔ 효용성에 근거한 작품들은 당대 사회의 역사적 상황과 필연적 관계를 맺음
③ 독창성
  ⊙ 작품을 작가의 독특한 생각의 소산이라 보고, 작품과 작가와의 관계를 기준으로 평가
  ⓒ 작품을 평가하는 척도를 '독창성'이라 보고, 이를 가장 중요시함
  ⓒ 독창성은 개성적 생명력을 의미하는 것으로, 이는 곧 위대한 작가의 표지(標識)라고 주장함

                ② 작품을 주관적인 것으로 보는 방식의 하나로, 낭만주의 비평가들에 의해 주로 발전하여 제네바 학파, 정신분석학적 비평가로 이어짐
                ⑩ 독창성은 반드시 완전히 새롭고 다른 어떤 것을 창조해 내는 것만을 의미하는 것이 아니며, 이전부터 내려오던 소재를 다시 다루는 데서 발견되는 것 역시 독창성이라 할 수 있음
            ④ **복잡성 · 일관성**
                ㉠ 문학작품을 여러 부분이 서로 화합하여 하나의 전체를 이루는 것으로 보고, 작품 자체에 초점을 맞출 때 적용할 수 있는 기준
                ㉡ 모든 작품은 부분적으로 볼 때 복잡성을 띠고 전체적으로 볼 때 일관성을 띤다는 입장
                ㉢ 복잡성과 일관성은 서로 충돌하는 개념이지만, 좋은 작품은 그 충돌을 무의미한 파괴로 보지 않고 생동하는 힘으로 보며 '좋은 작품'이란 최대의 복잡성을 가지면서도 최대의 일관성을 이룬 것이라고 봄
                ㉣ 형식주의, 구조주의 비평가들의 주요 접근 방식

    (2) **비평 준거에 따른 분류**
        ① **주관 비평과 객관 비평** : 주관과 객관이 조화되었을 때 비평다운 비평이 이루어짐
            ㉠ 주관 비평
                • 창작 예술의 관점에서의 문학작품은 감상적 · 주관적 산물이므로 주관 지향성을 강조함
                • 주관은 취미나 기호처럼 사람에 따라 다르기 때문에 작가나 작품에 대한 비평은 주관적이고 개인적일 수밖에 없다는 입장
            ㉡ 객관 비평
                • 비평은 객관적인 작품을 대상으로 하는 체계적 지식이므로 객관성을 강조함
                • 작품의 의미나 가치는 어느 정도 공통의 규범을 갖기 때문에 충분히 객관적일 수 있다는 입장
        ② **해석 비평과 평가 비평** : '해석'과 '평가'가 유기적으로 통합되어야 함
            ㉠ 해석 비평
                • 가치에 대한 시비나 평가보다는 작품의 구조 분석 및 이해에 관심
                • 문학의 체계와 의미 구조를 밝혀내고 이론적 체계를 마련하고자 함
                • 신화 비평, 해석학 등과 같이 비평가가 독자에게 지식을 주고 작품의 감상 및 이해에 도움을 준다고 봄
            ㉡ 평가 비평
                • 작품의 일반 원리나 구조에 대한 해석보다는 작품의 좋고 나쁨을 구분 · 비판하는 것에 관심
                • 작품의 선택 행위 자체에 이미 평가 과정이 게재된다는 점에 주목함
                • 가치 평가를 전제하지 않고서는 이론적 체계화가 제대로 성립될 수 없다는 입장
                • 평가가 제대로 이루어지기 위해서는 충실한 해석과 이론적 뒷받침이 뒤따라야함
                • 비평의 목적은 작품의 구조를 깊이 있게 해석하고 그 의미를 올바르게 평가함으로써 작가의 창작을 자극하고 독자를 바람직한 방향으로 이끌어가는 것이라고 주장

③ 내적 평가와 외적 평가 기출 24
㉠ 내적 평가 – 본질적 연구
• 문학 자체로써 문학에 접근하는 것으로, 문학적 구조 및 방법을 연구함
• 문학 연구의 출발은 문학작품 자체의 해석 및 분석이므로, 작가의 생애와 작품의 환경은 문학 작품을 비평하는 데 보조 자료로서의 의미만을 갖는다는 입장
• 형식주의 비평, 신화주의 비평의 관점으로, 문학을 지나치게 문학 자체로 한정하는 단점
㉡ 외적 평가 – 외재적·사회적 연구
• 문학작품을 그것이 형성된 역사적 배경이나 사회적 환경, 외부적 원인 등에 비추어 비평하는 입장
• 작가의 개성과 생활을 통해 접근하는 전기적 비평 방법을 비롯하여, 작가의 심리학적 메커니즘이나 창작 과정, 작품 속에 나타난 심리 유형 등을 연구하는 데 주안점을 둠
• 마르크스주의 비평, 리얼리즘 비평의 관점으로, 문학이 사회의 반영이라는 점을 지나치게 강조한 결과 문학 나름의 독자적 방법이나 목적을 제한하는 단점이 있음

(3) 문학비평의 과정

① 해석
㉠ 원전(Text)을 바르게 이해하기 위한 과정
㉡ 작품에 사용된 언어와 작품 구조를 밝히고, 작품의 배경을 이해함
㉢ 작가의 전기와 그 시대의 관계를 밝힘

② 감상
㉠ 작품을 미적으로 향수하고 즐기는 과정
㉡ 작품 전체의 인상이나 느낌 등은 물론 작품에 담긴 작가의 가치관, 세계관까지 음미함
㉢ 작품과 공감하는 소극적 감상이 아닌, '평가'와 '재창조'로 나아가기 위한 적극적인 감상

③ 평가
㉠ 비평의 최종 단계로, 문학적 가치 평가 과정
㉡ 과학성, 객관성을 바탕으로 한 가치 기준에 의한 판단 작용

연습문제

다음은 문학을 바라보는 관점 중 무엇에 관한 설명인가?

> 작품과 독자와의 관계를 중심으로 보는 관점으로, "독자는 왜 문학작품을 읽는가?"에 관한 의문을 풀어준다.

① 모방론(Mimetic theories)
② 존재론(Objective theories)
③ 효용론(Pragmatic theories)
④ 표현론(Expressive theories)

해설 효용론(Pragmatic theories)은 문학작품이 독자 또는 사회에 어떠한 영향을 미치는지의 문제, 즉 사회적 실용성과 예술적 효용성을 가치 판단의 척도로 삼는다.

정답 ③

제2절 문학비평 방법론 기출 21

1 역사 · 전기적 비평 기출 25, 24, 23, 22

(1) 개념
① 작가와 작품의 역사적 배경, 사회적 환경, 작가의 전기 등을 관련시켜 작품을 연구·분석
② 어떤 작품도 작가에 대한 지식이나 인물이 등장하게 된 배경으로서의 삶과 환경에 대한 지식 없이는 이해될 수 없다는 입장
③ 역사주의 비평과 전기적 비평의 합성어로, 서지·주석적 비평 포괄

(2) 주요 학자
① **생트뵈브(Sainte Beuve)**
  ㉠ 문학을 인간적 본성이 반영된 것으로 보고 작가와 작품을 분리하여 생각할 수 없다는 입장으로, 작가에 대한 이해 없이 작품 자체만으로 파악하는 것은 불가능하다고 주장
  ㉡ 전기적 방법에 의거하여 작가 개인의 역사를 재구성하는 것을 문학작품을 분석하는 첩경으로 여김
  ㉢ 작가의 출신이나 교육의 정도, 취미, 동시대의 사회 환경 등을 면밀하게 검토하여 작품 분석의 준거로 삼음

② 테느(H. A. Taine)
　㉠ 문학작품에서 인과관계의 결정론적 과정을 찾으려는 입장
　㉡ 모든 현상은 인과의 필연적 법칙을 따르기 마련이므로, 인간의 정신은 시대와 환경에 의해 결정된다고 주장
　㉢ 문학 결정의 3요소 : 종족, 환경, 시대

(3) 의의 및 한계
① 작품을 이해하는 데 완전성·정확성을 기할 수 있고, 작품에 대한 통시적 안목을 넓힐 수 있음
② 작품과 작가의 위치를 문학적·역사적 사건 속에 분명하게 설정할 수 있음
③ 작품 생산의 원천에 관한 치밀한 조사가 오히려 수단과 목적을 혼동시키고 발생학적 오류를 범하게 할 수 있음
④ 작품의 과거성에 관심을 갖기 때문에 현재성에 대한 감상이 소홀해짐
⑤ 예술로서의 작품 자체를 소홀히 취급함

2 신화·원형 비평 기출 23

(1) 개념
① 역사적 변화의 영향을 받지 않고 반복해서 나타나는 신화적 패턴 또는 원형(Archetype)이 문학작품 속에 구체화된다고 주장하며, 원형들이 어떻게 재현·재창조되어 있는지 연구·분석 기출 25
② 신화는 언제나 원형을 유지하면서 문학작품으로 재현되며, 이 원형이 무엇인가를 밝히는 것이 문학작품의 구조 원리를 밝히는 작업에 해당한다고 보는 입장
③ 거의 모든 문학작품들을 어떤 원형이나 신화적 공식의 재현으로 해석·분석함
④ 프레이저(J. G. Frazer)의 인류학적 저서 『황금가지(The Golden Bough)』와 융(C. G. Jung)의 심층심리학에서 비롯된 비평이론

> **체크 포인트**
>
> **신화·원형 비평의 적용**
> - 이육사의 「광야」: 천지개벽 순간의 '창세기'적인 시이다.
> - 한용운의 「님의 침묵」: '재생'의 패턴과 연결할 수 있다.
> - 서정주의 「화사」: 에덴의 신화인 '아담과 이브'를 바탕으로 한다.
> - 현길언의 「용마의 꿈」: 제주도 '장수 전설'을 원형적 모티프로 한다.

(2) 주요 학자

① 프라이(N. Frye)
  ㉠ 집단무의식 이론을 결합시켜 비평 방법을 체계화함
  ㉡ 개개의 작품에 대해 독립적 분석 및 평가를 하는 것을 지양하고, 작품 상호 간의 기본 질서를 찾는 데 중점을 둘 것을 강조함
  ㉢ 작품의 우연적·부속적·지엽적 구성 요소를 제거하고 다른 작품(신화)에서 원형을 찾아 그것을 체계화함
  ㉣ '원형'은 인생과 문학에서 끊임없이 되풀이되는 기본적 상황, 인물, 이미지 등을 지칭하는 것으로, 자연 신화에서는 다음과 같은 네 가지의 원형이 발생한다고 주장
    • 새벽-봄-출생 단계 : 영웅의 출생 신화, 부활과 재생의 신화, 창조의 신화, 암흑·겨울·죽음의 세력 등이 패배하는 내용의 신화
    • 정오-여름-결혼-승리 단계 : 인간의 신격화, 신성한 혼인, 낙원 관련 신화 등
    • 석양-가을-죽음 단계 : 신의 죽음, 영웅의 급작스러운 죽음, 희생, 영웅의 고집과 관련된 신화 등
    • 어둠-겨울-해체 단계 : 영웅이 패배하고 혼란 상태의 되풀이, 대홍수 신화 등
  ㉤ 장르 발생 이전의 이야기 문학의 네 가지 뮈토스(Mythos)를 자연의 주기에서 찾음
    • 봄의 뮈토스 : 희극
    • 여름의 뮈토스 : 로맨스
    • 가을의 뮈토스 : 비극
    • 겨울의 뮈토스 : 아이러니·풍자

② 보드킨(M. Bodkin)
  ㉠ 문학작품 속에서 원형적 이미지를 찾아내 작품의 기본 구조를 밝힘
  ㉡ 문학작품을 원형의 재현으로 보고, 이것이 시대와 개인에 따라 어떻게 변용되는지 탐구
  ㉢ 원초적 이미지의 원형은 곧 의식적이거나 명확한 의미를 넘어선 특수한 감정이라고 주장

(3) 의의 및 한계

① **의의** : 작품의 발생적 원형을 찾고 그 기능을 다각도로 분석함
② **한계 1** : 작품의 원형을 찾는 복귀·재생을 중요시한 나머지 작품 자체를 소홀히 할 염려가 있음
③ **한계 2** : 개별 작품들을 보편성의 잣대로만 판단하는 환원주의(Reductionism)의 오류가 발생할 수 있음

> **연습문제**
>
> 다음에서 설명하는 문학비평 방법론은 무엇인가?
>
> - 작가와 작품의 역사적 배경, 사회적 환경, 작가의 생애 등을 관련시켜 작품을 연구·분석한다.
> - 대표적인 학자 생트뵈브(Sainte Beuve)는 작가에 대한 이해 없이 작품 자체만으로 비평하는 것은 불가능하다고 주장한다.
>
> ① 역사·전기적 비평 ② 신화·원형 비평
> ③ 신비평 ④ 구조주의 비평
>
> **해설** 역사·전기적 비평은 역사주의 비평과 전기적 비평의 합성어로, 서지·주석적 비평을 포괄한다. 어떤 작품도 작가에 대한 지식이나 인물이 등장하게 된 배경으로서의 삶과 환경에 대한 지식 없이는 이해될 수 없다는 입장이다.
>
> **정답** ①

3 형식주의 비평

(1) 개념 기출 25

① 문학이 문학다운 속성, 즉 '문학성'을 철저하게 그 언어적 조직과 일체화시켜 연구·분석
② 작품 자체를 강조하며, 상세한 기술과 분석에 초점을 둠
③ 작품 전체를 구성하는 부분들을 면밀히 알고, 부분과 전체의 관계를 통해서 작품의 미적 구조와 언어적 특성을 밝히고자 함
④ 텍스트 자체를 고유한 자율적 존재를 가진 객관적 의미 구조로 파악한다는 면에서 구조주의 비평과 관련됨
⑤ 문맥적 비평, 본질적 비평이라고도 함

(2) 러시아 형식주의 비평(Russian formalism criticism)

① 철학, 역사학, 사회학, 심리학 등 이론과 연계하여 문학을 해석하고 비평하고자 했던 방법론의 한계에서 벗어나 문학 연구의 독자성을 회복하고자 함
② 문학이 다른 분야와 구별되는 본질적인 특징으로서 '문학성(Literariness)'에 관심을 갖고, 문학성의 요소로서 언어의 독특한 용법들을 이론적으로 제시함[시적 언어, 낯설게 하기(Defamiliarization)]
기출 24, 23

③ 주요 학자로 야콥슨, 시클로프스키, 예이헨바움, 티냐노프 등이 있음
④ 야콥슨(R. Jacobson)은 '문학에 관한 학문의 대상은 문학이 아닌 문학성, 즉 어떤 작품을 문학작품답게 만드는 것'이라고 주장함
⑤ 러시아 형식주의는 1930년대 후반 프라하 구조주의에 의해 비판적으로 계승됨

(3) 신비평(New criticism) 기출 25, 23, 21

① 러시아 형식주의 및 프라하 구조주의와 관계없이 독자적으로 이루어진 영·미 형식주의 비평
② 역사·전기적 비평이 약해지면서 융성하였고, 문학비평을 문학의 정치적·사회적 영향이나 사회적 배경에 대한 연구로부터 구별된 것으로 인식함
③ 작품 속의 구성 요소들의 관계를 분석하고, 단어들 간의 상호 관계, 의미의 세부적 파악을 중시함
④ 문학 장르 중 주로 시를 비평 대상으로 함
⑤ **주요 학자**
   ㉠ 존 랜섬(J. C. Ransom) : 구체적 사물의 직접적 촉감에 의해 경험되는 개념을 '결'이라 하고, 틀(논리적 구조)과 결은 서로 분리되거나 융합될 수 없다고 주장함
   ㉡ 테이트(A. Tate) : 시는 외연과 내포가 충만하게 조직된 것이며, 외연과 내포는 긴장 속에서 공존한다고 봄
   ㉢ 비어즐리 & 윔샛(M. C. Beardsley & W. K. Wimsatt)의 주요 이론

의도의 오류 기출 21	• 작가의 의도를 파악하여 작품의 의미를 찾으려 할 때 생기는 오류 • 작가의 창작 의도가 작품에 그대로 나타날 수 없으므로, 작품 분석을 할 때 작가의 의도를 고려하는 것은 무의미하고 오히려 오류를 낳는다는 주장
감정의 오류 기출 22	문학비평의 기준을 작품 자체에 두지 않고 독자의 정서적 반응이나 영향에서 찾으려는 데서 생기는 오류

⑥ **한계**
   ㉠ 작가의 사상이나 시대정신을 보지 않고 작품의 의미를 완전히 파악하기 어려움
   ㉡ 작품의 구조 분석 및 의미의 세부적 파악에 집중하여 작품이 주는 전체적 효과를 소홀히 하는 결과를 초래함

체크 포인트

의도 비평
• 작품을 이해하기 위해 작가의 의도와 계획을 파악하는 것으로, 작품 속에 작가의 의도가 어떤 방식으로 반영되어 있는지, 또는 그 방식이 성공적인지 등을 비평한다.
• '의도(Intention)'란 작가의 마음속에서 지속되는 '어떠한 것'을 의미하는 심리적 용어이며, 의도는 곧 작가의 상상 활동의 목적이 된다.
• 작가의 의도는 작업을 수행하는 동안 수없이 변화할 수 있으므로, 명확한 의도를 알아내는 데는 한계가 있다.

4 구조주의 비평 기출 21

(1) 개념
① 구조주의 비평(Structuralist criticism)은 언어학을 모델로 하여 문학작품을 연구·분석
② 소쉬르(F. Saussure)의 방법과 통찰을 문학에 적용하면서 번성함
③ 문학작품을 문학 외적 요인들과 무관하게 자족적 구조로 이루어진 하나의 사회 제도 또는 기호 체계로 간주함
④ 의미 자체보다 의미가 만들어지는 방식에 초점을 둠
⑤ 작품의 역사성을 배제하고, 작품의 현재성 및 작품 구조 파악을 목표로 함
⑥ 하나하나의 작품을 언어학자들의 문학적 랑그(Langue : 관습적 언어 체계)에 속하는 법칙에 의해 형성된 파롤(Parole : 실제로 발음되는 언어의 측면)의 실례로 간주, 문학작품 자체를 중시하는 작품 중심주의
⑦ 문학작품 속에 내재된 구조를 밝힘으로써 구조적 전체 속에서 이루어지는 각 부분의 관계를 파악할 수 있으며, 이를 통해 작품을 더욱 깊이 있게 이해할 수 있다고 주장 기출 25
⑧ 심층적 구조를 밝힘으로써 보편적 법칙을 발견하며, 이를 근거로 다양한 현상들을 파악하려는 시도임

(2) 주요 학자
① **소쉬르(F. Saussure)** : 언어를 '기표(시니피앙, Significant)'와 '기의(시니피에, Signifié)'의 결합물로 보고, 의미 차원을 배제하고 기호 차원으로 접근함
② **레비스트로스(Claude Lévi-Strauss)** : 소쉬르의 언어관을 수용하고 야콥슨의 음성학적 분석 모형을 더함
③ **피아제(J. Piaget)** : 구조를 세 가지 기본적 특성, 전체성, 변환성, 자동조절성을 가지고 있다고 봄
④ **야콥슨(R. Jacobson)** : 시에서는 기호와 지시 대상 사이의 일반적 관계가 깨지며, 기호 자체가 가치 대상으로서의 독립성을 갖게 된다고 봄
⑤ **무카로브스키(J. Mukarovsky)** : 자율적 기호의 개념을 정리하며, 기호는 실재하는 대상이나 상황을 반드시 지시해야 하는 것은 아니며, 현실에 관해 간접적·비유적 의미를 가져도 상관없다고 주장함
⑥ **롤랑 바르트(R. Barthes)** : 이야기체 문학작품의 층위를 기술 단위의 층위, 행위 단위의 층위, 서술의 층위로 분류하고, 문학작품에 대해 기호학적인 구조 분석을 시도함

(3) 의의 및 한계 기출 23
① 문학작품의 자율성을 확보할 수 있으며, 문학작품이 문학 외적인 것으로 환원되는 것을 막을 수 있음
② 공시적 관점에만 관심을 집중시키기 때문에 역사적 변화를 도외시함
③ 전체적인 구조에 집중하기 때문에 작품의 개성과 가치를 무시함
④ 구조주의 비평에서 말하는 '구조'는 매우 추상적이고 관념적이어서 문학의 질을 형성하는 모든 특수한 것들을 소홀히 다룸

5 사회 · 문화적 비평

(1) 개념
① 사회·문화적 배경과 관련하여 문학작품을 연구·분석하는 것으로, 문학사회학 또는 사회학적 비평이라고도 함
② 문학작품을 사회·문화적 요인의 복잡한 상호 관계의 반영이나 결과로 보고, 문학작품과 시대적 배경, 사회 현실과의 관련성에 초점을 둠
③ 문학과 사회 제도, 작가의 사회적 지위, 문학적인 소재로서의 사회의 여러 양상, 문학의 전달과 공급 같은 문제를 주요 과제로 삼음
④ 사회 계층 간의 갈등이 작품을 낳는 충동으로 보며 작품은 그 갈등을 해결하는 것을 중요한 핵심으로 삼기도 함
⑤ 실증적이기보다 이념적이며 이데올로기를 내세우기도 함
⑥ 사회적 여건이 작가에게 결정적인 영향을 미친다는 입장으로 작가의 전기나 작품의 장르, 언어, 전달 방식 등에는 관심이 없음

(2) 주요 학자
① 골드만(L. Goldmann) : 프로이트, 마르크스, 루카치, 헤겔의 이론들을 발생 구조라는 틀에서 보고, 이를 종합하며 문화사회학을 개척함
② 루카치(G. Lukács) : 마르크스의 총체성(Totality) 개념을 미학에 대입시킴으로써 '사회주의 리얼리즘'의 기본 이론을 정립함

(3) 의의 및 한계 기출 24
① '작가의 사회학, 독자의 사회학, 작품의 사회학'이라는 영역을 개척함
② 작품 수용의 이해와 설명을 등한시함
③ 문체, 이미지, 상징 등에 대한 이해 및 설명이 부족하다는 단점이 있음

(4) 마르크스주의 비평

① 문학에 대한 사회학적 접근에서 가장 두드러진 방법
② 유물사관에 입각하여, 문학을 사회주의 건설을 위한 계급 투쟁의 표현 및 수단으로 간주
③ 무산자 계급의 투쟁 현실을 반영(사회주의 리얼리즘)하여 투쟁의 사상·행동·감정 등을 얼마나 잘 그려냈는지, 무산자의 승리를 예견하고 보장하는 것으로 잘 형상화되었는지에 따라 문학 가치를 평가함
④ 훌륭한 예술은 그 사회의 관례를 초월하는 것이라고 주장함
⑤ 테느(H. A. Taine)의 '문학결정의 3요소'에 경제적 요소를 첨가함
⑥ 예술이 물질·경제적 생산에 의해 결정된다는 경직된 목적의식을 가지고 있고, 예술로서의 문학에 소홀한 채 공허한 관념에 사로잡힐 가능성이 높다는 한계가 있음

6 정신분석학적 비평 기출 24, 23, 22

(1) 개념 기출 25

① 정신분석학적 비평(Psychoanalytic criticism)은 프로이트의 정신분석학을 작품 분석의 틀로 사용하는 비평 방식으로, 심리주의 비평이라고도 함
② 작가의 창작 심리, 문학작품의 내적 심리, 독자 심리 등의 영역을 인간의 심층 심리, 의식의 흐름, 리비도, 꿈 이론, 콤플렉스, 자동기술법 등의 방법으로 해명함
③ 문학작품 속에 나타난 의미나 무의식적 의도를 설명해 주는 상징(Symbol)과 언어의 가치를 중시함
④ 작품에 나타난 인물의 성격이나 작가의 개인적 상징을 분석하고, 작가의 정신 상태를 작품을 통해 분석하며, 작품이 독자에게 주는 심리적 영향을 파악하기도 함

(2) 주요 학자

① **프로이트(S. Freud)** : 인간의 심리 구조를 '자아(Ego)', '초자아(Superego)', '무의식(Id)'으로 분류하고, 이를 '리비도(Libido)'와 관련시켜 설명함
② **리드(H. Read)** : 작품 비평의 척도로서 '도그마' 설정의 중요성을 강조함
③ **라캉(J. Lacan)** : 프로이트의 정신분석학에 구조주의 언어학을 첨가함
④ **홀랜드(N. Holland)** : 독자들은 같은 작품을 각각 다르게 해석하고 자기만의 환상을 투사한다고 주장하며 독자 중심의 정신 분석 비평을 제시함

(3) 의의 및 한계
① 다른 방법론으로는 설명하기 어려운 작가의 창작 심리나 독자의 수용 반응 등에 대한 해명 및 작품의 주제나 상징적 요소에 대한 규명 등에 효과적임
② 작품에 대한 미적 가치 규명에 적절한 방법이 되지 못함
③ 심리학에 근거하여 신경증이나 콤플렉스 등의 심층 심리에 바탕을 두고 작품을 분석하므로 엉뚱한 해석에 도달할 위험성이 존재함

연습문제

문학비평방법론과 학자가 바르게 연결된 것은?
① 신화·원형 비평 – 존 랜섬(J. C. Ransom), 테이트(A. Tate)
② 구조주의 비평 – 프라이(N. Frye), 보드킨(M. Bodkin)
③ 형식주의 비평 – 골드만(L. Goldmann), 루카치(G. Lukács)
④ 정신분석학적 비평 – 라캉(J. Lacan), 홀랜드(N. Holland)

해설 존 랜섬과 테이트는 신비평 학자이고, 프라이와 보드킨은 신화·원형 비평 학자이고, 골드만과 루카치는 사회·문화적 비평학자이다.
정답 ④

제7장 비교문학론

제1절 비교문학의 의의

1 비교문학의 본질

(1) 개념 기출 25, 23

① 비교문학(Comparative literature)이란 과학적 가치를 수용하여 여러 작품 사이에 존재하는 차이점과 유사점을 밝히고, 작품의 영향·차용 등을 밝혀냄과 동시에 한 작품을 다른 작품으로 설명하는 것을 가능하게 하는 문학 연구법
② 프랑스 학자들이 자국의 국문학사를 기록하는 과정에서 작품의 외국적 기원 및 외국에 미친 작품의 영향 관계를 실증적인 방법으로 연구하는 데서 비롯됨
③ 단순히 두 개의 문학을 비교하는 것이 아니라 그 이상의 뚜렷한 목적을 수행하기 위한 연구 방법임
④ 최소한 두 민족 이상의 문학을 비교해야 하며, 비교되는 문학은 각각의 독자성 및 영향 관계, 상호작용 등이 뒷받침되어야 함

(2) 관점에 따른 비교문학론

① **비교문학을 국문학사의 일부로 보는 관점**: 한 국가의 문학이 다른 국가에 미친 영향 관계를 연구하는 것
② **비교문학을 독자적 영역으로 보는 관점**: 문학을 세계적인 시야에서 바라보며 일반문학 또는 세계문학이 지닌 보편성을 찾아내고, 그 보편성에 입각하여 각국의 문학적 특질을 밝혀내는 것
③ **비교문학의 범주를 문학 밖으로 넓히는 관점**: 문학을 예술, 철학, 역사, 종교, 사회, 과학 등의 인접 학문과의 관계 속에서 다루는 것

2 주요 학자

(1) 실증적 경향 – 프랑스 학파
　① 방 티겜(P. V. Tieghem) 기출 21
　　㉠ 비교문학은 본질적으로 여러 나라의 문학작품을 다루고 그 상호 관련을 연구하는 것이라고 보며, 각양각색의 문학작품을 상호 관계에 따라 연구함
　　㉡ 다양한 문학을 그 상호 연관성에 의해 연구하는 것을 비교문학의 목적으로 봄
　　㉢ 비교문학을 문학사의 일부로 봄
　　㉣ 비교문학의 고유 분야는 근대 문학 상호 간의 연구이며, 단지 차이점과 유사점을 밝히는 것은 문학사적 가치가 없고 영향·차용 관계를 밝히는 것이 중요하다고 봄
　② 귀야르(M. F. Guyard) 기출 23
　　㉠ 비교문학의 가장 가치 있는 장래 분야는 어떤 시대의 한 나라에서 행해진 타국의 심상을 정확히 서술하는 것이라는 입장
　　㉡ 비교문학은 문학을 대상으로 한 사회학의 연구이며, 단순한 '비교'가 아닌 국제 간의 문학적 관계의 역사라고 주장함
　③ 장 마리 카레(J. M. Carre)
　　㉠ 비교문학은 작품 자체가 지닌 가치를 본질적으로 고찰하는 것이 아니라, 각 나라 또는 각 작가가 다른 작품을 어떻게 변형·차용했는지를 보는 것이라는 입장
　　㉡ 비교문학을 국제 간의 정신적 관계에 대한 연구라고 봄
　　㉢ 유사성의 연구보다는 존재했던 사실의 상호 관계를 연구하는 것을 중요시함

(2) 총체성을 강조하는 경향 – 르네 웰렉(R. Wellek) 기출 23
　① 비교문학의 영역을 문학사에 한정하지 않고, 역사·이론·비평 등을 포괄하는 범위로 넓히고자 함
　② 국민문학도 이념적인 면에서 문학 총체의 연구로부터 분리되어서는 안 된다고 여김

(3) 절충적 경향 – 바이스슈타인(U. Weisstein), 레마크(H. H. Remak)
　① **바이스슈타인**: 사실 관계의 연구만을 기초로 한 비교문학의 정의가 지나치게 타당성이 없다면 그 정반대의 주장, 즉 사실 관계를 무시하고 단순한 유사성을 존중하는 입장도 과학적으로 정당하지 못하다고 주장함
　② **레마크**: 비교문학의 영역에는 한 나라의 문학과 다른 나라 또는 수 개국 문학과의 비교 이외에 문학과 다른 지적 영역, 즉 회화·조각·건축·음악 등의 예술은 물론 철학·역사·사회·과학·종교 등과의 관계에 대한 연구도 포괄되어야 한다고 주장함

연습문제

비교문학에 대한 설명으로 옳지 않은 것은?

① 과학적 가치를 수용하여 여러 작품 사이에 존재하는 차이점과 유사점을 밝힌다.
② 작품 간의 영향을 밝히고 한 작품을 다른 작품으로 설명하는 것을 가능하게 한다.
③ 프랑스 학자들이 작품의 영향 관계를 실증적인 방법으로 연구하는 데서 비롯되었다.
④ 단순하게 두 개의 문학을 비교하는 것도 비교문학의 영역에 포함된다.

해설   비교문학은 단순히 두 개의 문학을 비교하는 것이 아니라 그 이상의 뚜렷한 목적을 수행하기 위한 연구 방법이다. 최소한 두 민족 이상의 문학을 비교해야 하며, 비교되는 문학은 각각의 독자성 및 영향 관계, 상호작용 등이 뒷받침되어야 한다.

정답   ④

제2절 비교문학의 이론 및 방법

1 문학의 분류

(1) 일반문학과 비교문학

① **일반문학**
  ㉠ 문학 자체가 지니는 미학적·심리학적 측면에 대한 연구임
  ㉡ 공동체를 형성하는 여러 나라와 지역의 공통 문학으로, 각 나라의 자국 문학과는 다름
  ㉢ 문학사의 발전과 무관하고, 세계문학사가 곧 일반문학사는 아님
  ㉣ 가장 폭넓은 국제적 안목으로 가장 짧은 시간에 가장 제한된 명제를 연구하는 것임

② **비교문학** 기출 23
  ㉠ 다양한 문학을 그 상호 연관성에 대해 연구하는 것을 목적으로 함
  ㉡ '비교'란 작품의 구체적 인과관계, 즉 외국 작가의 수용, 외국에 미친 자국 작가의 영향, 작품에 나타나는 외국적 원천 등임
  ㉢ 다양한 근대 문학을 관련짓는 연결고리를 종합하는 것임
  ㉣ 국민문학을 기반으로 한 상호 연관성 연구라고 할 수 있음

(2) 국민문학과 세계문학

① **국민문학** 기출 23
　㉠ 어느 한 나라의 문학을 지칭하는 것으로, 비교문학의 기반이 되는 여러 단위의 표시임
　㉡ 한 나라의 국민성 또는 국민문화를 표현한 문학, 또는 근대 국가의 성립에 따라서 창작된 문학임
　㉢ 일반적으로 영국 문학, 프랑스 문학, 러시아 문학, 일본 문학 등으로 구분하고, 그 종합 또는 대립 개념이 세계문학임

② **세계문학**
　㉠ 국민문학(國民文學)에 대응하는 말
　㉡ 괴테가 국제적으로 서로 영향을 미치는 문학에 대한 명칭으로 사용하기 시작함
　㉢ 범세계적(汎世界的)이고 보편적인 인간성을 추구하고, 초시대적으로 애독됨
　㉣ 상호 관련 없이 축적된 각 국민문학 작품들을 세계적 규모의 통일된 유기체로서 일정한 역사관, 문학관에 의해 재평가를 시도함

2 비교문학의 영역 : 방 티겜(P. V. Tieghem) 기출 24, 22

(1) 발신자 연구
① 작가의 성공, 운명, 영향의 역사를 탐구하는 것으로, 명성론이라고도 함
② 한 작가가 국경을 넘어 다른 나라에 어떠한 영향을 주었는지 연구함
③ 한 작가나 문학의 한 그룹(또는 유파)이 외국에 미친 영향과 성공을 연구함

(2) 수신자 연구
① 도착점인 수용자로부터 출발점인 발신자를 발견하는 것으로, 원천론이라고도 함
② 도착점으로서의 한 작가, 작품, 사상 등을 대상으로 함
③ 원전 속에 숨어 있는 선인에 대한 모방, 차용, 표절의 흔적을 밝혀 작가의 제작 비밀에 도달하는 것임

(3) 송신자 연구
① 전달을 중개하는 개인, 단체, 원작의 모방, 번역을 연구하는 것으로, 중개론이라고도 함
② 외국 문학의 소개 및 그 이해를 쉽게 하는 역할은 매개자를 통해 이루어짐
③ 문학의 전파와 채용을 용이하게 하는 중개에 대한 연구로, 중개론의 대상으로는 '개인들에 의한 중개', '사회적 환경에 의한 중개' 등이 있음

(4) 이행 연구
① '이행'의 정의 : 문학이 언어적 국경을 넘어 운반되는 것을 '이행(移行)'이라고 하며, 물질적·심리적 요소를 포함함
② 연구 영역
　㉠ 이행 그 자체 : 운반되는 대상에 대한 검토(문학의 장르, 주제, 사상 등)
　㉡ 이행 양상 : 작품이 미친 영향 또는 모방(발신자 입장), 작가 또는 작품의 원천 탐구 등(수신자 입장)을 연구 대상으로 함

3 비교문학의 방법

(1) 일반적 방법
비교문학은 일정한 형식이나 독자적 접근 방식이 없고, 모든 접근 방식을 인정함
① 이식(移植) 이론
　㉠ 발생학적인 문학 간의 충동을 통해 문학 현상을 설명하는 것
　㉡ 비교는 사실 관계에 한정하고, 실증 가능한 영향의 연구에 집중함
　㉢ 영향 관계를 추적, 조사, 연구하는 방법에 초점
② 영향(影響) 연구
　㉠ 비교문학의 주된 방법
　㉡ 문학을 빙자한 사회학 또는 역사학이라는 평가를 받음
　㉢ 소수의 특성 및 작품에 지나치게 의존하는 경향이 있음
③ 유사성(類似性) 연구
　㉠ 미학적 관심이 높아짐에 따라 '영향' 대신 '유사성이나 친화력' 등을 나타내는 연구가 지지받음
　㉡ 연관 없는 두 작품에서 보이는 문체, 구조, 어법, 사상 등의 동일성을 연구함
　㉢ '대조'는 미학적 분석에 대한 기회 및 예술 창조 과정에 대한 통찰력을 제공함
　㉣ 가치 개념에 지나치게 의존하는 경향이 있어 객관성이 떨어진다는 한계가 있음

(2) 영향의 범주 기출 23, 21

영향	• 발신자에게서 영향을 받은 수신자의 본래 면모가 변화되는 것임 • 발신자의 힘은 수신자에게 영속적·무의식적으로 미침 • 내적 영향: 영향이 작품 그 자체 속에 나타나 있는 것 • 외적 영향: 직접 고백과 간접 고백
모방	• 수신자가 발신자를 의식적으로 닮고자 하는 것임 • 일반적으로 수신자가 특별히 선호하는 발신자가 있을 때 일어남 • 대개 습작기의 작가가 자기의 것이 형성되기 이전에 있는 것으로, 비교적 단기간이라는 특징을 가짐
표절	• 의식적·의도적으로 발신자의 원작을 이용하는 것임 • 불순한 동기에서 나온 행위로, 수신자는 고의로 은폐함
암시	• 창작의 계기가 발신자에 의해 마련되는 경우를 의미함 • 수용자와 발신자의 상호 관계는 동기 정도에서 그쳐야 함 • 의도가 강하지 않으므로 영향으로 볼 수 있음
번안 기출 22	• 타인의 것을 가져다 쓴다는 점에서 모방과 공통점을 가지지만, 원작에 글쓴이의 창의성이 첨가된다는 차이점이 있음 • 원작을 얼마나 잘 이용하여 창조하였는가에 중점을 둠
차용	• 수신자가 필요한 부분을 빌려 쓰는 것임 • 빌려 왔음을 밝힌다는 점에서 표절과 다름

연습문제

영향의 범주에 대한 설명으로 옳지 않은 것은?

① 차용은 수신자가 필요한 부분을 빌려 쓰는 것으로, 빌려 왔음을 밝힌다는 점에서 표절과 다르다.
② 번안은 원작을 얼마나 잘 이용하여 창조하였는가에 중점을 둔다.
③ 암시는 창작의 계기가 발신자에 의해 마련되는 경우를 의미한다.
④ 모방은 수신자가 발신자를 의식적으로 닮으려 하는 것으로, 비교적 장기간 이루어진다.

해설 모방은 대개 습작기의 작가가 자기의 것이 형성되기 이전에 있는 것으로, 비교적 단기간이라는 특징을 갖는다.

정답 ④

우리 인생의 가장 큰 영광은 결코 넘어지지 않는 데 있는 것이 아니라
넘어질 때마다 일어서는 데 있다.

– 넬슨 만델라 –

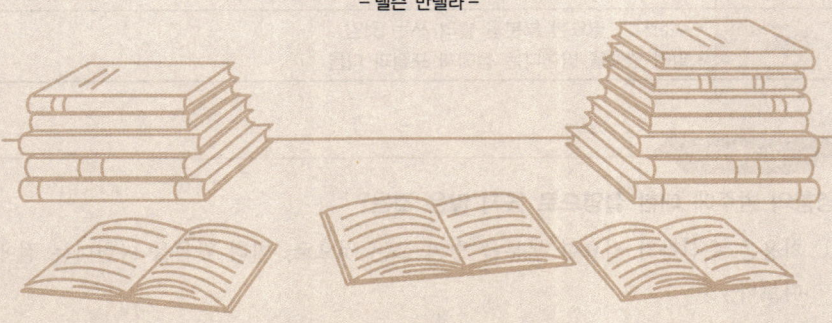

문학개론

적중모의고사

- **제1회** 적중모의고사
- **제2회** 적중모의고사
- **제3회** 적중모의고사
- **제4회** 적중모의고사
- **제5회** 적중모의고사
- **제6회** 적중모의고사
- **제7회** 적중모의고사
- **제8회** 적중모의고사
- **제9회** 적중모의고사
- **제10회** 적중모의고사

얼마나 많은 사람들이 책 한 권을 읽음으로써 인생에 새로운 전기를 맞이했던가.

– 헨리 데이비드 소로 –

제1회 적중모의고사 | 문학개론

제한시간: 50분 | 시작 ___시 ___분 – 종료 ___시 ___분

정답 및 해설 161p

01 문학의 기원설에 대한 설명으로 옳은 것은?
① 발생학적 기원설은 원시종합예술에서 문학예술이 기원했다는 학설이다.
② 발라드 댄스설은 헌, 그로세, 매켄지 등이 주창했다.
③ 자기표현본능설은 몰튼이 주창했다.
④ 흡인본능설은 남을 끌어들이려는 인간의 흡인 본능에서 문학예술이 기원했다는 학설이다.

02 다음에서 설명하는 문학의 기능은 무엇인가?

> 플라톤은 시인은 부도덕하고 무가치한 허상을 모방하며 진실을 가리므로 추방되어야 한다고 주장했다.

① 교시적 기능
② 쾌락적 기능
③ 표현적 기능
④ 존재론적 기능

03 문학의 특질에 대한 설명으로 옳지 않은 것은?
① 언어를 매체로 하는 예술이다.
② 미적으로 정화된 정서와 사상의 표현이다.
③ 문학 요소들이 내용과 형식의 이분법적 구조에서 재창조된다.
④ 작가의 사상과 감정을 수정하고 종합하는 상상력의 과정이다.

04 문학적 언어의 특성으로 적절하지 않은 것은?
① 함축적 표현
② 심미적 추상화
③ 비유적 표현
④ 내포적 언어

05 문학 장르에 대한 설명으로 옳지 않은 것은?
① 작품 형성 원리와 공통적 질서에 따라 장르를 구분한다.
② 장르 구분은 문학 이론 성립에 중요한 역할을 한다.
③ 아리스토텔레스는 운문 문학과 산문 문학으로 분류한 2분법을 제시했다.
④ 시, 소설, 수필, 희곡, 평론으로 나누는 5분법 장르 구분법도 있다.

06 다음 괄호 안에 들어갈 말로 알맞은 것은?

> • ( )은 문학적 언어가 작용하는 측면 곧 '안'과 '밖'의 반대 방향에서 서로 당기는 힘을 의미한다.
> • A. 테이트는 과거 학자들이 시의 내포 의미만을 강조한 것을 비판하고, 외연과 내포의 ( ) 관계를 중요시해야 한다고 주장했다.

① 충동
② 함축
③ 긴장
④ 치환

07 다음 시에 쓰인 중심 수사법은?

> 내 마음은 호수요,
> 그대 노 저어 오오.
> 나는 그대의 흰 그림자를 안고, 옥같이
> 그대의 뱃전에 부서지리라.
>   - 김동명, 「내 마음은」

① 직유법
② 은유법
③ 의인법
④ 대유법

08 "비둘기는 평화를 상징한다."라는 문장에 나타난 상징은?

① 알레고리컬 상징
② 자연적 상징
③ 창조적 상징
④ 제도적 상징

09 심상에 대한 설명으로 옳지 <u>않은</u> 것은?

① 시를 읽을 때 마음속에 구체적으로 떠오르는 인상이다.
② 모든 시가 이미저리(Imagery)의 패턴을 포함하는 것은 아니다.
③ 시각, 청각, 촉각, 미각, 후각 등 감각적인 언어를 사용한다.
④ 시적 상황을 구체적이고 생생하게 전달한다.

10 다음 작품에 나타난 음보율은?

> 태산이 높다 하되 하늘 아래 뫼이로다.
> 오르고 또 오르면 못 오를 리 없건마는
> 사람이 제 아니 오르고 뫼만 높다 하더라.
>   - 양사언, 「태산이 높다 하되」

① 3음보
② 4음보
③ 5음보
④ 6음보

11 밑줄 친 부분 중 같은 의미끼리 연결되지 <u>않은</u> 것은?

> 어두운 방 안엔
> 바알간 숯불이 피고,
>
> 외로이 늙으신 할머니가
> 애처로이 잦아드는 ㉠ 어린 목숨을 지키고 계시었다.
>
> 이윽고 ㉡ 눈 속을
> 아버지가 ㉢ 약을 가지고 돌아오시었다.
>
> 아 아버지가 ㉣ 눈을 헤치고 따 오신 그 붉은 ㉤ 산수유 열매 —
>
> 나는 한 마리 ㉥ 어린 짐생,
> 젊은 아버지의 서느런 옷자락에 열로 상기한 볼을 말없이 부비는 것이었다.
>
> 이따금 뒷문을 ㉦ 눈이 치고 있었다.
> 그날 밤이 어쩌면 성탄제의 밤이었을지도 모른다.
> — 김종길, 「성탄제」

① ㉠과 ㉥ ② ㉡과 ㉦
③ ㉡과 ㉣ ④ ㉢과 ㉤

12 다음에서 설명하는 문학 장르는?

> • 주로 용감한 기사들의 무용담이나 사랑, 모험 등의 이야기를 다룬다.
> • 「아서왕 이야기」, 「샤를마뉴 이야기」 등이 대표적인 작품이다.

① 소설(Novel)
② 로망스(Romance)
③ 서사시(Epic)
④ 이야기(Story)

13 소설의 주제에 대한 설명으로 옳지 <u>않은</u> 것은?

① 작가는 작품의 주제를 드러내기 위해 작품 속에 갈등 양상을 제시한다.
② 소설은 개인의 내면세계에서 진행되는 갈등의 양상에 주목한다.
③ 작가의 가치관, 인생관, 세계관이 작가의 설명으로 구현된다.
④ 작품 속에 구체적으로 나타내려는 작가의 의도 또는 작품의 핵심적 의미이다.

14 다음에서 설명하는 소설의 구성(Plot) 단계는?

> 갈등이 고조되고 심화되는 부분으로, 사건의 극적 반전이나 새로운 사건이 발생하며 절정 단계를 유발시킨다.

① 전개   ② 위기
③ 절정   ④ 결말

15 소설의 플롯(Plot) 유형에 대한 설명으로 옳은 것은?

① 양귀자의 「원미동 사람들」, 박태원의 「천변풍경」은 옴니버스 구성이다.
② 액자형 플롯은 주제는 같으면서 각각 독립된 이야기를 하나의 구조에 엮은 것이다.
③ 피카레스크는 연작 소설, 시리즈 소설이라고도 한다.
④ 김동인의 「배따라기」는 피카레스크 구성이다.

16 소설의 문체에 대한 설명으로 옳지 <u>않은</u> 것은?

① 소설 문장에 나타난 작가의 개성을 말한다.
② 소설의 미적 특질을 뒷받침한다.
③ 표현 기법의 차이는 문체의 차이를 만든다.
④ 어휘 선택이나 문장 길이는 문체와 관련이 없다.

17 다음에서 설명하는 소설의 시점(視點)은?

> • 인물의 초점과 서술의 초점이 일치한다.
> • 독자와의 정서적 거리를 단축시켜 독자에게 친근감과 신뢰감을 준다.
> • 등장인물의 내면세계를 제시하는 데 효과적이다.

① 1인칭 주인공 시점
② 1인칭 관찰자 시점
③ 3인칭 관찰자 시점
④ 전지적 작가 시점

18 다음 중 소설의 분류가 <u>잘못된</u> 것은?

① 제재의 성격에 따른 분류 : 역사 소설, 연애 소설, 농촌 소설, 과학 소설
② 예술성에 따른 분류 : 고급 소설, 통속 소설, 대중 소설
③ 창작 목적에 따른 분류 : 순수 소설, 계몽 소설, 참여 소설, 탐정 소설
④ 문예 사조에 따른 분류 : 실존주의 소설, 심리주의 소설, 사실주의 소설, 낭만주의 소설

19 다음에서 설명하는 이론을 주장한 학자는?

> "리처드왕은 사자다."라는 예문에서 비유를 형성하는 두 개의 관념, '리처드왕' 과 '사자'는 제각기 독자성을 가지는데, 이때 주지는 매체에 작용하고, 매체 또한 주지에 작용하므로 양자는 서로 역동적인 상관관계를 가진다.

① I. A. 리처즈(I. A. Richards)
② 휠라이트(P. Wheelwright)
③ 막스 블랙(Max Black)
④ 몰튼(R. G. Moulton)

20 정형시에 대한 설명으로 옳지 <u>않은</u> 것은?

① 시조와 가사는 대표적인 정형시이다.
② 시행이 리듬의 단위가 된다.
③ 외형적 형식이 매우 다양하다.
④ 주로 외형률을 갖추고 있다.

21 다음에서 설명하는 이론을 주장한 학자는?

> • 주지와 매체의 상호작용 관계는 비유의 본질이 될 뿐만 아니라 그 성격도 결정한다.
> • 주지와 매체가 비유로 성립하기 위해서는 두 관념 사이에 유추적 관계가 내포되어 있어야 하며, 유추적 관계는 상상력에 의해 발견되는 것이다.

① 막스 블랙(Max Black)
② I. A. 리처즈(I. A. Richards)
③ 휠라이트(P. Wheelwright)
④ 루카치(G. Lukacs)

22 다음 중 공감각적 이미지가 <u>아닌</u> 것은?

① 분수처럼 흩어지는 푸른 종소리
② 나비 허리에 새파란 초생달이 시리다
③ 접동새 소리 별 그림자
④ 피라미 은빛 비린내

23 다음 중 인물 유형이 <u>다른</u> 하나는?

① 「화수분」의 행랑아범
② 「흥부전」의 흥부
③ 「감자」의 복녀
④ 「상록수」의 영신

24 극적 소설에 대한 설명으로 옳지 <u>않은</u> 것은?

① 행동 소설과 연대기 소설의 종합이라고 할 수 있다.
② 인물이 사건을 일으키고 그 일련의 사건이 인물을 변화시킨다.
③ 인물과 사건 사이의 긴장 관계를 드러낸다.
④ 사건의 집중적 진행과 해결에 중점을 둔다.

25 뮤어(E. Muir)의 소설 분류에 대한 설명으로 옳지 <u>않은</u> 것은?

① 행동 소설은 스토리 중심의 소설이다.
② 본격적인 소설의 첫 단계는 행동 소설이다.
③ 성격 소설은 사건보다 인물에 초점을 둔다.
④ 연대기 소설은 성격 소설과 극적 소설의 이중적 효과를 지닌다.

26 다음 중 희곡 대사(臺詞)의 조건이 <u>아닌</u> 것은?

① 압축적
② 리얼리티
③ 성격 반영
④ 방백 활용

27 다음 괄호 안에 들어갈 말로 알맞은 것은?

> (   )은(는) 청춘의 글은 아니요, 서른여섯 살 중년 고개를 넘어선 사람의 글이며, 정열이나 심오한 지성을 내포한 문학이 아니다. (   )은(는) 흥미는 주지마는, 읽는 사람을 흥분 시키지 아니한다. (   )은(는) 마음의 산책이다. 그 속에는 인생의 향기와 여운이 숨어 있다.

① 시
② 소설
③ 수필
④ 희곡

28 다음 중 희곡 작품이 <u>아닌</u> 것은?

① 유진 오닐의 「밤으로의 긴 여로」
② 체호프의 「벚꽃 동산」
③ 카이저의 「칼레의 시민들」
④ 발자크의 「인간희극」

29 다음 괄호 안에 들어갈 말로 알맞은 것은?

> 배우와 관객(독자) 사이에 이루어지는 공공의 약속을 (　　)(이)라고 한다. 이는 희곡(연극)에서 전개되는 세계가 실제 현실은 아니나 실제 현실과 똑같다고 보는 것이다.

① 삼일치론
② 장(Scene)
③ 컨벤션(Convention)
④ 리얼리티(Reality)

30 다음 중 희곡과 소설의 공통점이 아닌 것은?
① 자아와 세계의 갈등으로 사건을 전개한다.
② 인물과 사건을 중심으로 한 줄거리가 있다.
③ 기승전결을 기본으로 작품이 구성된다.
④ 작가가 직접 개입·해설할 수 있다.

31 희곡에 대한 설명으로 옳지 않은 것은?
① 작품 길이, 인물 수, 장소·주제 설정 등에서 제약을 받는다.
② 작가가 직접 개입하여 해설할 수 없다.
③ 인물의 심리·정신세계를 묘사하는 데 제약을 받는다.
④ 삼일치론은 현대에서는 지켜지지 않는 경우도 있다.

32 다음 중 비극(悲劇)의 특징이 아닌 것은?
① 비극의 동기는 비극적 결함에서 비롯된다.
② 비극은 그 자체의 구조적 패턴을 지닌다.
③ 비극의 결말은 주요 인물의 파멸이다.
④ 비극의 골계미는 카타르시스를 생성한다.

33 다음 중 수필의 특성과 거리가 먼 것은?
① 자기고백적
② 심미적 비장함
③ 무형식의 형식
④ 유머와 위트

34 다음 중 수필의 10종설에 포함되지 않는 것은?
① 서한 수필
② 신변 수필
③ 개인 수필
④ 성격 수필

35 문학비평에 대한 설명으로 옳지 않은 것은?
① 완전한 하나의 작품으로서 완성된 텍스트가 비평 대상이다.
② 문학작품을 정의하고 그 가치를 분석하며 판단하는 것이다.
③ 작가의 지나친 상상력은 평가의 대상이 될 수 없다.
④ 문학비평은 해석, 감상, 평가의 과정을 거친다.

36 문학비평론과 이를 주장한 학자를 바르게 연결한 것은?

① 신비평 – 존 랜섬(J. C. Ransom), 프라이(N. Frye)
② 사회·문화적 비평 – 보드킨(M. Bodkin), 루카치(G. Lukács)
③ 역사·전기적 비평 – 생트뵈브(Sainte Beuve), 테느(H. A. Taine)
④ 신화·원형 비평 – 야콥슨(R. Jacobson), 골드만(L. Goldmann)

37 다음에서 적용한 문학비평 방법론은?

- 이육사의 「광야」는 천지개벽 순간의 '창세기'적인 시이다.
- 한용운의 「님의 침묵」은 '재생'의 패턴과 연결할 수 있다.

① 역사·전기적 비평
② 신화·원형 비평
③ 정신분석 비평
④ 구조주의 비평

38 문학을 바라보는 관점에 대한 설명으로 옳지 않은 것은?

① 모방론 : 작품과 현실 중심
② 존재론 : 작품과 사상 중심
③ 효용론 : 작품과 독자 중심
④ 표현론 : 작품과 작가 중심

39 비교문학에 대한 설명으로 옳지 않은 것은?

① 국민문학을 기반으로 한 상호 연관성 연구라고 할 수 있다.
② 비교문학은 일정한 형식이 없고 모든 접근 방식을 인정한다.
③ 다양한 문학의 상호 연관성에 대해 연구하는 것을 목적으로 한다.
④ 괴테가 국제적으로 서로 영향을 미치는 문학에 대한 명칭으로 사용하기 시작했다.

40 방 티겜(P. V. Tieghem)의 비교문학 영역에 대한 설명으로 옳지 않은 것은?

① 발신자 연구는 작가의 성공, 영향의 역사를 탐구하는 것이다.
② 송신자 연구는 전달을 중개하는 개인, 단체, 번역 등을 연구하는 것이다.
③ 수신자 연구는 수용자로부터 발신자를 발견하는 것이다.
④ 이행 연구는 운반되는 대상에 대한 검토로, 이행 자체를 연구하는 것이다.

제2회 적중모의고사 | 문학개론

제한시간: 50분 | 시작 ___시 ___분 - 종료 ___시 ___분

정답 및 해설 165p

01 문학 기원설과 이를 주창한 학자가 바르게 연결된 것은?
① 유희본능설 – 허드슨
② 자기표현본능설 – 스펜서
③ 흡인본능설 – 다윈
④ 모방충동설 – 칸트

02 다음 중 문학의 쾌락적 기능과 거리가 먼 것은?
① 무목적의 목적
② 미적 체험
③ 카타르시스
④ 시인추방론

03 문학의 구조에 대한 설명으로 옳지 <u>않은</u> 것은?
① 작품이 완전성을 지니기 위해서는 완벽한 언어 구조를 가져야 한다.
② 전체를 이루는 구성 성분들의 규칙적 완결성이 있다.
③ 문학 구조의 완결성을 위해 동적인 변화는 없어야 한다.
④ 내적인 법칙성을 유지하기 위한 자체 완결적 배타성이 있다.

04 문학적 언어에 대한 설명으로 옳지 <u>않은</u> 것은?
① 언어의 의미를 독자가 다양하게 해석할 수 있는 내포성을 지닌다.
② 구체적 형상화를 통해 독자가 인생의 진실을 체험하게 한다.
③ 표현적 묘사는 독특하고 개성적인 의미를 추구한다.
④ 문학적 진리는 상상력을 바탕으로 하므로 허구성을 지닌다.

05 문학의 기능에 대한 설명으로 적절하지 <u>않은</u> 것은?
① 구체적 형상화를 통해 삶의 진실을 제시한다.
② 문학활동은 불규칙한 경험에 새로운 질서를 부여하는 것이다.
③ 비평(批評)을 통해 작품을 접할 때 갖는 편견을 수정할 수 있다.
④ 작품의 보편성과 개성은 각각 독립성을 띠어야 한다.

06 문학 장르에 대한 설명으로 옳은 것을 〈보기〉에서 모두 고른 것은?

> 보기
> ㄱ. 교술양식은 작가의 경험, 생각을 서술하고 전달하는 문학으로 수필에 해당한다.
> ㄴ. 극양식은 인간의 행위를 눈앞에서 표현하는 양식이다.
> ㄷ. 작품 매체와 형태에 따라 운문과 산문으로 구분하기도 한다.
> ㄹ. 아리스토텔레스의 3분법은 근대 이후 변형되어 나라마다 독자적 장르를 이룬다.
> ㅁ. 한국 문학의 장르는 시, 소설, 수필, 희곡, 평론으로 구분하는 5분법이 주된 이론이다.

① ㄱ, ㄴ, ㄷ, ㄹ
② ㄱ, ㄴ, ㄷ, ㅁ
③ ㄱ, ㄴ, ㄹ, ㅁ
④ ㄴ, ㄷ, ㄹ, ㅁ

07 다음 시에서 사용된 이미지는?

> 지금 눈 내리고
> 매화 향기 홀로 아득하니
> 내 여기 가난한 노래의 씨를 뿌려라.
> — 이육사, 「광야」

① 공감각적 이미지
② 미각적 이미지
③ 촉각적 이미지
④ 후각적 이미지

08 다음 중 죽은 비유가 아닌 것은?

① 세월이 유수 같다
② 내 마음은 호수
③ 남자는 늑대
④ 앵두 같은 입술

09 다음 문장에 나타난 상징은?

> 매화는 절개를 상징한다.

① 원형적 상징
② 제도적 상징
③ 알레고리컬 상징
④ 자연적 상징

10 다음 시에 나타난 시적 표현이 아닌 것은?

> 얇은 사(紗) 하이얀 고깔은
> 고이 접어서 나빌레라.
>
> 파르라니 깎은 머리
> 박사(薄紗) 고깔에 감추오고
>
> 두 볼에 흐르는 빛이
> 정작으로 고와서 서러워라.
>
> 빈 대에 황촉불이 말없이 녹는 밤에
> 오동잎 잎새마다 달이 지는데,
>
> 소매는 길어서 하늘은 넓고
> 돌아설 듯 날아가며 사뿐히 접어 올린
> 외씨보선이여.
> — 조지훈, 「승무」

① 역설
② 은유
③ 반어
④ 시적 허용

11 시의 운율에 대한 설명으로 옳지 않은 것은?

① 시의 가장 기본적 구성 요소이다.
② 한국시에서 가장 많은 율격은 음성률이다.
③ 음수율은 일정한 음절수를 반복함으로써 형성된다.
④ 시 속에 표현된 말의 가락, 리듬감을 뜻한다.

12 소설의 특징적 요소로 '사실주의(Reality)'를 강조한 소설 기원설은?

① 고대 서사 문학에서 소설이 기원했다고 보는 견해
② 중세 로망스에서 소설이 기원했다고 보는 견해
③ 낭만주의의 반발로 소설이 출발했다고 보는 견해
④ 근대 사회의 발달로 소설이 출발했다고 보는 견해

13 로망스에 대한 설명으로 옳지 않은 것은?

① 과장되고 부풀린 삶을 그린다.
② 디플레이션 양식을 띤다.
③ 현실도피적이다.
④ 아이러니 형질이 없다.

14 소설의 플롯(Plot) 유형에 대한 설명으로 옳은 것은?

① 사건 구성에 따라 단일 구성과 복합 구성으로 분류할 수 있다.
② 중심 사건 수에 따라 평면적 구성과 입체적 구성으로 분류할 수 있다.
③ 액자형 플롯은 하나의 플롯 속에 또 하나의 플롯이 삽입된 유형이다.
④ 피카레스크는 명확한 계획 없이 여러 사건을 엮어서 묶어 놓은 플롯을 말한다.

15 다음 중 소설 문체의 요소가 아닌 것은?

① 서술(Narration)
② 묘사(Description)
③ 대화(Dialogue)
④ 구성(Plot)

16 인물(Character)의 유형에 대한 설명으로 옳지 않은 것은?

① 반동 인물은 주인공과 맞서 갈등을 일으키는 인물이다.
② 평면적 인물은 특정 사회 계층이나 직업, 세대를 대표하는 인물이다.
③ 개성적 인물은 특정 부류의 보편적 성격 대신 개인으로서 독자적 성격을 지닌다.
④ 입체적 인물은 소설의 전개에 따라 성격이 발전하고 변화하는 인물이다.

17 다음에서 설명하는 소설 분류는?

> • 손바닥만한 크기의 작품이란 뜻이다.
> • 콩트(Conte)라고도 한다.

① 단편(短篇)
② 중편(中篇)
③ 장편(掌篇)
④ 장편(長篇)

18 다음 중 희곡의 제약성과 관계가 없는 것은?

① 작품의 길이
② 등장인물의 수
③ 장소 설정
④ 주제 설정

19 희곡 인물(Character)에 대한 설명으로 옳지 않은 것은?

① 현재적 성격을 지니고 있다.
② 인물이 뚜렷하고 단순해야 한다.
③ 인물의 성격은 행동과 대화를 통해 드러난다.
④ 입체적·개성적 인물을 자주 등장시킨다.

20 다음에서 설명하는 희곡의 구성 단계는?

> 비극에서는 주인공의 파멸·불행을 이끌었던 세력이 강해지는 단계이며, 희극에서는 주인공에게 방해가 되었던 장애물이 제거되어 행복한 결말로 이어지는 단계이다.

① 상승   ② 정점
③ 하강   ④ 결말

21 다음 중 종류가 다른 희곡은?

① 소포클레스의 「오이디푸스 왕」
② 입센의 「인형의 집」
③ 셰익스피어의 「베니스의 상인」
④ 셰익스피어의 「리어왕」

22 수필에 대한 설명으로 옳지 않은 것은?

① 수필은 한 자유로운 마음의 산책이다.
② 수필은 대개 짧은 편이고 서사에 주력하지 않는다.
③ 수필은 느낌이나 체험을 생각나는 대로 쓴 글이다.
④ 수필은 문학의 한 장르로 수필가가 쓰는 글이다.

23 다음 중 수필의 10종설에 포함되지 않는 것은?

① 관찰 수필
② 철학적 수필
③ 신변 수필
④ 연단적 수필

24 문학비평에 대한 설명으로 옳지 <u>않은</u> 것은?

① 문학작품을 정의하고 그 가치를 분석하며 판단하는 것이다.
② 비평은 비평가의 객관적 판단력에 의존한다.
③ 문학비평의 영역은 작품, 대상, 작가, 독자이다.
④ 문학비평은 해석, 감상, 평가의 과정을 거친다.

25 다음에서 설명하는 문학비평 방법론은?

> 어떤 작품도 작가에 대한 지식이나 인물이 등장하게 된 배경으로서의 삶과 환경에 대한 지식 없이는 이해될 수 없다는 입장이다.

① 역사・전기적 비평
② 신화・원형 비평
③ 형식주의 비평
④ 정신분석 비평

26 의도의 오류에 대한 설명으로 옳지 <u>않은</u> 것은?

① 문학비평의 기준을 독자의 정서적 반응이나 영향에서 찾으려 한다.
② 작가의 의도를 파악하여 작품의 의미를 찾으려 할 때 생기는 오류이다.
③ 작품을 분석할 때 작가의 의도를 고려하는 것은 무의미하다는 입장이다.
④ 비어즐리(M. C. Beardsley) & 윔샛(W. K. Wimsatt)의 이론이다.

27 비교문학에 대한 설명으로 옳지 <u>않은</u> 것은?

① 다양한 근대 문학을 관련짓는 연결고리를 종합하는 것이다.
② 국민문학을 기반으로 한 상호 연관성 연구라고 할 수 있다.
③ 과학적 가치를 수용하여 여러 작품 간의 차이점・유사점을 밝힌다.
④ 문학 자체가 지니는 미학적・심리학적 측면에 집중한다.

28 다음 중 교시적 문학작품이 <u>아닌</u> 것은?

① 조세희의 「난장이가 쏘아올린 작은 공」
② 스토의 「톰 아저씨의 오두막집」
③ 이광수의 「흙」
④ 황순원의 「소나기」

29 문학과 문학 연구에 대한 설명으로 옳지 <u>않은</u> 것은?

① 문학은 예술의 범주에 포함된다.
② 문학작품은 인간의 정신과 정서를 대상으로 한다.
③ 문학 연구는 이론적 체계 및 과학적 정밀성이 바탕이 되어야 한다.
④ 문학 이론은 작품을 이해하는 방법이며 작품 그 자체는 아니다.

30 아리스토텔레스의 저서 『시학(詩學)』에 담긴 내용이 <u>아닌</u> 것은?

① 시인옹호론
② 카타르시스
③ 희곡의 삼일치론
④ 유희본능설

31 다음 중 한국시에서 가장 많이 나타나는 율격은?

① 음수율(音數律)
② 음보율(音步律)
③ 음성률(音聲律)
④ 음위율(音位律)

32 자유시와 산문시의 차이를 결정하는 요소는?

① 표현의 자유로움
② 운율의 유무
③ 심상의 유무
④ 시 정신(Poesie)의 유무

33 다음 괄호 안에 들어갈 말로 알맞은 것은?

> '군중 속에서 유령처럼 나타나는 얼굴들 / 까맣게 젖은 나뭇가지 위의 꽃잎들'에서 '군중 속 얼굴들'과 '나뭇가지 위의 꽃잎들'은 상관관계를 맺지 않고 각각 독립성을 유지하지만 동시에 두 이미지가 (   )되면서 새로운 의미를 생산하고 있다.

① 치환
② 병치
③ 대치
④ 비교

34 I. A. 리처즈(I. A. Richards)의 이론에 대한 설명으로 옳지 않은 것은?

① 주지는 시인이 본래 표현하고자 하는 사상, 정서 등의 주된 요소이다.
② 매체는 주지를 구체화하거나 변용, 전달하는 데 사용되는 보조관념이다.
③ 주지와 매체의 상호작용 관계는 비유의 본질이 된다.
④ 주지와 매체가 비유로 성립되려면 비교 관계가 성립되어야 한다.

35 소설과 희곡이 구별되는 중요한 요소는?

① 인물
② 사건
③ 플롯
④ 서술

36 희곡에서 전형적인 인물이 주로 등장하는 이유는?

① 소설과 달리 등장인물의 수가 제한되어 있으므로
② 다른 작품과 차별적인 작가의 개성을 드러낼 수 있으므로
③ 인생을 재현하는 극적 표현을 선명하게 부각시킬 수 있으므로
④ 희곡의 인물은 현재적 성격을 지니고 있으므로

37 다음 설명에 해당하는 문학 장르는?

- 워즈워스(W. Wordsworth) : (　　)은 (는) 넘쳐흐르는 감정의 자연스러운 표출이다.
- 포(E. A. Poe) : (　　)은(는) 아름다움의 운율적 창조이다.
- 허드슨(W. H. Hudson) : (　　)은(는) 상상과 감정을 통한 인생의 해석이다.
- 헤즐릿(Hazlitt) : (　　)은(는) 상상과 정열의 언어이다.

① 시　　　　② 소설
③ 수필　　　④ 희곡

38 비평 준거에 따라 내적 평가와 외적 평가로 분류할 수 있다. 다음 중 옳지 않은 것은?

① 내적 평가는 문학적 구조 및 방법을 연구한다.
② 내적 평가는 작가 생애나 작품 배경을 문학비평의 보조 자료로만 파악한다.
③ 외적 평가는 형식주의 비평, 신화주의 비평의 관점이다.
④ 외적 평가는 작품을 사회적 환경이나 역사적 배경 등에 비추어 비평한다.

39 다음에서 설명하는 문학비평 방법론은?

야콥슨(R. Jacobson)은 시에서는 기호와 지시 대상 사이의 일반적 관계가 깨지며, 기호 자체가 가치 대상으로서의 독립성을 갖게 된다고 본다.

① 구조주의 비평
② 신비평
③ 사회·문화적 비평
④ 신화·원형 비평

40 다음 소설의 시점은 무엇인가?

이번에도 점순이가 쌈을 붙여 놨을 것이다. 바짝바짝 내 기를 올리느라고 그랬음에 틀림없을 것이다. 고놈의 계집애가 요새로 들어서서 왜 나를 못 먹겠다고 고렇게 아르렁거리는지 모른다.
나를 전 감자 쪼간만 하더라도 나는 저에게 조금도 잘못한 것은 없다. 계집애가 나물을 캐러 가면 갔지, 남 울타리 엮는데 쌩이질을 하는 것은 다 뭐냐. 그것도 발소리를 죽여 가지고 등 뒤로 살며시 와서,
"얘! 너 혼자만 일하니?"
하고 긴치 않은 수작을 하는 것이다.
어제까지도 저와 나는 이야기도 잘 않고 서로 만나도 본척만척하고 이렇게 점잖게 지내던 터이련만 오늘로 갑작스레 대견해졌음은 웬일인가.
― 김유정, 「동백꽃」

① 1인칭 주인공 시점
② 1인칭 관찰자 시점
③ 3인칭 관찰자 시점
④ 전지적 작가 시점

제3회 적중모의고사 | 문학개론

제한시간: 50분 | 시작 ___시 ___분 – 종료 ___시 ___분

정답 및 해설 169p

01 다음에서 설명하는 문학 기원설은 무엇인가?

> • 문학예술은 실제 생활과 실용성에 의해 기원했다는 학설이다.
> • 헌(Hirn), 그로세(Grosse), 매켄지(Mackenzie) 등이 주창했다.

① 흡인본능설
② 자기표현본능설
③ 발생학적 기원설
④ 발라드 댄스설

02 문학의 교시적 기능에 대한 설명으로 옳지 않은 것은?

① 독자를 가르치는 방식이 강제적·규범적이지 않아야 한다.
② 작품은 독자들이 자신을 돌아보게 한다.
③ 구체적 형상화를 통해 삶의 진실을 제시한다.
④ 목적문학이나 선전문학이 여기에 해당한다.

03 다음 중 문학의 특질과 거리가 먼 것은?

① 언어 예술
② 정보 전달과 사실 표현
③ 재창조된 세계
④ 구조적 완결성

04 다음 괄호 안에 들어갈 말로 알맞은 것은?

> 작가는 작품의 독창성을 위해 필연적으로 글의 문장을 특수하고 개성적인 것으로 만드는데, 이처럼 문학적 목적을 위해 독특하게 구성되는 문장의 특수성 및 개성을 (　　)(이)라고 한다.

① 어조(語調)
② 문체(文體)
③ 변용(變容)
④ 운율(韻律)

05 시에 대한 설명으로 옳지 않은 것은?

① 아리스토텔레스는 시는 운율적 언어로 이루어진 모방이라고 정의했다.
② 시인의 정서, 감정, 사상 등을 형상화했다.
③ 시는 언어 예술로서 운율적·함축적 표현이 특징이다.
④ 인생, 자연, 일상에서의 느낌이나 체험을 생각나는 대로 쓴 글이다.

06 다음 중 시에 나타난 비유법으로 옳은 것은?

① 공중의 깃발처럼 울고만 있나니
   → 은유법
② 내 마음은 호수요. → 직유법
③ 흰 저고리 검정 치마 → 제유법
④ 먼 산이 나를 향해 손짓한다. → 의인법

07 다음 문장에서 사용된 수사법은?

> 인간은 빵으로만 살 수 없다.

① 직유법
② 은유법
③ 환유법
④ 제유법

08 다음 시에서 사용된 표현법은?

> 아아, 님은 갔지마는 나는 님을 보내지 아니하였습니다.
> 제 곡조를 못 이기는 사랑의 노래는 님의 침묵을 휩싸고 돕니다.
> — 한용운, 「님의 침묵」

① 반어
② 역설
③ 병치
④ 비유

09 시의 운율에 대한 설명으로 옳지 않은 것은?

① 외형률은 소리마디의 규칙적 반복이 외형적으로 드러난다.
② 대부분 현대시는 외형률을 갖춘다.
③ 내재율은 작품의 자유로운 형태 속에 내포된 운율 형태이다.
④ 내재율은 외형상 규칙성을 띠지 않는다.

10 밑줄 친 ㉠~㉣ 중 상징하는 것이 다른 하나는?

> 이것은 소리 없는 아우성
> 저 ㉠ 푸른 해원을 향하여 흔드는
> 영원한 노스텔지어의 ㉡ 손수건
>
> ㉢ 순정은 물결같이 바람에 나부끼고
> 오로지 맑고 곧은 이념의 푯대 끝에
> 애수는 백로처럼 날개를 펴다.
>
> 아아 누구인가?
> 이렇게 ㉣ 슬프고도 애닯은 마음을
> 맨 처음 공중에 달 줄을 안 그는
> — 유치환, 「깃발」

① ㉠
② ㉡
③ ㉢
④ ㉣

11 근대 사회의 발달로 소설이 출발했다고 보는 학자들이 최초의 근대 소설로 꼽은 작품은?

① 「아서왕 이야기(Arthur story)」
② 「샤를마뉴 이야기(Charlemagne story)」
③ 「파멜라(Pamela)」
④ 「돈키호테(Don Quixote)」

12 근대 소설의 갈등 구조 양상에 대한 설명으로 옳지 않은 것은?
① 개성적 삶과 상식적 삶의 대립
② 선한 자와 악한 자의 대립
③ 한 개인의 인간적 조건의 대립 구조와 대결
④ 도시적인 것과 비도시적인 것의 대립

13 소설의 구성 단계에 대한 설명으로 옳지 않은 것은?
① 전개 : 사건이 본격화되는 단계로, 이야기가 복잡하게 얽히고 갈등이 겉으로 드러난다.
② 절정 : 갈등이 심화되는 단계로, 사건의 극적 반전이나 새로운 사건이 발생한다.
③ 발단 : 이야기가 시작되는 단계로, 사건의 실마리가 나타난다.
④ 위기 : 갈등이 고조되면서 절정 단계를 유발시킨다.

14 다음에서 설명하는 플롯(Plot) 유형은?

- 동일한 등장인물과 동일한 배경이 반복되면서 각각 독립된 이야기가 존재한다.
- 양귀자의 「원미동 사람들」, 박태원의 「천변풍경」 등이 여기에 속한다.

① 복합 구성
② 액자형 플롯
③ 피카레스크
④ 옴니버스

15 소설의 인물 유형에 대한 설명으로 옳은 것은?
① 개성적 인물은 소설 전개에 따라 성격이 발전하고, 변화하는 인물이다.
② 입체적 인물은 언제든지 등장만 하면 쉽게 알아볼 수 있다.
③ 전형적 인물은 특정한 사회 계층이나 직업·세대를 대표하는 인물이다.
④ 입체적 인물은 환경의 변화에 영향을 받지 않는다.

16 다음 중 단편 소설의 특징과 거리가 먼 것은?
① 인생의 전면
② 통일성
③ 단일성
④ 한 인물에 초점

17 다음에서 설명하는 특징을 갖는 소설의 종류는?

- 경험적인 현실을 유일한 세계·가치로 인식한다.
- 객관적인 관찰을 통해 현실을 있는 그대로 표현한다.

① 낭만주의 소설
② 사실주의 소설
③ 실존주의 소설
④ 모더니즘 소설

18 희곡의 컨벤션(Convention)에 대한 설명으로 옳지 <u>않은</u> 것은?

① 배우와 관객(독자) 사이에 이루어지는 공공의 약속이다.
② 무대는 가공의 장소이지만 이것을 진짜 현실로 받아들인다.
③ 배우는 분장한 인물이지만 실제 인물로 인정한다.
④ 등장인물의 방백과 독백은 포함되지 않는다.

19 다음에서 설명하는 희곡의 구성 단계는?

> 극적 행동에 대한 관객의 흥미·주의를 집중시키는 단계로, 인물이 성장·변화·발전해야 하며 복잡화되어야 한다.

① 발단
② 상승
③ 정점
④ 하강

20 희극(喜劇)에 대한 설명으로 옳지 <u>않은</u> 것은?

① 풍자와 기지가 풍부하다.
② 비극에 비해 삶의 영역이 좁다.
③ 모순과 부조리에 대한 신랄한 비판의식이 담겼다.
④ 웃음 속에서 갈등을 해소하고 가치를 얻는다.

21 수필에 대한 설명으로 옳지 <u>않은</u> 것은?

① 어디에서나 소재를 구하고 제재를 정할 수 있다.
② 문학 장르 중 가장 개성이 강한 글이다.
③ 수필의 내용은 주관적이고 독백에 가깝다.
④ 수필은 신변잡기나 잡문을 포함한다.

22 문학비평의 영역에 대한 설명으로 옳지 <u>않은</u> 것은?

① 작품은 개성과 독창성을 지닌 미적 실체이다.
② 작가는 작품을 창조해내는 존재이다.
③ 독자는 작품을 평가하는 존재이다.
④ 자연과 우주 등을 대상으로 한다.

23 형식주의 비평, 구조주의 비평, 신비평과 연계되는 문학론은?

① 모방론
② 존재론
③ 효용론
④ 표현론

24 다음에서 설명하는 문학비평 방법론은?

> • '문학성'을 철저하게 그 언어적 조직과 일체화시켜 연구하고 분석한다.
> • 작품 자체를 강조하며, 상세한 기술과 분석에 초점을 둔다.

① 사회·문화적 비평
② 신화·원형 비평
③ 형식주의 비평
④ 정신분석 비평

25 비교문학에 대한 설명으로 옳지 않은 것은?

① 최소한 두 민족 이상의 문학을 비교해야 한다.
② 비교되는 문학 각각의 독자성보다 영향 관계를 밝히는 것에 초점을 둔다.
③ 과학적 가치를 수용하여 여러 작품 사이에 존재하는 차이점과 유사점을 밝힌다.
④ 한 작품을 다른 작품으로 설명하는 것을 가능하게 하는 문학연구법이다.

26 영향의 범주에 대한 설명으로 옳지 않은 것은?

① 모방은 불순한 동기에서 나온 행위로, 수신자는 이를 은폐한다.
② 번안은 원작에 글쓴이의 창의성이 첨가되는 것이다.
③ 암시는 창작의 계기가 발신자에 의해 마련되는 경우를 의미한다.
④ 차용은 수신자가 필요한 부분을 빌려 쓰고 밝히는 것이다.

27 문학과 문학 연구에 대한 설명으로 옳지 않은 것은?

① 문학은 창작된 작품을 일컫는다.
② 문학 연구는 문학작품을 대상으로 하는 연구 활동이다.
③ 문학 연구는 보편적 법칙을 지향한다.
④ 문학작품 자체를 떠나서 문학을 논할 수 없다.

28 문학작품을 하나의 유기체로 보는 관점에 대한 설명으로 옳지 않은 것은?

① 작품을 하나의 생물체로 파악한다.
② 형식과 내용을 따로 구분하여 논의하는 것은 오류라고 주장한다.
③ 주로 낭만주의 문학가들이 사용한 이론이다.
④ 작품을 하나의 자기 충족적 실체로 인식한다.

29 시에 대한 설명으로 옳지 않은 것은?

① 시는 객관적 사실보다 주관적 느낌·정서를 표현한다.
② 시는 4대 장르 중 가장 주관적이며 오래된 양식이다.
③ 시적 언어는 정확한 내용 전달에 실패하면 그 역할을 다하지 못한 것이다.
④ 시인은 언어의 지시적 의미 외에 상징적 의미를 부여한다.

30 밑줄 친 부분 중 시적 긴장(Tension)이 가장 강하게 나타난 시행은?

> 나 보기가 역겨워
> 가실 때에는
> ① 말없이 고이 보내 드리우리다.
>
> 영변(寧邊)에 약산(藥山)
> 진달래꽃
> ② 아름 따다 가실 길에 뿌리우리다.
>
> 가시는 걸음 걸음
> 놓인 그 꽃을
> ③ 사뿐히 즈려밟고 가시옵소서.
>
> 나 보기가 역겨워
> 가실 때에는
> ④ 죽어도 아니 눈물 흘리우리다.
> — 김소월, 「진달래꽃」

31 ㉠~㉢에 들어갈 알맞은 말을 차례대로 바르게 나열한 것은?

> • ㉠ : 음절 첫소리를 반복
> • ㉡ : 둘 이상의 시행에서 동일한 끝소리를 반복
> • ㉢ : 시행(詩行) 중간의 일정한 위치에 같은 소리를 반복

	㉠	㉡	㉢
①	두운	요운	각운
②	초운	결운	중운
③	두운	각운	요운
④	두운	각운	중운

32 다음 중 심상이 다른 하나는?

① 피부의 바깥에 스미는 어둠
② 동해 쪽빛 바람
③ 꽃처럼 붉은 울음
④ 매화 향기 홀로 아득하니

33 소설과 수필이 구별되는 중요한 요소는?

① 주제
② 제재
③ 형식
④ 비유

34 다음 중 인물 설정 방법이 다른 하나는?

① 보여주기(Showing)
② 해설적 방법
③ 직접 묘사
④ 전지적 작가 시점

35 문예 사조에 따른 분류가 다른 하나는?

① 사르트르의 「구토」
② 스타인벡의 「분노의 포도」
③ 카뮈의 「페스트」
④ 카프카의 「변신」

36 소설이 희곡에 미친 영향으로 옳은 것은?
① 소설의 '행동성'과 '성격'을 수용하여 극적 효과를 만들었다.
② 소설의 '묘사'를 수용하여 대사를 풍성하게 했다.
③ 소설의 플롯이 자유로운 희곡 구조의 형태에 통일성을 부여하였다.
④ 소설적 심리 세계와 내면 묘사가 자연주의 희곡에 반영되었다.

37 다음 중 희곡의 내용적 3요소가 <u>아닌</u> 것은?
① 사건
② 인물
③ 대사
④ 배경

38 다음 희곡들을 사조(思潮)에 따라 분류할 때, 어디에 속하는가?

> 유진 오닐의 「밤으로의 긴 여로」, 「털원숭이」, 뷔히너의 「당통의 죽음」, 「보이체크」, 카이저의 「칼레의 시민들」, 톨러의 「군집인간」, 스트린트 베리의 「꿈의 연극」

① 낭만주의극
② 사실주의극
③ 표현주의극
④ 서사극

39 다음 괄호 안에 들어갈 문학 장르로 알맞은 것은?

> • 몰튼(R. G. Moulton) : (   )은 인생의 서사시이다.
> • 허드슨(W. H. Hudson) : (   )은 인생의 해석이다.
> • 워렌 & 브룩스(R. P. Warren & C. Brooks) : (   )은 인물에 대하여 꾸며진 이야기이다.

① 시
② 소설
③ 수필
④ 희곡

40 다음에서 설명하는 문학비평의 평가 기준은?

> • 작품을 작가의 독특한 생각의 소산이라고 본다.
> • 작품을 주관적인 것으로 보는 방식의 하나로, 낭만주의 비평가들에 의해 주로 발전하여 제네바학파, 정신분석학적 비평가로 이어진다.

① 효용성
② 진실성
③ 독창성
④ 일관성

제4회 적중모의고사 | 문학개론

제한시간: 50분 | 시작 ___시 ___분 - 종료 ___시 ___분

정답 및 해설 173p

01 문학의 기능에 대하여 다음과 같이 주장한 인물은?

> 창조의 목적은 작가 자신의 만족을 위한 자유로운 상상의 유희이므로, 그 자체가 목적이 되고 완전성을 가지며 가치를 지닌다고 주장했다.

① 아리스토텔레스
② 플라톤
③ 칸트
④ 콜리지

02 문학의 쾌락적 기능에 대한 설명으로 옳지 않은 것은?

① 예술의 공통적인 본질은 '미(美)'를 매개로 한 쾌락의 추구이다.
② 플라톤은 시인옹호론을 주장하며 쾌락적 기능을 강조했다.
③ 문학은 예술가에 의한 상상적 창조물로 독자에게 감동과 즐거움을 준다.
④ 작가는 문학을 통해 현실에서는 불가능한 욕망이나 이상을 실현함으로써 억압된 욕망에서 해방될 수 있다.

03 다음 중 문학 구조의 특성이 아닌 것은?

① 유의적 형태
② 완결적 부동성
③ 자기 조정성
④ 완벽한 언어 구조

04 어조(語調)에 대한 설명으로 옳지 않은 것은?

① 비평가들은 '함축된 작자'로 비유한다.
② 글의 분위기를 조성한다.
③ 화자의 인간성을 드러낸다.
④ 문장 구조, 어휘 선택 방식은 어조를 결정하는 요소이다.

05 다음 중 시의 특성과 거리가 먼 것은?

① 언어 예술
② 정서·사상의 형상화
③ 압축적 형식미
④ 직접적 표현

06 다음 시에 나타나지 않는 이미지는?

> 물새는
> 물새라서 바닷가 바위 틈에
> 알을 낳는다.
> 보얗게 하얀
> 물새알.
>
> 산새는
> 산새라서
> 잎수풀 둥지 안에
> 알을 낳는다.
> 알락달락 알록진
> 산새알.
>
> 물새알은
> 간간하고 짭조름한
> 미역 냄새,
> 바람 냄새.
>
> 산새알은
> 달콤하고 향긋한
> 풀꽃 냄새,
> 이슬 냄새.
>
> 물새알은
> 물새알이라서
> 날갯죽지 하얀
> 물새가 된다.
>
> 산새알은
> 산새알이라서
> 머리꼭지에 빨간 댕기를 드린
> 산새가 된다.
> — 박목월, 「물새알 산새알」

① 시각적 이미지
② 후각적 이미지
③ 촉각적 이미지
④ 미각적 이미지

07 상징에 대한 설명으로 옳지 않은 것은?

① 추상적인 사물이나 관념을 구체적인 사물로 나타내는 것이다.
② 상징은 다른 의미를 함축한다는 점에서 은유의 일종이라 할 수 있다.
③ 상징은 원관념과 보조관념의 상관관계가 명확하다.
④ 상징은 상관성이 먼 상징어를 연결하여 의미를 확대하고 심화시킨다.

08 다음에서 설명하는 표현기법은?

> 모든 습관적 기법이나 고정관념, 이성 등의 영향을 배제하고 무의식의 상태에서 솟구쳐 오르는 그대로 기록하는 방법이다.

① 시적 허용
② 재문맥화
③ 장력 상징
④ 자동기술법

09 시의 운율에 대한 설명으로 옳지 않은 것은?

① 각운은 시행 중간의 일정한 위치에 같은 소리를 반복하는 형태이다.
② 같은 낱말, 구절, 행이 되풀이되며 음운이 첨가되거나 생략될 수 있다.
③ 현대시는 기본 율격의 변조를 사용하여 시의 리듬을 조성한다.
④ 복합 율격은 두 가지 이상의 율격 자질이 서로 얽혀 복잡한 율격 체계를 형성한다.

10 소설의 특성으로 옳은 것을 〈보기〉에서 모두 고른 것은?

> ── 보기 ──
> ㄱ. 서술성   ㄴ. 함축성
> ㄷ. 개연성   ㄹ. 보편성
> ㅁ. 상징성   ㅂ. 진실성

① ㄱ, ㄷ, ㄹ, ㅁ
② ㄱ, ㄷ, ㄹ, ㅂ
③ ㄱ, ㄹ, ㅁ, ㅂ
④ ㄷ, ㄹ, ㅁ, ㅂ

11 다음 시의 밑줄 친 부분 중에서 역설법이 사용된 것은?

> ① 매운 계절(季節)의 채찍에 갈겨
> 마침내 북방(北方)으로 휩쓸려 오다.
>
> 하늘도 그만 지쳐 끝난 고원(高原)
> ② 서릿발 칼날진 그 위에 서다.
>
> 어데다 무릎을 꿇어야 하나
> ③ 한 발 재겨 디딜 곳조차 없다.
>
> 이러매 눈 감아 생각해 볼밖에
> ④ 겨울은 강철로 된 무지갠가 보다.
>   ─ 이육사, 「절정」

12 소설의 갈등 구조에 대한 설명으로 옳지 <u>않은</u> 것은?

① 소설은 내면세계에서 진행되는 갈등 양상에 주목한다.
② 인물의 마음속에서 대립하여 일어나는 갈등을 내적 갈등이라고 한다.
③ 작가는 작품의 제재를 드러내기 위해 작품 속에 갈등 양상을 제시한다.
④ 근대 소설 이후 갈등 양상은 더욱 복잡하고 다양해졌다.

13 소설의 구성(Plot)의 유형에 대한 설명으로 옳은 것은?

① 평면적 구성은 하나의 사건이 시간 순서 따라 전개되는 구성이다.
② 피카레스크는 하나의 플롯 속에 또 하나의 플롯이 삽입된 형태이다.
③ 입체적 구성은 사건 분석 등으로 시간의 역전이 일어나는 구성이다.
④ 액자형 플롯은 둘 이상의 플롯이 중첩되어 진행되는 구성이다.

14 다음에서 설명하는 소설의 인물(Character) 유형은?

> • 소설의 전개에 따라 성격이 발전·변화하는 인물이다.
> • 독자의 예측과 상상력을 초월하므로 독자에게 강렬한 인상을 남길 수 있다.

① 전형적 인물
② 개성적 인물
③ 평면적 인물
④ 입체적 인물

15 소설의 인물 설정 방법에 대한 설명으로 옳지 않은 것은?

① 직접 묘사는 인물에 대한 개괄적 설명으로 인해 구체성을 잃기 쉽다.
② 직접 묘사는 독자가 인물을 생동감 있게 접할 수 있다.
③ 간접 묘사는 독자의 상상적 참여가 가능하고 극적인 효과가 있다.
④ 간접 묘사는 인물의 행동, 대화, 표정 등이 중심이 된다.

16 소설 분류에 대한 설명으로 옳지 않은 것은?

① 단편 소설은 압축된 구성을 통해 인생의 단면을 예리하게 그린 소설이다.
② 장편 소설은 인간의 삶과 사회 전체를 총체적으로 그린다.
③ 단편 소설은 포용에 의한 통일성을 꾀한다.
④ 장편 소설은 시점의 다각적 이동이 이루어진다.

17 다음 중 자연주의 소설이 아닌 것은?

① 모파상의 「여자의 일생」
② 카프카의 「변신」
③ 최서해의 「토혈」
④ 김동인의 「감자」

18 희곡에 대한 설명으로 옳지 않은 것은?

① 인간의 행동을 표출하며 대화를 유일한 표현 방식으로 갖는다.
② 연극적 성격과 문학적 성격을 아우르는 이중적 문학 형태이다.
③ 인물의 말과 행동을 통해 작가는 자기 의도를 직접 전달한다.
④ 무대 상연을 전제로 하지만 연극 대본과는 다른 부문이다.

19 다음 중 희곡의 제약성과 관계 없는 것은?

① 배경
② 시간과 공간
③ 등장인물 수
④ 창작 목적

20 다음에서 설명하는 희곡의 종류는?

- 비극의 절정에서 행복한 장면으로 전환·비약하면서 막을 내리는 희곡이다.
- 셰익스피어의 「베니스의 상인」, 체호프의 「곰」, 임희재의 「고래」 등이 대표적이다.

① 최루 희극
② 풍속 희극
③ 희비극
④ 소극

21. 수필에 대한 설명으로 옳지 않은 것은?
   ① 수필은 작가 개인의 고백문학적 성격을 띤다.
   ② 수필은 비의도적이며 생활에서 자연스럽게 배어 나오는 산문이다.
   ③ 수필은 냉철한 통찰력과 예리한 비평 정신을 담고 있다.
   ④ 수필은 개방된 형식으로 자유롭게 아무렇게나 써도 된다.

22. 현대 사실주의(Realism) 비평의 특징이 되는 문학론은?
   ① 모방론
   ② 존재론
   ③ 효용론
   ④ 표현론

23. 문학비평 과정에 대한 설명으로 옳지 않은 것은?
   ① '해석'은 원전(Text)을 바르게 이해하기 위한 과정이다.
   ② '해석' 과정에서 작품의 배경을 이해한다.
   ③ '감상'은 작품을 미적으로 향수하고 즐기는 과정이다.
   ④ '평가' 과정에서 작가의 전기와 그 시대의 관계를 밝힌다.

24. 다음 중 구조주의 비평에 대한 설명으로 옳지 않은 것은?
   ① 언어학을 모델로 하여 문학작품을 연구·분석한다.
   ② 작품의 역사성을 배제한다.
   ③ 서지·주석적 비평을 포괄한다.
   ④ 의미 자체보다 의미가 만들어지는 방식에 초점을 둔다.

25. 다음에서 설명하는 문학비평 방법론은?

   - '작가의 사회학, 독자의 사회학, 작품의 사회학'이라는 영역을 개척했다.
   - 문체, 이미지, 상징 등에 대한 이해 및 설명이 부족하다는 단점이 있다.

   ① 역사·전기적 비평
   ② 신비평
   ③ 구조주의 비평
   ④ 사회·문화적 비평

26. 국민문학과 세계문학에 대한 설명으로 옳지 않은 것은?
   ① 국민문학은 한 나라의 국민성 또는 국민문화를 표현한다.
   ② 세계문학은 보편적 인간성을 추구하고 초시대적으로 애독된다.
   ③ 국민문학은 비교문학의 기반이 되는 여러 단위의 표시이다.
   ④ 세계문학은 영국 문학, 프랑스 문학, 일본 문학 등으로 구분한다.

27 다음 중 영향의 범주가 아닌 것은?
① 암시   ② 차용
③ 번안   ④ 습작

28 문학작품을 하나의 유기체로 보는 관점에 대한 설명으로 적절하지 않은 것은?
① 작품은 그 자체로 완벽한 짜임새를 가진 조직체이다.
② 형식과 내용을 따로 구분하여 논의한다.
③ 주로 낭만주의 문학가들이 사용한 이론이다.
④ 새로운 형식은 새로운 내용을 낳고 새로운 내용은 새로운 형식을 낳는다.

29 재문맥화에 대한 설명으로 옳지 않은 것은?
① 이미 알려진 상징의 이미지에 새로운 의미를 부여하는 것이다.
② 시의 언어 조직을 통해 창조적 의미를 부여한다.
③ 형태·구조상의 기법이 수반되어야 한다.
④ 개인의 상상력에 의해 필연적 의미의 조작이 이루어진다.

30 다음에서 설명하는 표현법은?

> 시구와 시어를 병렬하여 새로운 의미를 만들어 내는 표현법으로, 휠라이트(P. Wheelwright)가 제시했다.

① 대조   ② 치환
③ 병치   ④ 비교

31 다음 시에 나타난 운(韻)의 유형으로 옳은 것은?

> 물구슬의 봄 새벽 아득한 길
> 하늘이며 들 사이에 넓은 숲
> 젖은 향기 불긋한 잎 위의 길
> 실그물의 바람 비쳐 젖은 숲
>   – 김소월, 「꿈길」

① 두운(頭韻)
② 요운(腰韻)
③ 각운(脚韻)
④ 두운(頭韻)과 요운(腰韻)

32 자유시에 대한 설명으로 옳지 않은 것은?
① 주로 내재율을 갖추고 있다.
② 시행이 리듬과 상관없이 구분되는 경우가 많다.
③ 대부분의 현대시가 자유시이다.
④ 형식이 없고 자유로운 표현을 중시한다.

33 직유법에 대한 설명으로 옳은 것은?
① 비교되는 두 가지 사물이나 관념이 동일 관계로 이어진다.
② 무생물을 생물처럼 표현하거나 동식물에게 인격을 부여한다.
③ 원관념에 해당하는 사물이나 관념을 보조관념과 직접적으로 비교하는 방법이다.
④ 사물의 일부나 특징을 들어서 그 자체나 전체를 나타낸다.

34 다음 중 행동 소설이 아닌 것은?

① 에밀리 브론테의 「폭풍의 언덕」
② 마크 트웨인의 「톰 소여의 모험」
③ 월터 스콧의 「아이반호」
④ 루이스 스티븐슨의 「보물섬」

35 희곡이 소설에 미친 영향으로 옳지 않은 것은?

① 희곡의 플롯의 원리는 산만하고 자유로운 소설 구조의 형태에 통일성을 부여하였다.
② 희곡의 영향으로 소설의 내용이 확대됨으로써 '개인 대 사회의 갈등', '소시민의 생활과의 투쟁' 등을 다루었다.
③ 희곡의 '대화'를 수용하여 대화 사용의 기교가 발전하였다.
④ 희곡의 '행동성'과 '성격'을 수용하여 성격 소설과 극적 소설이 발전하였다.

36 문학비평에서 다루는 영역이 아닌 것은?

① 문학작품이 주는 의미는 무엇인가?
② 작품의 가치를 어떻게 평가할 것인가?
③ 작가는 당대 사회를 얼마나 잘 반영했는가?
④ 작품의 개연성을 어떻게 부여할 것인가?

37 비평 준거에 따라 분류한 해석 비평과 평가 비평에 대한 설명으로 옳지 않은 것은?

① 해석 비평은 작품의 구조 분석 및 이해에 관심을 둔다.
② 해석 비평은 비평가가 독자의 작품 감상 및 이해에 도움을 준다고 본다.
③ 평가 비평은 작품의 선택 행위 자체에 이미 평가 과정이 게재된다는 점에 주목한다.
④ 평가 비평은 문학의 체계와 의미 구조를 밝혀내고 이론적 체계를 마련하고자 한다.

38 다음에서 설명하는 인물은?

- 집단 무의식 이론을 결합시켜 비평 방법을 체계화하였다.
- 장르 발생 이전의 이야기 문학의 네 가지 뮈토스(Mythos)를 자연의 주기에서 찾았다.

① 보드킨(M. Bodkin)
② 프라이(N. Frye)
③ 테느(H. A. Taine)
④ 생트뵈브(Sainte Beuve)

39 마르크스주의 비평에 대한 설명으로 옳지 않은 것은?

① 문학에 대한 사회학적 접근에서 가장 두드러진 방법이다.
② 문학을 사회주의 건설을 위한 계급투쟁의 표현 및 수단으로 간주한다.
③ 예술이 물질·경제적 생산에 의해 결정된다는 경직된 목적의식을 가지고 있다.
④ 전체적인 구조에 집중하여 작품의 개성과 가치를 무시한다.

40 비교문학의 경향이 같은 인물끼리 짝지어지지 않은 것은?

① 방 티겜, 장 마리 카레
② 르네 웰렉, 귀야르
③ 바이스슈타인, 레마크
④ 장 마리 카레, 귀야르

제5회 적중모의고사 Ⅰ 문학개론

제한시간: 50분 | 시작 ___시 ___분 – 종료 ___시 ___분

정답 및 해설 177p

01 유희본능설에 대한 설명으로 옳은 것을 〈보기〉에서 모두 고른 것은?

〈보기〉
ㄱ. 자기를 표현하고자 하는 본능에서 문학예술이 기원했다는 학설이다.
ㄴ. 인간의 창작 심리·본능을 중심으로 고찰하는 심리학적 기원설이다.
ㄷ. 칸트와 스펜서가 주창한 학설이다.

① ㄴ
② ㄱ, ㄷ
③ ㄴ, ㄷ
④ ㄱ, ㄴ, ㄷ

02 문학의 기능에 대한 설명과 주창한 학자가 바르게 연결된 것은?

① 칸트 – 문학작품은 독자들이 새로운 세계를 발견하고 자신을 돌아보게 하는 교훈적 기능을 지니고 있다.
② 콜리지 – 문학작품은 '무목적의 목적'을 지니므로 쾌락적 기능을 수행한다.
③ 아리스토텔레스 – 모든 예술의 공통적인 본질은 미(美)를 매개로 한 쾌락의 추구이다.
④ 플라톤 – 시인은 추방되어야 하고 문학은 교시적 기능을 수행해야 한다.

03 문학의 구조에 대한 설명으로 옳지 <u>않은</u> 것은?

① 유기체설은 작품을 완벽한 짜임새를 가진 조직체로 여기는 입장이다.
② 동적 구조론은 작품을 하나의 자기 충족적 실체로 인식한다.
③ 유기체설은 주로 낭만주의 문학가들이 사용했다.
④ 형식주의 관점은 작품을 외부 상황과 독립시켜 오직 작품 자체로만 이해한다.

04 문체를 결정하는 요소와 거리가 <u>먼</u> 것은?

① 문장 구조
② 어휘 선택 방식
③ 주제 선택 방식
④ 표현 유형

05 다음 시의 밑줄 친 부분에서 두드러지는 시어의 특성은?

> 가시리 가시리잇고 나는
> ㅂ리고 가시리잇고 나는
> 날러는 엇디 살라 ᄒ고
> ㅂ리고 가시리잇고 나는
> 잡ᄉ와 두어리마ᄂ난
> 션ᄒ면 아니 올셰라.
> 셜온 님 보내 노니 나는
> 가시는 둣 도셔 오쇼셔 나는
> — 작자 미상, 「가시리」

① 긴장성 ② 애매성
③ 함축성 ④ 음악성

06 다음에서 설명하는 비유법은 무엇인가?

> 어떤 사물을 그것의 속성과 밀접한 관계가 있는 다른 낱말을 빌려서 표현하는 방법으로, 주지와 매체가 1:1의 관계를 형성한다.

① 은유법 ② 직유법
③ 환유법 ④ 제유법

07 상징과 은유에 대한 설명으로 옳지 않은 것은?
① 상징은 다른 의미를 함축한다는 점에서 은유의 일종이라 할 수 있다.
② 상징은 원관념이 숨어 있고, 은유는 원관념과 보조관념의 상관관계가 명확하다.
③ 상징은 은유에 비해 훨씬 고차원적인 유추 과정을 통해 이해될 수 있다.
④ 의미를 함축할 때 상징은 유사성을 근거로 하고 은유는 상관성을 근거로 한다.

08 다음에서 볼 수 있는 비유는?

> 그 아이 입술은 앵두 같고 얼굴은 백옥 같다.

① 직접 비유
② 장력 상징
③ 죽은 비유
④ 치환 비유

09 다음 밑줄 친 시어 중 내포하는 의미가 다른 하나는?

> 유리에 ㉠ 차고 슬픈 것이 어린거린다.
> 열없이 붙어서서 입김을 흐리우니
> 길들은 양 언 날개를 파다거린다.
> 지우고 보고 지우고 보아도
> ㉡ 새까만 밤이 밀려나가고 밀려와 부딪치고,
> ㉢ 물먹은 별이, 반짝, 보석처럼 백힌다.
> 밤에 홀로 유리를 닦는 것은
> 외로운 황홀한 심사이어니,
> 고운 폐혈관이 찢어진 채로
> 아아, 늬는 ㉣ 산ㅅ새처럼 날아갔구나!
> — 정지용, 「유리창」

① ㉠
② ㉡
③ ㉢
④ ㉣

10 소설의 기원설에 대한 설명으로 옳은 것은?

① 몰튼과 허드슨은 중세 로망스에서 소설이 기원했다고 보았다.
② 소설이 근대사회 발달로 출발했다고 보는 학자들은 「아서왕 이야기」를 최초의 소설로 꼽았다.
③ 티보데는 소설의 기본적인 특질이 이야기라고 보고 고대 서사문학에서 기원을 찾았다.
④ 근대 사회 발달로 소설이 출발했다고 보는 학자들은 소설의 특징으로 사실주의를 강조했다.

11 다음 중 소설의 정의로 옳지 않은 것은?

① 소설은 인생의 서사시이다.
② 소설은 인생의 해석이다.
③ 소설은 인물에 대하여 꾸며진 이야기이다.
④ 소설은 사실적 세계에 대한 서술이다.

12 다음 중 소설의 특성이 아닌 것은?

① 개연성(Probability)
② 허구성(Fiction)
③ 진실성(Reality)
④ 행동성(Behavior)

13 밑줄 친 ⊙~② 중 서술자가 개입되지 않은 것은?

> 이때 춘향이는 사령이 오는지 군노가 오는지 모르고 주야로 도련님을 생각하여 우는데, ⊙ 생각지 못할 우환을 당하려 하니 소리가 화평할 수 있겠는가. 때나마 빈방살이 할 계집아이라 목소리에 청승이 끼어 자연히 슬픈 애원성이 되니 ⓒ 보고 듣는 사람의 심장인들 아니 상할 것인가. 임 그리워 서러운 마음 밥맛 없어 밥 못 먹고 불안한 잠자리에 잠 못 자고 도련님 생각으로 상처가 쌓여 피골이 상접하고 양기가 쇠진하여 진양조 울음이 되어 노래를 부른다. 갈까 보다 갈까 보다, 임을 따라 갈까 보다. 천 리라도 갈까 보다. 만 리라도 갈까 보다. 바람도 쉬어 넘고 수진이 날진이 해동청 보라매도 쉬어 넘는 높은 고개 동선령 고개라도 임이 와 날 찾으면 신발 벗어 손에 들고 아니 쉬고 달려가리. ⓒ 한양 계신 우리 낭군 나와 같이 그리워하는가, 무정하여 아주 잊고 나의 사랑 옮겨다가 다른 임을 사랑하는가? ② 이렇게 한참을 서럽게 울 때 사령 등이 춘향의 슬픈 목소리를 들으니 목석이라도 어찌 감동을 받지 않겠는가? 봄눈 녹듯 온몸에 맥이 탁 풀렸다.
> – 작자 미상, 「춘향전」

① ⊙ ② ⓒ
③ ⓒ ④ ②

14 다음에서 설명하는 소설의 구성(Plot) 단계는?

> 사건이 본격화되는 부분으로, 이야기가 복잡하게 얽히고 갈등이 겉으로 드러난다.

① 발단 ② 전개
③ 위기 ④ 절정

15 다음에서 설명하는 플롯(Plot) 유형은?

- 둘 이상의 플롯이 중첩되어 진행되는 구성
- 주된 사건과 부수적 사건이 교차되기도 함
- 주로 장편 소설과 현대 소설에서 많이 사용

① 복합 구성
② 입체적 구성
③ 피카레스크
④ 옴니버스

16 다음 중 문제적 인물 유형에 속하지 않는 인물은?

① 「안나 카레리나」의 안나 카레리나
② 「이방인」의 뫼르소
③ 「광장」의 이명준
④ 「꺼삐딴리」의 이인국

17 다음 중 단편 소설의 특징과 거리가 먼 것은?

① 단일한 사건과 상황
② 압축된 구조
③ 생략에 의한 통일성
④ 다양한 인물

18 다음에서 설명하는 소설의 유형은?

- 작중 인물의 내면·의식 세계를 관찰하고 분석하는 데 주력한다.
- 이상의 「날개」, 「봉별기」, 「종생기」가 대표적 작품이다.

① 실존주의
② 심리주의
③ 자연주의
④ 낭만주의

19 소설의 리얼리티(Reality)가 의미하는 것이 아닌 것은?

① 개연성
② 진실성
③ 논리성
④ 사실성

20 희곡에 대한 설명으로 옳지 않은 것은?

① 등장인물의 행동과 언어를 통해 성격적·심리적 행위를 구축한다.
② 표출의 형태를 취한 극시(Drama)에서 발생하였다.
③ 연극적 성격보다 문학적 성격이 더 강한 문학예술이다.
④ 배우의 연기를 지시하여 무대 위에서 인간의 행동을 표출한다.

21 희곡의 대사에 대한 설명으로 옳지 <u>않은</u> 것은?

① 등장인물이 하는 말로서, 대화, 독백, 방백으로 분류할 수 있다.
② 희곡은 지문을 제외하고 모두 인물의 대사로 이루어진다.
③ 대사를 통해 인물의 성격이나 인물 간의 관계를 관객에게 전달한다.
④ 리얼리티를 위해 일상적 대사를 주로 사용한다.

22 희곡의 구성 단계에 대한 설명으로 옳지 <u>않은</u> 것은?

① 하강은 파국 또는 대단원으로 향하는 단계이다.
② 결말에서 관객은 카타르시스를 체득할 수 있다.
③ 발단에서 주동 인물과 반동 인물의 대결이 나타난다.
④ 정점은 대개 극의 후반 지점에 설정한다.

23 단막극에 대한 설명으로 옳지 <u>않은</u> 것은?

① 압축된 구조와 일관된 긴장감을 특성으로 한다.
② 장면 전환은 장(Scene)에 의해 이루어진다.
③ 대체로 이야기가 서사적이지 않다.
④ 무대에 오르는 연극은 대부분 단막극이다.

24 비극(悲劇)에 나타나는 연민과 공포에 대한 설명으로 옳지 <u>않은</u> 것은?

① 연민은 비극의 주인공에 대한 전적인 공감이다.
② 공포는 누구에게라도 일어날 수 있다는 두려움에서 비롯된 감정이다.
③ 연민은 자신에 대한 감정이고, 공포는 타인에 대한 감정이다.
④ 연민과 공포가 곧 감정의 정화를 불러일으킨다.

25 다음 중 수필의 특성과 거리가 <u>먼</u> 것은?

① 철학적
② 주관적
③ 고백적
④ 함축적

26 문학비평 과정에 대한 설명으로 옳지 <u>않은</u> 것은?

① '해석' 과정에서 작품에 사용된 언어와 작품 구조를 밝힌다.
② '감상'은 작품과 공감하는 소극적 감상이다.
③ '감상'은 작품과 미적으로 향수하고 즐기는 과정이다.
④ '평가'는 과학성과 객관성을 바탕으로 한 가치 기준에 의한 판단 작용이다.

27 신비평의 특징에 대한 설명으로 적절하지 않은 것은?

① 문학 장르 중 주로 시를 비평 대상으로 한다.
② 작품 속 구성 요소들의 관계를 분석한다.
③ 단어들 간의 상호 관계, 의미의 세부적 파악을 중시한다.
④ 언어학을 모델로 하여 문학작품을 연구・분석한다.

28 다음에서 설명하는 문학비평 방법론은?

> 야콥슨(R. Jacobson)은 '문학에 관한 학문의 대상은 문학이 아닌 문학성, 즉 어떤 작품을 문학작품답게 만드는 것'이라고 주장하였다.

① 의도 비평
② 형식주의 비평
③ 사회・문화적 비평
④ 마르크스주의 비평

29 방 티겜(P. V. Tieghem)의 비교문학의 영역에 해당하지 않는 것은?

① 이행 연구
② 이식 연구
③ 발신자 연구
④ 수신자 연구

30 다음에서 설명하는 영향의 범주는?

> • 창작의 계기가 발신자에 의해 마련되는 경우를 의미함
> • 수용자와 발신자의 상호 관계는 동기 정도에서 그쳐야 함

① 모방
② 표절
③ 암시
④ 번안

31 다음 중 한국시의 리듬과 거리가 먼 것은?

① 3・3・4조
② 4・4조
③ 5・7조
④ 7・5조

32 정형시와 자유시의 차이를 결정하는 중요한 요소는?

① 연과 행의 구분
② 주제의 범위
③ 운율의 형태
④ 심상의 유무

33 다음 중 공감각적 이미지가 아닌 것은?

① 술 익는 마을마다 타는 저녁 놀
② 나비 허리에 새파란 초생달이 시리다
③ 금으로 타는 태양의 즐거운 울림
④ 안개 같은 바다의 향기

34 다음 중 인물 설정 방법이 다른 하나는?
① 보여주기(Showing)
② 극적 방법
③ 간접 묘사
④ 전지적 작가 시점

35 다음 중 입체적 인물의 특성이 아닌 것은?
① 성격 변화
② 동적 인물
③ 독자의 예측 가능
④ 환경의 영향

36 루카치(G. Lukacs)의 소설 분류와 거리가 먼 것은?
① 돈키호테와 같은 주인공의 실패담을 '추상적 이상주의'로 분류한다.
② 낭만적 생활 감정을 담은 소설을 '환멸의 낭만주의'로 분류한다.
③ 괴테의 「빌헬름 마이스터」를 톨스토이형 소설로 분류한다.
④ 주인공이 성취에 도달하기까지의 과정을 그린 소설을 교양 소설로 분류한다.

37 다음 희곡 중 성격이 다른 하나는?
① 베게트의 「고도를 기다리며」
② 브레히트의 「코카서스의 백묵원」
③ 이오네스코의 「대머리 여가수」
④ 장 주네의 「하녀들」

38 다음 중 뮤어(E. Muir)의 분류에 따른 연대기 소설이 아닌 것은?
① 에밀리 브론테의 「폭풍의 언덕」
② J. 조이스의 「젊은 예술가의 초상」
③ H. 로렌스의 「아들과 연인」
④ 버지니아 울프의 「야곱의 방」

39 다음 중 희곡의 삼일치론에 해당하는 것은?
① 인물의 일치
② 대사의 일치
③ 사건의 일치
④ 배경의 일치

40 문학비평의 평가 기준이 다른 하나는?
① 낭만주의 비평가
② 제네바 학파 비평가
③ 정신분석학적 비평가
④ 사실주의 비평가

제6회 적중모의고사 | 문학개론

제한시간: 50분 | 시작 ___시 ___분 – 종료 ___시 ___분

정답 및 해설 181p

01 문학의 기원설에 대한 설명으로 옳지 <u>않은</u> 것은?

① 심리학적 기원설에는 모방충동설, 유희본능설, 흡인본능설, 자기표현본능설이 있다.
② 발생학적 기원설은 헌(Hirn), 그로세(Grosse), 매켄지(Mackenzie) 등이 주창했다.
③ 발라드 댄스설은 몰튼(R. G. Moulton)이 주창했다.
④ 흡인본능설은 실제 생활과 실용성에 의해 문학예술이 기원했다는 학설이다.

02 문학의 교시적 기능을 주창한 학자는?

① 아리스토텔레스
② 칸트
③ 플라톤
④ 콜리지

03 다음은 문학 구조에 대한 어떤 관점인가?

> 문학작품은 시간, 장소, 대상에 따라 그 내용의 인식과 느낌이 달라지며, 독자의 인식능력 및 사고방식 역시 시대의 변화에 따라 달라진다.

① 유기체설 관점
② 형식주의 관점
③ 동적 구조론 관점
④ 사회·문화론 관점

04 문체(文體)에 대한 설명으로 옳지 <u>않은</u> 것은?

① 작품의 독창성을 위해 문장을 개성적으로 만드는 것이다.
② 문장 구조, 어휘 선택 방식, 주제 등은 문체를 결정한다.
③ 작품에 나타난 글버릇 또는 글솜씨를 말한다.
④ 작가가 현실을 인식하는 태도를 반영한다.

05 시어의 특성으로 옳은 것을 〈보기〉에서 모두 고른 것은?

보기
ㄱ. 포괄성   ㄴ. 직접성
ㄷ. 음악성   ㄹ. 애매성
ㅁ. 함축성   ㅂ. 객관성

① ㄱ, ㄷ, ㄹ
② ㄱ, ㄷ, ㅁ
③ ㄴ, ㄷ, ㅁ
④ ㄷ, ㄹ, ㅁ

06 다음 시에 나타나는 이미지는?

넓은 벌 동쪽 끝으로
옛이야기 지즐대는 실개천이 휘돌아 나가고,
얼룩백이 황소가
해설피 금빛 게으른 울음을 우는 곳,
그곳이 차마 꿈엔들 잊힐 리야.
- 정지용, 「향수」

① 후각적 이미지
② 시각적 이미지
③ 공감각적 이미지
④ 복합감각적 이미지

07 다음에서 설명하는 비유론을 주장한 학자는?

기존 비유론을 대치론과 비교론으로 규정하고, 비유를 시의 형태와 구조를 활성화시키는 데 필수적인 것으로 보는 '상호작용론'을 주장하였다.

① I. A. 리처즈(I. A. Richards)
② 휠라이트(P. Wheelwright)
③ A. 테이트(A. Tate)
④ 막스 블랙(Max Black)

08 다음 작품에 대한 설명으로 옳지 않은 것은?

산이 날 에워싸고
씨나 뿌리며 살아라 한다.
밭이나 갈며 살아라 한다.

어느 짧은 산자락에 집을 모아
아들 낳고 딸을 낳고
흙담 안팎에 호박 심고
들찔레처럼 살아라 한다.
쑥대밭처럼 살아라 한다.

산이 날 에워싸고
그믐달처럼 사위어지는 목숨
그믐달처럼 살아라 한다.
그믐달처럼 살아라 한다.
- 박목월, 「산이 날 에워싸고」

① 화자는 순수하고 탈속적인 세계를 지향한다.
② 명령적 어조를 통해 산의 위엄을 드러낸다.
③ 유사한 통사 구조를 반복하며 주제를 강조한다.
④ 자연과의 동화가 점층적으로 진행된다.

09 서사시에 대한 설명으로 옳지 않은 것은?

① 이야기를 직접적으로 서술하는 시이다.
② 주로 역사적 사실이나 영웅의 이야기를 다룬 시로, 소설의 원조이다.
③ 대체로 길이가 짧고 구성이 치밀하다.
④ 호머의 「일리아드」, 「오디세이」 등이 서사시이다.

10 밑줄 친 부분 중 '절대고독의 경지에 다가가는 화자'를 상징하는 시어는?

> 가을에는
> 기도하게 하소서……
> 낙엽들이 지는 때를 기다려 내게 주신
> 겸허한 모국어(母國語)로 나를 채우소서.
>
> 가을에는
> 사랑하게 하소서……
> 오직 한 사람을 택하게 하소서.
> 가장 아름다운 ㉠ 열매를 위하여 이 비옥(肥沃)한
> 시간을 가꾸게 하소서.
>
> 가을에는
> 호올로 있게 하소서……
> 나의 영혼,
> 굽이치는 ㉡ 바다와
> 백합(百合)의 ㉢ 골짜기를 지나
> 마른 나뭇가지 위에 다다른 ㉣ 까마귀
> 같이.
>   - 김현승, 「가을의 기도」

① ㉠   ② ㉡
③ ㉢   ④ ㉣

11 로망스에 대한 설명으로 옳지 않은 것은?

① 이국적 경향을 지닌 중세의 서사 문학이다.
② 티보데는 로망스에서 소설이 기원했다고 주장했다.
③ 대부분 영웅호걸과 절세가인에 대한 이야기이다.
④ 내용상 아이러니의 형질이 있다.

12 소설의 주제에 대한 설명으로 옳지 않은 것은?

① 제재의 속성을 구체화·일반화하여 얻는다.
② 작품에 사용된 제재 자체가 주제는 아니다.
③ 소설이 말하고자 하는 '무엇'에 해당한다.
④ 작가는 주제를 드러내기 위해 작품 속에 갈등 양상을 제시한다.

13 소설의 구성(Plot) 유형에 대한 설명으로 옳지 않은 것은?

① 평면적 구성은 한 가지 사건이 시간 순서에 따라 전개된다.
② 피카레스크는 연작 소설, 시리즈 소설이라고도 한다.
③ 옴니버스는 주제는 같지만 각각 독립된 이야기를 한 구조로 엮은 것이다.
④ 김동인의 「배따라기」는 액자형 플롯이다.

14 다음에서 설명하는 소설의 인물(Character) 유형은?

- 소설 속에서 처음부터 끝까지 성격 변화를 보이지 않는 인물이다.
- 언제든지 등장만 하면 쉽게 알아볼 수 있다.

① 전형적 인물
② 개성적 인물
③ 평면적 인물
④ 입체적 인물

15 소설의 시점(視點)에 대한 설명으로 옳지 않은 것은?

① 1인칭 주인공 시점은 인물의 초점과 서술의 초점이 일치한다.
② 1인칭 관찰자 시점은 작품의 부수적 인물이 주인공의 이야기를 서술하는 시점이다.
③ 전지적 작가 시점은 독자와의 정서적 거리를 좁혀 독자에게 친근감·신뢰감을 준다.
④ 3인칭 관찰자 시점은 작가가 외부 관찰자의 입장에서 이야기를 서술하는 시점이다.

16 다음 중 장편 소설의 특징이 아닌 것은?

① 복합 구성
② 인생의 단면
③ 포용에 의한 통일성
④ 입체적 인물

17 다음에서 설명하는 소설의 종류는?

- 특정 시기의 풍속이나 세태의 단면을 묘사하는 것을 목적으로 하는 소설 유형이다.
- 당대 사회의 모순이나 부조리를 숨김없이 묘사하여 저항 수단으로 삼았다.

① 행동 소설
② 성격 소설
③ 세태 소설
④ 교양 소설

18 다음 중 실존주의 소설이 아닌 것은?

① 김성한의 「오분간」
② 장용학의 「요한 시집」
③ 선우휘의 「불꽃」
④ 이상의 「날개」

19 다음 괄호 안에 들어갈 말로 알맞은 것은?

무대 상연을 목적으로 하지 않고 읽기 위한 목적으로 쓴다. 대화 형식의 운문에 더 가까운 (   )은(는) 연극성보다 문학성에 중점을 둔다.

① 희곡
② 극적소설
③ 극시(Drama)
④ 레제드라마(Lese-drama)

20 희곡의 인물(Character)에 대한 설명으로 옳지 않은 것은?
① 희곡의 인물은 현재적 성격을 지니고 있다.
② 인물의 성격은 대화를 통해서만 표현할 수 있다.
③ 소설과 달리 등장인물의 수에 제한이 있다.
④ 희곡의 인물은 전형적 · 개성적이다.

21 희곡의 구성 단계에 대한 설명으로 옳지 않은 것은?
① 하강에서 관객의 긴장이 새로운 방향으로 전환된다.
② 상승에서 사건과 성격이 복잡해지고 갈등이 구체화된다.
③ 발단에서 플롯의 실마리가 드러나고 사건의 방향성이 제시된다.
④ 정점에서 인간 행위의 진실한 표현인 카타르시스를 체득한다.

22 희극(喜劇)에 대한 설명으로 옳지 않은 것은?
① 비극에 비해 삶의 영역이 넓다.
② 소극, 풍속 희극, 최루 희극, 희비극으로 분류할 수 있다.
③ 유머와 위트가 담겨 있다.
④ 사회의 불합리성을 골계적 · 해학적 · 풍자적으로 표현한다.

23 방백에 대한 설명으로 옳은 것은?
① 인물이 무대에서 상대방 없이 혼자 하는 말
② 다른 등장인물은 듣지 못하고 관객에게만 들리는 것으로 약속한 말
③ 인물이 관객과 다른 등장인물에게 들리도록 하는 혼잣말
④ 두 사람 이상의 등장인물이 서로 주고받는 말

24 수필에 대한 설명으로 옳지 않은 것은?
① 대상에 대한 깊은 통찰력이 드러나야 한다.
② 누구나 쓸 수 있는 자기표현적인 글이다.
③ 형식상의 제한 요건이 없는 개방된 형식이다.
④ 의도적으로 조직된 산문 문학이다.

25 문학비평의 평가 기준으로 옳지 않은 것은?
① 작품의 일관성
② 작품의 효용성
③ 작품의 독창성
④ 작품의 사실성

26 구조주의 비평에 대한 설명으로 옳지 <u>않은</u> 것은?

① 공시적 관점에만 관심을 집중시켜 역사적 변화를 도외시한다.
② 문학작품이 문학 외적인 것으로 환원되는 것을 막을 수 있다.
③ 전체적인 구조에 집중하여 작품의 개성과 가치를 밝힌다.
④ 문학작품의 자율성을 확보할 수 있다.

27 다음에서 설명하는 문학비평 방법론은?

- 문학에 대한 사회학적 접근에서 가장 두드러진 방법이다.
- 테느(H. A. Taine)의 '문학 결정 3요소'에 경제적 요소를 첨가하였다.
- 예술로서의 문학에 소홀한 채 공허한 관념에 사로잡힐 가능성이 높다.

① 형식주의 비평
② 구조주의 비평
③ 심리주의 비평
④ 마르크스주의 비평

28 프라이가 제시한 이야기 문학의 뮈토스가 바르게 연결된 것은?

① 봄의 뮈토스 : 희극
② 여름의 뮈토스 : 서사시
③ 가을의 뮈토스 : 로맨스
④ 겨울의 뮈토스 : 비극

29 비교문학의 방법 중 유사성 연구에 대한 설명으로 적절하지 <u>않은</u> 것은?

① 미학적 관심이 높아짐에 따라 유사성 연구가 지지를 받았다.
② 연관 없는 두 작품에서 보이는 문체, 구조, 어법, 사상 등의 동일성을 연구한다.
③ 예술 창조 과정에 대한 통찰력을 제공한다.
④ 실증 가능한 영향의 연구에 집중함으로 객관성을 확보한다.

30 아리스토텔레스가 주장한 모방 대상은?

① 사상
② 인간의 행동
③ 자연
④ 우주

31 자유시에 대한 설명으로 옳지 <u>않은</u> 것은?

① 형식이 매우 다양하다.
② 주로 내재율을 갖추고 있다.
③ 행과 연의 구분이 없다.
④ 자유로운 표현을 중시한다.

32 다음 시에서 나타나는 주된 비유법은?

> 가난한 아희에게 온
> 서양 나라에서 온
> 아름다운 크리스마스 카드처럼
>
> 어린양들의 등성이에 반짝이는
> 진눈깨비처럼
>   - 김종삼, 「북 치는 소년」

① 은유법
② 의인법
③ 직유법
④ 대유법

33 다음 중 소설의 인물 설정 방법이 다른 하나는?

① 인물에 대한 개괄적 설명으로 인해 구체성을 잃기 쉽다.
② 전지적 작가 시점, 1인칭 관찰자 시점에 적합하다.
③ 독자가 등장인물의 성격이나 심리를 쉽게 이해할 수 있다.
④ 독자가 인물을 생동감 있게 접할 수 있다.

34 시점(視點)에 대한 설명으로 옳지 않은 것은?

① 전지적 작가 시점은 인물의 초점과 서술의 초점이 일치한다.
② 1인칭 주인공 시점은 등장인물의 내면세계를 제시하는 데 효과적이다.
③ 1인칭 관찰자 시점은 작품에 등장하는 주변 인물이 주인공의 이야기를 서술한다.
④ 3인칭 관찰자 시점은 인물의 감정과 심리 상태를 구체적으로 제시할 수 없다.

35 희곡이 소설에 미친 영향으로 옳은 것은?

① 희곡의 '행동성'을 수용하여 행동 소설이 발전하였다.
② 희곡의 플롯의 원리는 소설의 구조를 다양하게 발전시켰다.
③ 희곡의 '대화'를 수용하여 대화 사용의 기교가 발전하였다.
④ 희곡의 다양한 주제를 수용하여 소설의 주제가 확대되었다.

36 희곡의 형식 단위에 대한 설명으로 옳은 것은?

① 장(場, Scene)은 무대와 객석 사이의 장막을 올리고 다시 내릴 때까지의 한 장면을 말한다.
② 장(場, Scene)은 막(幕, Act)으로 구성되어 있다.
③ 막(幕, Act)은 인물의 등·퇴장, 배경의 변화, 조명의 암전으로 구분한다.
④ 막(幕, Act)은 연극 및 희곡의 길이와 행동을 구분하는 개념이다.

37 다음에서 설명하는 희곡의 갈래는?

- 현대 희곡에서 가장 혁신적 이론으로 대두된 극 형식이다.
- 연극과 이성적 판단과의 객관적 거리를 유지하여 관객 스스로가 비판 능력을 발휘할 수 있게 하였다.
- 브레히트의 「코카서스의 백묵원」, 「서푼짜리 오페라」 등이 대표적이다.

① 사실주의극
② 표현주의극
③ 서사극
④ 부조리극

38 다음에서 설명하는 문학비평의 평가 기준은?

- 작품 속에 재현된 세계를 우리가 알고 있는 세계의 측면과 비교·판단하여, 독자의 체험에 의한 진실이 문학 평가의 기준이 된다는 입장이다.
- 현대 사실주의 비평의 평가 기준이다.

① 효용성
② 진실성
③ 독창성
④ 일관성

39 다음 중 희극의 특성이 아닌 것은?

① 유머
② 비판
③ 풍자
④ 카타르시스

40 희곡의 구성 단계 중 정점에 대한 설명으로 옳지 않은 것은?

① 인물들 간의 대결이나 갈등이 최고조에 이른 단계이다.
② 발단에서 시작된 극적 행동이 전개 과정을 거쳐 성숙하여 클라이맥스에 직결된 부분이다.
③ 극의 후반 지점에 설정되고, 감정의 카타르시스가 일어난다.
④ 여러 차례 위기(危機)를 거치면서 긴장감이 최고조에 이른다.

제 7 회 적중모의고사 | 문학개론

제한시간: 50분 | 시작 ___시 ___분 – 종료 ___시 ___분

정답 및 해설 185p

01 문학의 기능에 대하여 다음과 같이 주장한 학자는?

> • 문학의 모방충동설을 주창했다.
> • 작가의 의도에 따라 대상을 예술적으로 모방할 때 예술적 쾌감과 흥미를 느낄 수 있다고 주장하며 문학의 쾌락적 기능을 강조했다.

① 플라톤
② 아리스토텔레스
③ 칸트
④ 콜리지

02 다음 중 문학의 속성과 거리가 먼 것은?

① 개성
② 보편성
③ 존재성
④ 항구성

03 문학 구조를 전체적으로 파악할 때의 특징으로 옳지 않은 것은?

① 문학의 자율성을 확보할 수 있다.
② 내용과 형식의 이분법 이론을 체계적으로 설명할 수 있다.
③ 작품 감상의 편협적 태도에서 탈피할 수 있다.
④ 문학작품이 문학 외적인 것으로 환원되는 것을 막을 수 있다.

04 문학 장르에 대한 설명으로 옳지 않은 것은?

① 문학의 갈래·분류를 말한다.
② 작품 형성 원리와 공통적 질서에 따라 구분한다.
③ 문학 이론 성립에 중요한 역할을 한다.
④ 체계화된 장르 구분은 고정적이다.

05 시어(詩語)에 대한 설명으로 옳지 않은 것은?

① 사전적 의미 외에 시인이 부여한 상징적·암시적 표현이다.
② 언어의 주관성을 통해 정서적 깊이를 증대시키려 한다.
③ 시는 대체로 운율이 있는 언어로 표현된다.
④ 다양한 의미를 내포하는 다의성을 지닌다.

06 다음 시에 사용된 이미지는?

> 들창을 열면 물구지떡 내음새 내달았다.
> 쌍바라지 열어제치면
> 썩달나무 썩는 냄새 유달리 향그러웠다.
>
> 뒷산에두 봇나무
> 앞산두 군데군데 봇나무
>
> 주인장은 매사냥을 다니다가
> 바위 틈에서 죽었다는 주막집에서
> 오래오래 옛말처럼 살고 싶었다.
>   - 이용악, 「두메산골」

① 시각적 이미지
② 청각적 이미지
③ 후각적 이미지
④ 복합감각적 이미지

07 다음에서 설명하는 표현법은?

> 이미 알려진 상징의 이미지에 새로운 의미를 부여하는 것으로, 그것을 가능하게 하는 것은 시의 언어 조직을 통해서이며 또한 형태·구조상의 기법이 수반되어야 한다.

① 장력 상징
② 재문맥화
③ 죽은 비유
④ 협의 상징

08 서사시(Epic)에 대한 설명으로 옳지 않은 것은?

① 대체로 극시보다 길며 구성이 산만하다.
② 주로 역사적 사실이나 영웅 이야기를 다룬 시로, 소설의 원조이다.
③ 이야기를 직접적으로 서술하는 시이다.
④ 셰익스피어의 희곡은 대부분 서사시이다.

09 다음 시에 사용된 주된 표현 기법은?

> 내 그대를 생각함은 항상 그대가 앉아 있는 배경에서 해가 지고 바람이 부는 일처럼 사소한 일일 것이나 언젠가 그대가 한없이 괴로움 속을 헤매일 때에 오랫동안 전해오던 그 사소함으로 그대를 불러 보리라.
>
> 진실로 진실로 내가 그대를 사랑하는 까닭은 내 나의 사랑을 한없이 잇닿은 그 기다림으로 바꾸어 버린 데 있었다. 밤이 들면서 골짜기엔 눈이 퍼붓기 시작했다. 내 사랑도 어디쯤에선 반드시 그칠 것을 믿는다. 다만 그때 내 기다림의 자세를 생각하는 것뿐이다. 그동안에 눈이 그치고 꽃이 피어나고 낙엽이 떨어지고 또 눈이 퍼붓고 할 것을 믿는다.
>   - 황동규, 「즐거운 편지」

① 은유법
② 역설법
③ 반어법
④ 의인법

10 다음 중 로망스에 대한 설명으로 옳은 것을 모두 고른 것은?

> ㄱ. 대부분 영웅호걸과 절세가인이 등장한다.
> ㄴ. 현실도피적이다.
> ㄷ. 아이러니 형질이 있다.
> ㄹ. 과장되고 부풀린 삶이 그려진다.
> ㅁ. 디플레이션 양식을 띤다.

① ㄱ, ㄴ, ㄹ
② ㄱ, ㄷ, ㄹ
③ ㄱ, ㄴ, ㄹ, ㅁ
④ ㄱ, ㄷ, ㄹ, ㅁ

11 다음에서 설명하는 소설의 특성은?

> • 아리스토텔레스의 『시학』에서 제시되었다.
> • 실제 있었던 일은 아니지만 일어날 가능성이 있는 일을 실제처럼 그럴듯하게 꾸며내는 것을 말한다.

① 진실성
② 허구성
③ 서술성
④ 개연성

12 플롯(Plot)에 대한 설명으로 옳지 <u>않은</u> 것은?

① 소설의 구조·짜임새를 말한다.
② 인과 관계에 의한 일련의 사건을 뜻한다.
③ 'And(그리고)'의 반응을 이끌어 낸다.
④ 주제를 구현하는 논리적 기법이다.

13 복합 구성에 대한 설명으로 옳지 <u>않은</u> 것은?

① 둘 이상의 플롯이 중첩되어 진행되는 구성이다.
② 주된 사건과 부수적 사건이 교차되기도 한다.
③ 주로 장편 소설과 현대 소설에서 많이 사용된다.
④ 하나의 플롯 속에 또 하나의 플롯이 삽입된다.

14 다음 작품들의 구성(Plot) 유형은?

> • 안국선의 「금수회의록」
> • 김동인의 「배따라기」
> • 안국선의 「시골노인 이야기」
> • 김만중의 「구운몽」

① 피카레스크 구성
② 옴니버스 구성
③ 액자 구성
④ 산만한 구성

15 인물 설정 방법 중 직접 묘사에 대한 설명으로 옳은 것은?

① 독자의 상상적 참여가 가능하고 극적인 효과가 있다.
② 전지적 작가 시점, 3인칭 관찰자 시점에 적합하다.
③ 주인공의 성격을 독자가 쉽게 이해할 수 있다.
④ 인물에 대한 직접적인 설명으로 생동감을 느낄 수 있다.

16 뮤어(E. Muir)가 분류한 소설에 포함되지 않는 것은?

① 연대기 소설
② 극적 소설
③ 시대 소설
④ 세태 소설

17 다음 중 심리주의 소설이 아닌 것은?

① 마르셀 프루스트의 「잃어버린 시간을 찾아서」
② 사르트르의 「구토」
③ 버지니아 울프의 「세월」
④ 제임스 조이스의 「율리시즈」

18 다음 중 희곡의 삼일치론에 해당하지 않는 것은?

① 행동의 일치(Unity of action)
② 시간의 일치(Unity of time)
③ 장소의 일치(Unity of place)
④ 인물의 일치(Unity of character)

19 희곡의 인물(Character)에 대한 설명으로 옳지 않은 것은?

① 몇몇 인물에게 주된 행동을 집중시킨다.
② 행동이나 대화를 통해서만 인물의 성격을 표현할 수 있다.
③ 입체적 인물을 통해 극적 표현을 더욱 부각시킬 수 있다.
④ 개성적 인물은 다른 작품과의 차별성을 가져야 한다.

20 희곡의 구성 단계에 대한 설명으로 옳지 않은 것은?

① 상승에서 심리적 긴장이 고조되며 극의 속도가 빨라진다.
② 하강에서 극적 긴장감을 위해 새로운 사건이 개입되기도 한다.
③ 상승은 극적 행동에 대한 관객의 주의를 집중시키는 단계이다.
④ 발단에서 인물 간 갈등의 단서를 암시한다.

21 다음에서 설명하는 희곡의 종류는?

> 해학을 기발하게 표현하여 사람을 웃길 목적으로 만든 비속한 연극으로, 과장된 표현, 엉터리 소동, 농담, 개그, 슬랩스틱, 우연성, 황당무계함 등을 특징으로 한다.

① 델아트 희극
② 풍속 희극
③ 최루 희극
④ 소극

22 다음 중 수필의 특성과 거리가 먼 것은?

① 유머와 위트의 문학
② 심미적 안목과 철학적 사색
③ 압축적·조직적 형식
④ 제재의 다양성

23 다음에서 설명하는 문학에 대한 관점은?

> - 작품과 독자와의 관계를 중심으로 보는 관점이다.
> - "독자는 왜 문학작품을 읽는가?"에 관한 의문을 풀어준다.

① 존재론
② 모방론
③ 효용론
④ 표현론

24 심리주의 비평에 대한 설명으로 옳지 않은 것은?

① 인간의 심리, 리비도, 꿈 이론, 콤플렉스 등의 방법으로 해명한다.
② 작품에 나타난 인물의 성격이나 작가의 개인적 상징을 분석한다.
③ 작품이 독자에게 주는 심리적 영향을 파악한다.
④ 프라이(N. Frye)는 집단무의식 이론을 결합시켜 비평 방법을 체계화했다.

25 문학비평론과 주장한 학자를 바르게 연결한 것은?

① 구조주의 비평 – 야콥슨(R. Jacobson), 롤랑 바르트(R. Barthes)
② 신비평 – 프라이(N. Frye), 보드킨(M. Bodkin)
③ 신화·원형 비평 – 존 랜섬(J. C. Ransom), 테느(H. A. Taine)
④ 역사·전기적 비평 – 생트뵈브(Sainte Beuve), 레비스트로스(Claude Lévi-Strauss)

26 다음 괄호 안에 들어갈 말로 알맞은 것은?

> 문학이 언어적 국경을 넘어 운반되는 것을 (   )(이)라고 하며, 물질적·심리적 요소를 포함한다.

① 이식(利殖)
② 이행(移行)
③ 원천(源泉)
④ 중개(仲介)

27 문학을 바라보는 관점에 대한 설명으로 옳은 것은?

① 모방론 : 작품 자체 중심
② 존재론 : 작품과 독자 중심
③ 효용론 : 작품과 현실 중심
④ 표현론 : 작품과 작가 중심

28 문학을 다른 예술과 구분하는 기준은?

① 개성
② 상상력
③ 표현 매체
④ 사상

29 다음 중 아리스토텔레스와 관련이 없는 것은?

① 시인추방론
② 희곡의 삼일치론
③ 개연성 이론
④ 모방충동설

30 다음 중 관습적 상징에 포함되지 않는 것은?

① 원형적 상징
② 자연적 상징
③ 알레고리컬 상징
④ 제도적 상징

31 산문시에 대한 설명으로 옳지 않은 것은?

① 행과 연의 구분이 없다.
② 운율을 배제한 시이다.
③ 산문 형식에 시 정신을 담았다.
④ 내재율을 갖춘 산문 문학이다.

32 다음 중 평면적 인물의 특성이 아닌 것은?

① 독자의 예측 가능
② 환경 변화의 영향을 받음
③ 정적 인물
④ 성격의 변화 없음

33 다음 희곡 중 성격이 다른 하나는?

① 뷔히너의 「당통의 죽음」
② 톨러의 「군집인간」
③ 유진 오닐의 「털원숭이」
④ 체호프의 「갈매기」

34 문학비평이 다루는 영역이 아닌 것은?

① 작품이 독자에게 어떤 영향을 미치는가?
② 작품이 얼마나 독창적인가?
③ 작품에 담긴 작가의 의도는 무엇인가?
④ 작품의 인물 설정을 어떻게 할 것인가?

35 내적 평가와 외적 평가에 대한 설명으로 옳지 않은 것은?

① 내적 평가의 문학 연구 출발점은 문학작품 자체의 해석 및 분석이다.
② 내적 평가는 형식주의 비평, 신화주의 비평의 관점이다.
③ 외적 평가는 전기적 비평, 창작 과정, 작품의 심리 유형 등을 연구한다.
④ 외적 평가는 문학을 지나치게 문학 자체로 한정하는 단점이 있다.

36 테느(H. A. Taine)가 제시한 문학 결정의 3요소가 아닌 것은?

① 시대
② 환경
③ 경제
④ 종족

37 다음은 허시(E. D. Hirsch)의 문학비평이론이다. ㉠과 ㉡에 들어갈 말로 알맞은 것은?

> ㉠ 와(과) ㉡ 은(는) 구별되어야 한다. ㉠ 은(는) 텍스트의 기본적 의미를 파악하는 것이고, ㉡ 은(는) 파악된 의미를 다시 해설하는 것이다.

	㉠	㉡
①	해석	설명
②	이해	설명
③	이해	해석
④	해석	이해

38 문예 사조의 흐름이 바르게 나열된 것은?

① 낭만주의-고전주의-사실주의-심리주의
② 고전주의-낭만주의-사실주의-심리주의
③ 고전주의-사실주의-낭만주의-심리주의
④ 낭만주의-고전주의-심리주의-사실주의

39 다음 소설에서 나타나는 시점은?

> 그들 아비 딸은 달포 동안이나 머물러 있으며, 그림도 그리고 자기네의 지난 이야기도 자세히 하소연했다고 한다. 할아버지께서는 그들이 떠나는 날에, 이 불행한 아비 딸을 위하여 값진 비단과 충분한 노자를 아끼지 않았으나, 나귀 위에 앉은 가련한 소녀의 얼굴에는 올 때나 조금도 다름없는 처절한 슬픔이 서려있었을 뿐이라고 한다. …… 소녀가 남기고 간 그림―이것을 할아버지께서는 '무녀도'라 불렀지만―과 함께 내가 할아버지로부터 전해들은 이야기는 다음과 같다.
> ― 김동리, 「무녀도」

① 1인칭 주인공 시점
② 1인칭 관찰자 시점
③ 3인칭 관찰자 시점
④ 전지적 작가 시점

40 문학 연구에 대한 설명으로 옳지 <u>않은</u> 것은?

① 작품이 지닌 의미를 이해하는 것이다.
② 작품의 독자성과 개별성을 지향한다.
③ 작품을 대상으로 하는 연구 활동이자 작품 그 자체이다.
④ 문학 연구를 위한 체계적 지식을 수립해야 한다.

제 8 회 적중모의고사 | 문학개론

제한시간: 50분 | 시작 ___시 ___분 – 종료 ___시 ___분

정답 및 해설 189p

01 다음에서 설명하는 문학 기원설은?

> 음악, 무용, 문학이 미분화된 상태의 원시종합예술에서 문학예술이 기원했다는 학설로, 몰튼(R. G. Moulton)이 주창했다.

① 발생학적 기원설
② 자기표현본능설
③ 흡인본능설
④ 발라드 댄스설

02 문학의 속성에 대한 설명으로 옳지 않은 것은?

① 가치 있는 인간 체험의 표현이다.
② 문학은 특이한 인간 정서를 전달한다.
③ 문자로 기록된 문학은 항구성을 지닌다.
④ 문학에서의 특이성은 개성을 의미한다.

03 다음 중 문학적 언어의 특성이 아닌 것은?

① 내포적 언어
② 구체적 형상화
③ 비유적 표현
④ 직접적 설명

04 문학의 쾌락적 기능에 대한 내용으로 가장 적절한 것은?

① 「흥부전」을 읽고 권선징악을 깨달았다.
② 「난장이가 쏘아올린 작은 공」을 읽고 우리 사회의 모순과 부조리를 체감했다.
③ 「상록수」를 읽고 브나로드 운동에 대해 관심을 갖게 되었다.
④ 「별」을 읽고 순수한 사랑에 감동을 받았다.

05 장르 구분에 대한 설명으로 옳지 않은 것은?

① 작품 매체 및 형태에 따라 운문과 산문으로 분류할 수 있다.
② 아리스토텔레스는 서정시, 서사시, 극시로 분류하는 3분법을 제시하였다.
③ 언어 전달 방식에 따라 구비 문학과 기록 문학으로 분류할 수 있다.
④ 한국 문학은 전통적 기준에 따라 3분법 장르 구분을 따른다.

※ 다음 시를 읽고 물음에 답하시오. (06 ~ 07)

> 흙이 풀리는 내음새
> 강바람은
> 산짐승의 우는 소릴 불러
> 다 녹지 않은 얼음장 울멍울멍 떠내려간다.
>
> 진종일
> 나룻가에 서성거리다
> 행인의 손을 쥐면 따뜻하리라.
>
> 고향 가까운 주막에 들러
> 누구와 함께 지난날의 꿈을 이야기하랴.
> 양귀비 끓여다 놓고
> 주인집 늙은이는 공연히 눈물 지운다.
>
> 간간히 잔나비 우는 산기슭에는
> 아직도 무덤 속에 조상이 잠자고
> 설레는 바람이 가랑잎을 휩쓸어 간다.
>   - 오장환, 「고향 앞에서」

06 시에 나타나는 심상이 아닌 것은?

① 후각적 심상
② 촉각적 심상
③ 공감각적 심상
④ 청각적 심상

07 시에 대한 설명으로 옳지 않은 것은?

① 산업화로 인해 사라지는 고향에 대한 안타까움을 노래했다.
② 계절적 배경은 이른 봄이다.
③ 현재형 시제를 사용하여 화자의 정서를 심화시킨다.
④ 귀향하고 싶은 심정을 쓸쓸하고 애잔한 어조로 노래한다.

08 시어(詩語)에 대한 설명으로 옳지 않은 것은?

① 시(詩)에서 사용되는 언어를 말한다.
② I. A. 리처즈는 시어의 정서적 기능을 중요시했다.
③ 지시적 의미를 정확하게 전달하는 것을 목적으로 한다.
④ 다양한 의미를 내포하는 다의성을 지닌다.

09 비유법에 대한 설명으로 옳은 것은?

① 직유법은 어떤 사물을 그 속성과 관계있는 다른 낱말을 빌려서 표현하는 방법이다.
② 제유법은 주지와 매체가 일(一) : 다(多)의 관계를 형성한다.
③ 환유법은 일부분이 전체를 나타내는 표현법이다.
④ 은유법은 무생물을 생물처럼 표현하거나 동식물에게 인격을 부여하는 방법이다.

10 다음 시에 나타난 표현법은?

> 나 보기가 역겨워
> 가실 때에는
> 죽어도 아니 눈물 흘리우리다.
>   - 김소월, 「진달래꽃」

① 반어
② 역설
③ 치환
④ 병치

11 다음에서 설명하는 상징의 종류는?

> 한 개인의 독창적 체험에 의해 창출해 낸 상징으로, 이미 알고 있는 것이 아닌 작가가 그의 개성에 의해 독자적으로 생성한 상징이다.

① 원형적 상징
② 알레고리컬 상징
③ 관습적 상징
④ 창조적 상징

12 다음에서 설명하는 소설의 기원설은?

> - 소설의 기본적 특질이 이야기(Story)와 서술(Narration)이라고 보는 견해이다.
> - 대표적 학자로 몰튼(R. G. Moulton), 허드슨(W. H. Hudson) 등이 있다.

① 고대 서사문학에서 소설이 기원했다고 보는 견해
② 중세 로망스에서 소설이 기원했다고 보는 견해
③ 근대 사회의 발달로 소설이 출발했다고 보는 견해
④ 시 양식이 퇴보하면서 소설이 출발했다고 보는 견해

13 다음 중 소설의 특징이 <u>아닌</u> 것은?

① 예술성
② 서술성
③ 진실성
④ 개연성

14 소설의 플롯(Plot)의 유형에 대한 설명으로 옳은 것은?

① 피카레스크 : 각기 독립되어 있지만 주제는 같은 이야기들을 하나의 구조에 엮었다.
② 입체적 구성 : 하나의 플롯 속에 또 하나의 플롯이 삽입된 형태이다.
③ 옴니버스 : 동일한 등장인물·배경이 반복되면서 각각의 이야기가 독립적으로 존재한다.
④ 단일 구성 : 주로 단편 소설에 많이 사용한다.

15 소설 문체의 요소를 〈보기〉에서 모두 고른 것은?

> 보기
> ㄱ. 인물(Character)
> ㄴ. 사건(Incident)
> ㄷ. 서술(Narration)
> ㄹ. 묘사(Description)
> ㅁ. 대화(Dialogue)
> ㅂ. 배경(Background)

① ㄱ, ㄴ, ㄹ
② ㄱ, ㄴ, ㅂ
③ ㄷ, ㄹ, ㅁ
④ ㄷ, ㄹ, ㅂ

16 인물 설정 방법 중 간접 묘사에 대한 설명으로 옳은 것은?

① 등장인물의 행동, 표정, 대화 등이 중심이 된다.
② 전지적 작가 시점, 3인칭 관찰자 시점에 적합하다.
③ 주인공의 성격을 독자가 쉽게 이해할 수 있다.
④ 인물에 대한 개괄적 설명으로 인해 구체성을 잃기 쉽다.

17 다음에서 설명하는 소설의 시점 유형은?

- 작가가 외부 관찰자의 입장에서 이야기를 서술하는 시점이다.
- 인물의 감정·심리 상태 등을 구체적으로 제시할 수 없고, 주제 표출 한계성을 지닌다.
- 장편 소설에는 적합하지 않다.

① 1인칭 주인공 시점
② 1인칭 관찰자 시점
③ 3인칭 관찰자 시점
④ 전지적 작가 시점

18 전형적 인물에 대한 설명으로 옳은 것은?

① 소설 속에서 처음부터 끝까지 성격 변화를 보이지 않는 인물
② 소설의 전개에 따라 성격이 발전하고 변화하는 인물
③ 특정한 사회 계층이나 직업, 세대를 대표하는 인물
④ 특정 부류의 보편적 성격 대신 개인의 독자적 성격을 지닌 인물

19 루카치(G. Lukacs)가 분류한 소설의 종류에 포함되지 않는 것은?

① 추상적 이상주의
② 구체적 사실주의
③ 톨스토이형 소설
④ 환멸의 낭만주의

20 소설의 분류 방법이 옳지 않은 것은?

① 제재의 성격에 따른 분류 : 농촌 소설, 연애 소설, 전쟁 소설
② 예술성에 따른 분류 : 순수 소설, 대중 소설, 통속 소설
③ 창작 목적에 따른 분류 : 계몽 소설, 참여 소설, 역사 소설
④ 분량에 따른 분류 : 장편 소설, 단편 소설, 중편 소설

21 희곡의 효용성에 대한 설명으로 적절하지 않은 것은?

① 카타르시스를 경험하게 한다.
② 이야기를 통해 관객에게 깨달음을 준다.
③ 인생에 대한 체험과 공감을 준다.
④ 연극적인 감수성을 충족시킨다.

22. 다음 중 희곡의 형식적 3요소가 아닌 것은?
   ① 해설
   ② 지문
   ③ 행동
   ④ 대사

23. 희곡의 대사(臺詞)에 대한 설명으로 옳지 않은 것은?
   ① 극적 효과와 전달성을 높일 수 있는 집중적·압축적 대사이어야 한다.
   ② 대사는 행동과 함께 사건, 이야기(Plot)를 진행시킨다.
   ③ 그럴듯한 자연스러움이 나타나야 하며 진실성이 있어야 한다.
   ④ 대사는 대화를 가리키며 독백과 방백은 포함되지 않는다.

24. 희곡 구성상 발단 단계에 대한 설명으로 옳지 않은 것은?
   ① 앞으로 일어날 사건이나 등장인물에 대해 설명한다.
   ② 플롯의 실마리가 드러나고 사건의 방향성을 제시한다.
   ③ 인물 간 갈등의 단서를 암시한다.
   ④ 주동 인물과 반동 인물의 대결이 나타난다.

25. 수필에 대한 설명으로 옳지 않은 것은?
   ① 경수필은 주관적·개인적·사색적이다.
   ② 경수필은 대상에 대한 표현이 암시적·소극적이다.
   ③ 중수필은 베이컨형 수필류를 말한다.
   ④ 중수필은 주정적 수필로, 인상적·감성적이다.

26. 낭만주의 비평가들에 의해 주로 발전한 문학론은?
   ① 모방론
   ② 존재론
   ③ 효용론
   ④ 표현론

27. 다음에서 설명하는 문학비평 방법론은?

   > 작품을 이해하기 위해 작가의 의도와 계획을 파악하는 것으로, 작품 속에 작가의 의도가 어떤 방식으로 반영되어 있는지, 또는 그 방식이 성공적인지 등을 비평한다.

   ① 정신분석 비평
   ② 신비평
   ③ 의도 비평
   ④ 문맥적 비평

28 역사·전기적 비평에 대한 설명으로 옳지 않은 것은?

① 집단무의식 이론을 결합시켜 비평 방법을 체계화했다.
② 주요학자는 생트뵈브(Sainte Beuve)와 테느(H. A. Taine)이다.
③ 서지·주석적 비평을 포괄한다.
④ 작가에 대한 이해 없이 작품만으로 비평할 수 없다고 주장한다.

29 다음 중 영향의 범주가 아닌 것은?

① 모방
② 번역
③ 암시
④ 표절

30 다음 중 외재적 비평이 아닌 것은?

① 모방론
② 존재론
③ 효용론
④ 표현론

31 다음에서 설명하는 학자는?

> 비교문학은 본질적으로 여러 나라의 문학 작품을 다루고 그 상호 관련을 연구하는 것이라고 보며, 각양각색의 문학 작품을 상호 관계에 따라 연구했다.

① 귀야르
② 장 마리 카레
③ 방 티겜
④ 르네 웰렉

32 다음 시에 나타난 운율 형태가 아닌 것은?

> 청석령(靑石嶺) 지나거야 초하구(草河溝) 어디메오.
> 호풍(胡風)도 참도 찰샤 궂은비는 무슨 일고.
> 뉘라서 내 행색(行色)을 그려내어 님 계신데 드릴고.

① 각운
② 음성률
③ 음수율
④ 음보율

33 다음 중 인물 유형이 다른 하나는?

① 「돈키호테」의 돈키호테
② 「광장」의 이명준
③ 「나무들 비탈에 서다」의 동호
④ 「꺼삐딴리」의 이인국

34 다음 중 인물 설정 방법의 간접 묘사 방법은?

① 말하기
② 극적 방법
③ 서술자 해설
④ 인물 분석

35 다음 중 뮤어(E. Muir)의 분류에 따른 극적 소설이 아닌 것은?

① 제인 오스틴의 「오만과 편견」
② 에밀리 브론테의 「폭풍의 언덕」
③ 드라이저의 「아메리카의 비극」
④ 멜빌의 「모비딕」

36 다음은 형식주의와 구조주의 비평가들의 주요 접근 방식이다. ㉠, ㉡에 들어갈 말로 알맞은 것은?

> ㉠ 과 ㉡ 은 서로 충돌하는 개념이지만, 좋은 작품은 그 충돌을 무의미한 파괴로 보지 않고 생동하는 힘으로 보며 '좋은 작품'이란 최대의 ㉠ 을 가지면서도 최대의 ㉡ 을 이룬 것이라고 본다.

	㉠	㉡
①	주관성	객관성
②	허구성	진실성
③	독창성	보편성
④	복잡성	일관성

37 비평 준거에 따라 분류한 해석 비평과 평가 비평에 대한 설명으로 옳지 않은 것은?

① 해석 비평은 문학의 체계와 의미 구조를 밝혀내고 이론적 체계를 마련하고자 한다.
② 해석 비평은 비평을 통해 작가의 창작을 자극하고 독자를 이끌 수 있다고 주장한다.
③ 평가 비평은 가치 평가를 전제하지 않고 이론적 체계화가 성립될 수 없다는 입장이다.
④ 평가 비평은 작품 구조에 대한 해석보다 작품의 좋고 나쁨을 구분하고 비판하는 것에 관심을 둔다.

38 마르크스주의 비평가들의 관점이 아닌 것은?

① 계급 투쟁의 행동이나 감정이 얼마나 잘 그려졌는가?
② 무산자의 승리를 예견하고 보장하고 있는가?
③ 무산자 계급의 투쟁 현실을 얼마나 잘 반영했는가?
④ 작가의 출신이나 교육 정도가 작품에 어떤 영향을 끼쳤는가?

39 다음 학자들이 설명하는 문학비평 방법론은?

> - 리드(H. Read) : 작품 비평의 척도로서 '도그마' 설정의 중요성을 강조한다.
> - 라캉(J. Lacan) : 프로이트의 정신분석학에 구조주의 언어학을 첨가했다.
> - 홀랜드(N. Holland) : 독자들은 같은 작품을 각각 다르게 해석하고 자기만의 환상을 투사한다고 주장한다.

① 구조주의 비평
② 형식주의 비평
③ 심리주의 비평
④ 신비평

40 다음 작품에서 말하는 얼굴의 상징적 의미는?

> 나는 멍하니 드러누워 생각을 모으려고 애를 썼다.
> 나의 아픔은 어디서 온 것인가. 혜인의 말처럼 형은 6·25의 전상자이지만, 아픔만이 있고 그 아픔이 오는 곳이 없는 나의 환부는 어디인가. 혜인은 아픔이 오는 곳이 없으면 아픔도 없어야 할 것처럼 말했지만, 그렇다면 지금 나는 엄살을 부리고 있다는 것인가.
> 나의 일은, 그 나의 화폭은 깨어진 거울처럼 산산조각이 나 있었다. 그것을 다시 시작하기 위하여 나는 지금까지보다 더 많은 시간을 망설이며 허비해야 할는지도 모른다. 어쩌면 그것은 나의 힘으로는 영영 찾아내지 못하고 말 얼굴일는지도 모를 일이었다. 나의 아픔 가운데에는 형에게서처럼 명료한 얼굴이 없었다.
>   - 이청준, 「병신과 머저리」

① 서술자의 마음
② 서술자의 권위
③ 서술자의 정체성
④ 서술자의 형제애

제9회 적중모의고사 | 문학개론

제한시간: 50분 | 시작 ___시 ___분 – 종료 ___시 ___분

정답 및 해설 193p

01 문학 기원설과 주창한 학자가 바르게 짝지어지지 <u>않은</u> 것은?

① 발생학적 기원설 – 매켄지
② 자기표현본능설 – 허드슨
③ 발라드 댄스설 – 몰튼
④ 흡인본능설 – 스펜서

02 다음 괄호 안에 들어갈 말로 알맞은 것은?

> 객관적 환경은 인류 공통의 요소이고 문학에서 ( )으로 나타난다.

① 개성
② 항구성
③ 객관성
④ 보편성

03 문학적 언어에 대한 설명으로 옳지 <u>않은</u> 것은?

① 문학에서 사용되는 언어는 표현적 묘사이므로 함축적이다.
② 문학은 표현하려는 것을 미적 대상으로 구체화·형상화한다.
③ 하나의 단어 안에 여러 의미를 포함시킬 수 있다.
④ 문학적 언어를 통한 표현은 의미의 전달이 목적이다.

04 문학의 교훈적 기능에 대한 내용으로 가장 적절한 것은?

① 「우리들의 행복한 시간」을 읽으며 카타르시스를 느꼈다.
② 「소나기」를 읽고 순수한 사랑에 감동을 받았다.
③ 「영웅시대」는 재미있어서 드라마로 만들어 지기도 했다.
④ 「톰 아저씨의 오두막집」은 미국 남북 전쟁의 씨앗이 되었다.

05 장르에 대한 설명으로 옳지 않은 것은?
① 문학의 이해 및 설명에 유용하다.
② 작품 상호 간의 관계를 체계적으로 정리할 수 있다.
③ 아리스토텔레스는 『시학』에서 4분법을 제시하였다.
④ 장르 구분은 민족, 언어, 시대에 따라 달라지기도 한다.

06 다음에서 설명하는 문학 장르는 무엇인가?

> 4대 장르 중 가장 주관적이며 오래된 양식이다.

① 시
② 소설
③ 수필
④ 희곡

07 다음 시에서 나타난 이미지는?

> 눈을 가만 감으면 굽이 잦은 풀밭 길이
> 개울물 돌돌 길섶으로 흘러가고,
> 백양 숲 사립을 가린 초집들도 보이구요.
> – 김상옥, 「사향」

① 미각적 이미지
② 청각적 이미지
③ 후각적 이미지
④ 촉각적 이미지

08 다음 시에서 사용된 수사법이 아닌 것은?

> 돌담에 속삭이는 햇발같이
> 풀 아래 웃음 짓는 샘물같이
> 내 마음 고요히 고운 봄길 위에
> 오늘 하루 하늘을 우러르고 싶다.
>
> 새악시 볼에 떠오는 부끄럼같이
> 시의 가슴에 살포시 젖는 물결같이
> 보드레한 에메랄드 얇게 흐르는
> 실비단 하늘을 바라보고 싶다.
> – 김영랑, 「돌담에 속삭이는 햇발」

① 대유법
② 은유법
③ 직유법
④ 의인법

09 다음 중 시의 형식상 분류에 포함되지 않는 것은?
① 정형시
② 자유시
③ 산문시
④ 서사시

10 시의 어조에 대한 설명으로 옳지 않은 것은?
① 시적 대상이나 독자에 대한 시적 화자의 태도 또는 목소리를 말한다.
② 어조는 시적 분위기나 정서와 관련된다.
③ 대체로 시어의 어미에서 잘 드러난다.
④ 시의 어조는 한 작품에서 반드시 일관성을 유지한다.

11 다음 작품에 나타난 음보율은?

> 나 보기가 역겨워
> 가실 때에는
> 말없이 고이 보내 드리우리다
>
> 영변(寧邊)에 약산(藥山)
> 진달래꽃
> 아름 따다 가실 길에 뿌리우리다
>   - 김소월, 「진달래꽃」

① 2음보
② 3음보
③ 4음보
④ 5음보

12 로망스에 대한 설명으로 옳지 <u>않은</u> 것은?

① 주로 용감한 기사들의 무용담이나 사랑·모험 등의 이야기를 다룬다.
② 「아서왕 이야기」, 「샤를마뉴 이야기」 등이 대표적인 작품이다.
③ 시대적 삶에 대한 문제의식을 담고 있다.
④ 내용상 아이러니의 형질이 없다.

13 소설의 주제에 대한 설명으로 옳지 <u>않은</u> 것은?

① 작품 속에 구체적으로 나타내려는 작가의 의도를 말한다.
② 작가의 가치관, 인생관, 세계관이 담겨 있다.
③ 작품의 플롯, 인물 등에 의해 형상화된다.
④ 작가의 설명이나 기술로 구현된다.

14 플롯(Plot)에 대한 설명으로 옳은 것을 〈보기〉에서 모두 고른 것은?

> ─ 보기 ─
> ㄱ. 시간적 순서대로 배열된 사건의 서술이다.
> ㄴ. 주제를 구현하는 논리적·지적 기법이다.
> ㄷ. 'And(그리고)'의 반응을 이끌어 낸다.
> ㄹ. 동적 모티프의 집합이다.
> ㅁ. 인과 관계에 의한 일련의 사건을 뜻한다.

① ㄱ, ㄴ
② ㄴ, ㄷ
③ ㄴ, ㅁ
④ ㄷ, ㅁ

15 다음 중 액자형 플롯과 거리가 먼 것은?

① 안국선의 「금수회의록」
② 박태원의 「천변풍경」
③ 김동인의 「배따라기」
④ 안국선의 「시골노인 이야기」

16 소설의 인물(Character)에 대한 설명으로 옳지 <u>않은</u> 것은?

① 인물들의 갈등을 중심으로 이야기가 전개된다.
② 소설에 등장하는 사람들을 말한다.
③ 인물의 내면적 속성인 성격을 포함한다.
④ 사건과 행동의 객체이다.

17 다음에서 설명하는 인물의 유형은?

- 대개 근대 사회 이후에 나타난 소설의 주인공 유형을 일컫는다.
- 악마적인 성격을 지니거나 보편적 사회 질서에 맞서는 인물로 나타난다.

① 전형적 인물
② 개성적 인물
③ 입체적 인물
④ 문제적 인물

18 다음 중 소설의 인물 설정 방법이 다른 하나는?

① 서술자가 인물의 행동, 대화, 표정을 통해 간접적으로 묘사한다.
② 독자가 등장인물의 성격이나 심리를 쉽게 이해할 수 있다.
③ 독자의 상상적 참여가 가능하다.
④ 서술자가 인물을 표현하는 데 있어서 제약이 있다.

19 제재의 성격에 따라 분류한 소설의 종류와 거리가 먼 것은?

① 연애 소설
② 대중 소설
③ 순수 소설
④ 역사 소설

20 희곡에 대한 설명으로 옳지 않은 것은?

① 작가가 직접 개입하거나 해설할 수 있다.
② 인물의 심리 묘사에 제약을 받는다.
③ 관객에게 재미를 주고 카타르시스를 경험하게 한다.
④ 배우, 관객, 무대 등과 더불어 연극의 구성요소이다.

21 희곡 인물의 성격 제시 방법이 아닌 것은?

① 독백
② 방백
③ 행동
④ 서술

22 대사(臺詞)에 대한 설명으로 옳지 않은 것은?

① 인물이 무대에서 상대방 없이 혼자 하는 말을 방백이라고 한다.
② 대사를 통해 인물의 생각이나 성격, 인물 간의 관계와 갈등 등을 전달한다.
③ 등장인물이 하는 말로서, 대화, 독백, 방백으로 분류한다.
④ 극적 효과와 전달성을 높일 수 있는 집중적・압축적 대사이어야 한다.

23 희곡 구성상 상승 단계에 대한 설명으로 옳지 않은 것은?

① 사건과 성격이 복잡해지고 갈등이 구체화된다.
② 극적 행동에 대한 관객의 주의를 집중시키는 단계이다.
③ 심리적 긴장이 고조되며 극의 속도가 빨라진다.
④ 새로운 인물이나 사건이 개입되어서는 안 된다.

24 다음에서 설명하는 것은 무엇인가?

> 관객은 비극을 보며 공포와 연민의 감정을 느끼고, 이러한 감정을 배설함으로써 마음이 정화되는 경험을 한다.

① 시퀀스(Sequence)
② 카타르시스(Catharsis)
③ 컨벤션(Convention)
④ 유희(Play)

25 희곡의 삼일치론에 대한 설명으로 옳지 않은 것은?

① 인물의 행동으로 일어나는 사건은 작가의 의도나 주제와 일치해야 한다.
② 극의 사건은 가능한 한 24시간 내에 끝나야 한다.
③ 모든 사건은 가능한 한 같은 장소 안에서 이루어져야 한다.
④ 아리스토텔레스가 제시한 법칙으로 현대까지 예외 없이 지켜진다.

26 수필에 대한 설명으로 옳지 않은 것은?

① 경수필은 인상적·감성적이다.
② 중수필은 대체로 사회적 문제를 대상으로 한다.
③ 경수필은 몽테뉴형 수필류를 말한다.
④ 중수필은 대상에 대한 표현이 암시적이다.

27 문학비평의 영역에 대한 설명으로 옳지 않은 것은?

① 작품은 작가가 생산해낸 생산물이다.
② 대상은 개성과 독창성을 지닌 미적 실체이다.
③ 작가는 작품을 창조해내는 존재이다.
④ 독자는 작품에 가담하는 경험적 존재이다.

28 문학비평론과 주장한 학자를 바르게 연결한 것은?

① 신화·원형 비평 - 프라이(N. Frye), 보드킨(M. Bodkin)
② 사회·문화적 비평 - 존 랜섬(J. C. Ransom), 테이트(A. Tate)
③ 구조주의 비평 - 골드만(L. Goldmann), 루카치(G. Lukács)
④ 신비평 - 생트뵈브(Sainte Beuve), 테느(H. A. Taine)

29 비교문학에 대한 설명으로 옳지 않은 것은?
① 문학을 단순 비교하는 것이 아니라 뚜렷한 목적을 수행하기 위한 비교이다.
② 최소한 두 민족 이상의 문학을 비교해야 한다.
③ 비교되는 문학은 각각의 독자성 및 영향관계가 뒷받침되어야 한다.
④ 비교문학은 일정한 형식과 독자적 접근 방식으로 비교·분석한다.

30 다음에서 설명하는 영향의 범주는?

> 대개 습작기의 작가가 자기의 것이 형성되기 이전에 있는 것으로, 비교적 단기간이라는 특징을 가진다.

① 차용
② 암시
③ 모방
④ 번안

31 다음 중 운율 형성 방법과 거리가 먼 것은?
① 베리에이션
② 병렬
③ 반복
④ 대유

32 I. A. 리처즈(I. A. Richards)의 이론에 대한 설명으로 옳은 것은?
① 매체는 시인이 본래 표현하고자 하는 사상이나 정서 등의 주된 요소이다.
② 주지는 원관념을 구체화하거나 변용·전달하는 데 사용되는 보조관념이다.
③ 주지와 매체는 차이점을 중심으로 결합된다.
④ 주지와 매체가 비유로 성립되려면 두 관념 사이에 유추적 관계가 내포되어 있어야 한다.

33 문예 사조에 따른 분류가 다른 하나는?
① 디킨스의 「올리버 트위스트」
② 스타인벡의 「분노의 포도」
③ 카프카의 「변신」
④ 도스토옙스키의 「죄와 벌」

34 다음 중 수필이 아닌 것은?
① 이규보의 「백운소설」
② 몽테뉴의 「수상록」
③ 유길준의 「서유견문」
④ 박태원의 「천변풍경」

35 다음에서 설명하는 희곡의 갈래는?

> - 전통적 예술 및 개념을 부정하는 데서 출발하였다.
> - 현실과 환상의 관계에서 상대적 진리를 추구한다.
> - 베게트의 「고도를 기다리며」, 「행복한 나날들」, 이오네스코의 「대머리 여가수」, 장 주네의 「하녀들」 등이 대표적이다.

① 낭만주의극
② 서사극
③ 표현주의극
④ 부조리극

36 다음 괄호 안에 들어갈 말로 알맞은 것은?

> 러시아 형식주의자들은 '문학성(Literariness)'에 관심을 갖고 문학성의 요소로서 언어의 독특한 용법을 제시하였는데, (   )은(는) 일상 언어의 규범을 파괴함으로써 인습화된 의식에 충격을 가하는 것을 말한다.

① 뮈토스
② 재문맥화
③ 낯설게 하기
④ 자동기술법

37 다음 중 문학비평의 기능이 아닌 것은?

① 작가의 위상을 설정해 준다.
② 문학의 이해와 향수를 촉진한다.
③ 작품의 존재 근거를 밝힐 수 있다.
④ 작품의 인기를 좌우한다.

38 다음 중 비교문학의 방법과 관계 없는 것은?

① 독창성 연구
② 영향 연구
③ 유사성 연구
④ 이식 이론

39 희곡의 구성 단계 중 결말에 대한 설명으로 옳지 않은 것은?

① 극적 갈등과 투쟁이 모두 해소된다.
② 극적 행동의 해결 및 이해가 이루어지는 단계이다.
③ 상승에서 정점으로 이어졌던 긴장감이 느슨해진다.
④ 모든 사건이 필연적·논리적으로 귀결된다.

40 문학 구조를 전체적으로 파악할 때의 특징으로 옳은 것은?

① 내용과 형식의 이분법적 이론이 성립한다.
② 작품이 문학 외적인 것으로 환원되도록 돕는다.
③ 작품 감상의 편협적 태도에 빠질 수 있다.
④ 문학작품과 작품 이전의 소재를 구별하고 설명할 수 있다.

제10회 적중모의고사 | 문학개론

제한시간: 50분 | 시작 ___시 ___분 – 종료 ___시 ___분

정답 및 해설 197p

01 문학의 기능에 대하여 다음과 같이 주장한 인물은?

> "시인은 부도덕하고 무가치한 허상을 모방하며 진실을 가리므로 추방되어야 한다."고 주장하며 문학의 교시적 기능을 주창했다.

① 칸트
② 아리스토텔레스
③ 플라톤
④ 콜리지

02 다음 중 문학의 속성이 아닌 것은?

① 표현성
② 개성
③ 보편성
④ 항구성

03 문학 구조를 전체적으로 파악할 때의 특징으로 옳지 않은 것은?

① 작품 감상의 편협적 태도에서 탈피할 수 있다.
② 문학을 진실 추구 외의 다른 목적으로 이용할 수 있는 개방성을 획득한다.
③ 문학작품과 작품 이전의 소재를 구별하고 설명할 수 있다.
④ 문학작품이 문학 외적인 것으로 환원되는 것을 막을 수 있다.

04 문학 장르에 대한 설명으로 옳지 않은 것은?

① 극양식은 인물의 대화와 행동을 통해 사건을 전개하는 문학이다.
② 교술양식은 정보와 지식을 전달하는 문학이다.
③ 서사양식은 사건을 객관적으로 서술하는 문학이다.
④ 서정양식은 개인의 주관적인 정서를 노래하는 문학이다.

05 다음 시에서 두드러지는 시어의 특성은?

> 한 송이의 국화꽃을 피우기 위해
> 봄부터 소쩍새는
> 그렇게 울었나 보다.
> (중략)
> 노오란 네 꽃잎이 피려고
> 간밤엔 무서리가 저리 내리고
> 내게는 잠도 오지 않았나 보다.
>   - 서정주, 「국화 옆에서」

① 긴장성
② 애매성
③ 함축성
④ 음악성

06 은유에 대한 설명으로 가장 적절한 것은?

① 무생물을 생물처럼 표현하거나 동식물에게 인격을 부여하는 표현법이다.
② 원관념에 해당하는 사물이나 관념을 보조 관념과 직접적으로 비교하는 방법이다.
③ 사물의 일부나 특징을 들어서 그 자체나 전체를 나타내는 비유법이다.
④ 비교되는 두 가지 사물이나 관념이 동일 관계로 이어지는 비유법이다.

07 다음이 설명하는 비유론은?

> "리처드왕은 사자다."라는 예문에서 비유를 형성하는 두 개의 관념, '리처드왕'과 '사자'는 제각기 독자성을 가지는데, 이때 주지는 매체에 작용하고, 매체 또한 주지에 작용하므로 양자는 서로 역동적인 상관관계를 가진다.

① 비교론
② 대치론
③ 상호작용론
④ 치환론

08 다음 중 심상의 유형이 <u>다른</u> 하나는?

① 분수처럼 흩어지는 푸른 종소리
② 접동새 소리 별 그림자
③ 나비 허리에 새파란 초생달이 시리다.
④ 그 여름의 고요한 무지개

09 서정시(Lyric)에 대한 설명으로 옳지 <u>않은</u> 것은?

① 대부분의 현대시는 서정시이다.
② 시의 음악성·함축성을 중요시한다.
③ 개인의 주관적 정서와 사상을 다룬다.
④ 시의 길이는 극시보다 길고 서사시보다 짧다.

10 다음 작품의 밑줄 친 부분 중 상징하는 것이 다른 하나는?

> 해야 솟아라, 해야 솟아라, 말갛게 씻은 얼굴 고운 해야 솟아라. 산 너머 산 너머서 어둠을 살라 먹고, 산 넘어서 밤새도록 ㉠ <u>어둠</u>을 살라 먹고, 이글이글 앳된 얼굴 고운 해야 솟아라. / ㉡ <u>달밤</u>이 싫어, 달밤이 싫어, ㉢ <u>눈물 같은 골짜기</u>에 달밤이 싫어, 아무도 없는 뜰에 달밤이 싫어. / 해야 고운 해야, 늬가 오면, 늬가사 오면, 나는 나는 청산이 좋아라, 훨훨훨 깃을 치는 ㉣ <u>청산</u>이 좋아라. 청산이 있으면 홀로래도 좋아라.
>
> — 박두진, 「해」

① ㉠
② ㉡
③ ㉢
④ ㉣

11 다음에서 설명하는 소설의 기원설은?

> • 본격적인 소설의 특질을 이야기(Story)가 아닌 인간성 탐구와 인생표현으로 보았다.
> • 리차드슨의 「파멜라(Pamela)」를 최초의 소설로 보았다.

① 시 양식이 퇴보하면서 소설이 출발했다고 보는 견해
② 고대 서사문학에서 소설이 기원했다고 보는 견해
③ 소설이 근대 사회의 발달로 출발했다고 보는 견해
④ 중세 로망스에서 소설이 기원했다고 보는 견해

12 소설의 주제에 대한 설명으로 옳은 것을 다음 〈보기〉에서 모두 고른 것은?

> ─ 보기 ─
> ㄱ. 소설이 말하고자 하는 '무엇'에 해당한다.
> ㄴ. 특수한 상황이나 경우를 알려준다.
> ㄷ. 제재의 속성을 추상화·일반화하여 얻는다.
> ㄹ. 구체적이다.

① ㄱ, ㄷ
② ㄱ, ㄹ
③ ㄴ, ㄷ
④ ㄴ, ㄹ

13 플롯(Plot)과 스토리(Story)에 대한 설명으로 옳지 <u>않은</u> 것은?

① 플롯은 동적 모티프의 집합이다.
② 플롯은 논리적 전개가 이루어져야 한다.
③ 스토리는 시간적 순서대로 배열된 사건의 서술이다.
④ 스토리는 'And(그리고)'의 반응을 이끌어 낸다.

14 플롯(Plot) 유형과 작품이 <u>잘못</u> 연결된 것은?

① 양귀자의 「원미동 사람들」 – 피카레스크 구성
② 김동인의 「배따라기」 – 액자 구성
③ 안국선의 「시골노인 이야기」 – 옴니버스 구성
④ 박태원의 「천변풍경」 – 피카레스크 구성

15. 소설의 인물(Character)에 대한 설명으로 옳지 않은 것은?
    ① 소설에 등장하는 사람을 말하며 성격을 포함하지 않는다.
    ② 작가가 지닌 사상이나 가치관을 구체적으로 구현해 주는 존재이다.
    ③ 소설에 등장하는 사람으로 사건과 행동의 주체이다.
    ④ 소설의 구성 요소 중 가장 중요한 비중을 차지한다.

16. 3인칭 관찰자 시점에 대한 설명으로 옳지 않은 것은?
    ① 작가가 외부 관찰자의 입장에서 이야기를 서술하는 시점이다.
    ② 작가는 자기 주관, 해설, 평가를 배제한다.
    ③ 인물의 감정이나 심리 상태를 구체적으로 제시할 수 없다.
    ④ 주요섭의 「사랑손님과 어머니」는 대표적인 3인칭 관찰자 시점이다.

17. 다음과 같이 소설을 분류한 학자는?

    > 소설은 행동 소설, 성격 소설, 연대기 소설, 극적 소설, 시대 소설로 분류된다.

    ① 루카치(G. Lukacs)
    ② 허드슨(W.H. Hudson)
    ③ 뮤어(E. Muir)
    ④ 워렌 & 브룩스(R. P. Warren & C. Brooks)

18. 다음 중 성격이 다른 소설은?
    ① 나도향의 「젊은이의 시절」
    ② 김동인의 「감자」
    ③ 염상섭의 「표본실의 청개구리」
    ④ 현진건의 「빈처」

19. 희곡에 대한 설명으로 옳지 않은 것은?
    ① 무대 상연을 전제로 하는 연극 대본으로서의 문학이다.
    ② 작가는 등장인물의 말과 행동을 통해 자기 의도를 전달한다.
    ③ 배우, 관객, 무대 등과 더불어 연극의 구성 요소이다.
    ④ 등장인물의 수와 시·공간의 제약이 없다.

20. 다음 중 희곡의 특성과 거리가 먼 것은?
    ① 연극성
    ② 행동성
    ③ 대화성
    ④ 서술성

21. 다음에서 설명하는 희곡의 요소는?

    > 인물의 등·퇴장, 행동·표정·말투, 무대 장치, 무대 효과, 조명 등을 지시하는 부분

    ① 해설
    ② 지문
    ③ 방백
    ④ 대사

22 비극(悲劇)에 대한 설명으로 옳지 <u>않은</u> 것은?
① 결말에서 비장미(悲壯美)를 드러낸다.
② 연민과 공포를 환기시키는 사건을 포함한다.
③ 희극에 비해 삶의 영역이 넓다.
④ 가공적이며 그 자체의 구조적 패턴을 지닌다.

23 수필에 대한 설명으로 옳지 <u>않은</u> 것은?
① 중수필은 '나'가 드러나지 않는다.
② 중수필은 보편적 윤리와 이성으로 짜여진다.
③ 경수필은 지적·사색적이다.
④ 경수필은 주정적 수필이다.

24 수필의 유머와 위트에 대한 설명으로 옳지 <u>않은</u> 것은?
① 수필의 평면성·건조성을 구제해 준다.
② '수필다움'을 지니기 위해 특히 중요하다.
③ 섬세한 정서와 지적 감각을 내포한다.
④ 오직 수필에서만 나타나는 정서이다.

25 다음 중 문학비평의 영역이 <u>아닌</u> 것은?
① 작품
② 독자
③ 작가
④ 주제

26 사회·문화적 비평에 대한 설명으로 옳지 <u>않은</u> 것은?
① 문학작품과 사회 제도·현실과의 관련성에 초점을 둔다.
② 사회·문화적 배경과 관련하여 분석하며 실증적이다.
③ 작가의 전기나 작품의 전달방식에는 관심이 없다.
④ 사회적 여건이 작가에게 결정적인 영향을 미친다는 입장이다.

27 다음 중 방 티겜(P. V. Tieghem)의 비교문학 영역에 해당하지 <u>않는</u> 것은?
① 명성론
② 원천론
③ 중개론
④ 이식론

28 영향의 범주에 대한 설명으로 옳지 <u>않은</u> 것은?
① 모방은 일반적으로 수신자가 특별히 선호하는 발신자가 있을 때 일어난다.
② 차용은 수신자가 필요한 부분을 빌려 쓰고 고의로 은폐한 경우이다.
③ 암시는 창작 계기가 발신자에 의해 마련되는 경우를 의미한다.
④ 번안은 원작을 얼마나 잘 이용하여 창조하였는가에 중점을 둔다.

29 비교문학의 방법 중 영향(影響) 연구에 대한 설명으로 옳지 않은 것은?

① 비교문학의 주된 연구 방법이다.
② 문학이라기보다 사회학 또는 역사학이라는 평가를 받는다.
③ 미학적 관심이 높아지면서 등장한 방법이다.
④ 소수의 특성 및 작품에 지나치게 의존하는 경향이 있다.

30 아리스토텔레스의 저서 『시학(詩學)』에 대한 내용으로 옳지 않은 것은?

① 모방론 및 시인옹호론을 주장하였다.
② 희극에서 카타르시스를 체득할 수 있다고 보았다.
③ 희곡의 제약성을 바탕으로 삼일치론을 주장했다.
④ 장르를 서정 양식, 서사 양식, 극 양식으로 분류했다.

31 다음 시에 쓰인 표현법은?

> 내 마음은 호수요,
> 그대 노 저어 오오.
> 나는 그대의 흰 그림자를 안고, 옥 같이 그대의 뱃전에 부서지리라.
>
> 내 마음은 촛불이요,
> 그대 저 문을 닫아 주오.
> 나는 그대의 비단 옷자락에 떨며, 고요히 최후의 한 방울도 남김없이 타오리다.
> — 김동명,「내 마음은」

① 병치   ② 치환
③ 비교   ④ 직유

32 다음 중 음수율에 대한 설명으로 옳은 것은?

① 일정한 음보를 규칙적으로 반복함으로써 형성되는 율격이다.
② 소리의 장단·고저를 규칙적으로 배열하여 형성되는 율격이다.
③ 일정한 음절수를 반복함으로써 형성되는 율격이다.
④ 한국시에서 가장 많은 율격이다.

33 다음 중 인물 유형이 다른 하나는?

①「태평천하」의 윤직원
②「무진기행」의 윤희중
③「춘향전」의 춘향
④「꺼삐딴리」의 이인국

34 다음에서 설명하는 소설의 갈래는?

- 주인공이 일정한 삶의 형성이나 성취에 도달하기까지의 과정을 그린 소설 유형이다.
- 괴테의「빌헬름 마이스터」, 헤르만 헤세의「싯다르타」등이 대표적이다.

① 실존 소설
② 심리 소설
③ 교양 소설
④ 낭만 소설

35. 다음 중 장편 소설에 대한 설명으로 옳지 <u>않은</u> 것은?

① 가독성을 위해 인상의 통일성을 중시한다.
② 입체적 인물이 주로 등장한다.
③ 기교보다 주제와 사상성에 초점을 둔다.
④ 다루는 세계가 넓고 인물도 다양하다.

36. 희곡의 형식 단위에 대한 설명으로 옳지 <u>않은</u> 것은?

① 막(幕)은 연극 및 희곡의 길이와 행동을 구분하는 개념이다.
② 막(幕)은 인물의 등장·퇴장, 배경의 변화, 조명의 암전으로 구분한다.
③ 장(場)은 무대 장면이 변하지 않고 이루어지는 사건의 한 토막을 말한다.
④ 장(場)은 한 막(幕)을 다시 나눈 작은 단락이다.

37. 다음 희곡들을 사조(思潮)에 따라 분류할 때, 어디에 속하는가?

- 입센의 「인형의 집」, 「유령」
- 체호프의 「갈매기」, 「벚꽃 동산」, 「세 자매」

① 낭만주의극
② 사실주의극
③ 표현주의극
④ 서사극

38. 롤랑 바르트(Roland Barthes)의 비평이론에 대한 내용으로 적절하지 <u>않은</u> 것은?

① 비평은 대상 언어에 작용하는 메타 언어이다.
② 비평은 진실을 발견하는 것이 아니라 유효성을 발견하는 것이다.
③ 문학비평의 기본적 기능은 문학의 이해와 향수를 촉진하는 것이다.
④ 작가의 언어와 비평 언어와의 관계, 세계와 대상으로서의 언어의 관계를 고려해야 한다.

39. ㉠과 ㉡에 들어갈 말로 알맞은 것은?

- (㉠)은 어느 한 나라의 문학을 지칭하는 것으로, 비교문학의 기반이 되는 여러 단위의 표시이다.
- (㉡)은 괴테가 국제적으로 서로 영향을 미치는 문학에 대한 명칭으로 사용하기 시작하였고, (㉠)에 대응하는 말이다.

	㉠	㉡
①	일반문학	세계문학
②	국민문학	비교문학
③	일반문학	비교문학
④	국민문학	세계문학

40. 다음 중 비교문학의 경향이 <u>다른</u> 인물은?

① 방 티겜
② 귀야르
③ 르네 웰렉
④ 장 마리 카레

문학개론

정답 및 해설

- **제1회** 정답 및 해설
- **제2회** 정답 및 해설
- **제3회** 정답 및 해설
- **제4회** 정답 및 해설
- **제5회** 정답 및 해설
- **제6회** 정답 및 해설
- **제7회** 정답 및 해설
- **제8회** 정답 및 해설
- **제9회** 정답 및 해설
- **제10회** 정답 및 해설

지식에 대한 투자가 가장 이윤이 많이 남는 법이다.

– 벤자민 프랭클린 –

제1회 정답 및 해설 | 문학개론

01	02	03	04	05	06	07	08	09	10	11	12	13	14	15	16	17	18	19	20
④	①	③	②	③	③	②	②	②	②	②	②	③	②	③	④	①	③	③	③
21	22	23	24	25	26	27	28	29	30	31	32	33	34	35	36	37	38	39	40
②	③	③	①	②	④	③	④	③	④	①	④	②	③	③	③	②	②	④	④

01 정답 ④
① 원시종합예술에서 문학예술이 기원했다는 학설은 발라드 댄스설이다.
② 발라드 댄스설은 몰튼(R. G. Moulton)이 주창했다.
③ 자기표현본능설은 허드슨(Hudson)이 주창했다.

02 정답 ①
플라톤의 시인추방론은 문학의 교시적 기능을 강조한 것이다.

03 정답 ③
③ 문학은 문학 요소들이 유기적으로 결합된 통합적 구조이다.

04 정답 ②
② 문학은 표현하려는 것을 미적 대상으로 삼아 구체화·형상화하는 것이다. 즉, 구체적 형상화를 통해 인생의 진실과 사상을 체험하게 한다.

05 정답 ③
③ 운문 문학과 산문 문학으로 분류한 것은 작품 매체 및 형태에 따른 분류이다. 아리스토텔레스는 서정양식, 서사양식, 극양식으로 분류한 3분법을 제시하였다.

06 정답 ③
문학의 본질적 성격을 가리키는 개념으로, 하나의 문학 언어가 작품 외부를 향한 문자적 의미와 작품 내부를 향한 비유적 의미의 충돌에서 비롯되는 긴장을 품고 있다는 것이다.

07 정답 ②
은유법은 비교되는 두 가지 사물이나 관념을 동일 관계로 이어서 표현하는 방법이다.

08 정답 ②
자연적 상징은 대부분 사람들이 비슷한 의미로 받아들이는 자연물의 상징이다.

09 정답 ②
② '심상'은 시를 구성하는 가장 중요한 요소이다. 모든 시는 이미저리(Imagery)의 패턴을 포함하고 있으며, 모든 이미지는 그 자체가 하나의 패턴이다.

10 정답 ②
음보율은 일정한 음보를 규칙적으로 반복함으로써 형성되는 율격으로, 끊어 읽기가 반복된다. 특히 4음보는 시조나 가사 등에 주로 나타난다.

11 정답 ②
ⓒ의 '눈'은 시련과 고난을 상징하지만, ⓐ의 '눈'은 과거 일을 회상케 하는 매개체이다.
① 어린 시절의 화자를 상징
③ 시련과 고난을 상징
④ 아버지의 사랑을 형상화한 소재

12 정답 ②
로망스(Romance)는 이국적 경향을 지닌 중세의 서사 문학으로, 대부분 영웅호걸과 절세가인이 등장하는 무용담이나 사랑 이야기를 그린다.

13 정답 ③
③ 주제는 작품의 플롯, 인물 등에 의해 형상화되어야 하고, 작가의 설명이나 기술로 구현되어서는 안 된다.

14 정답 ②
소설은 '발단-전개-위기-절정-결말' 단계로 이루어진다. 절정(Climax) 단계를 유발시키는 단계는 위기 단계이다.

15 정답 ③
① 양귀자의 「원미동 사람들」, 박태원의 「천변풍경」은 피카레스크 구성이다.
② 옴니버스에 대한 설명이다.
④ 김동인의 「배따라기」는 액자형 플롯이다.

16 정답 ④
④ 소설은 어휘 선택, 문장 길이, 표현 기법에 따라 문체의 차이가 생긴다.

17 정답 ①
1인칭 주인공 시점은 작품의 주인공이 자기 이야기를 하는 시점으로, 인물의 초점과 서술의 시점이 일치한다.

18 정답 ③
③ 탐정 소설은 제재의 성격에 따른 분류에 속한다.

19 정답 ③
막스 블랙(Max Black)의 상호작용론에 대한 설명이다.

20 정답 ③
③ 정형시는 일정한 형식이나 규칙을 따르는 시로서, 형식이 다양하지 않다.

21 정답 ②
리처즈는 주지(主旨)와 매체(媒體)의 개념을 제시한 학자이다. 원관념으로서의 주지는 시인이 본래 표현하고자 하는 사상이나 정서 등의 주된 요소를 말하고, 보조관념으로서의 매체는 주지를 구체화하거나 변용·전달하는 데 사용되는 표현 방식 또는 수단을 말한다.

22 정답 ③
청각 이미지와 시각 이미지가 단순하게 나열된 복합감각적 이미지이다.
① 청각(종소리)의 시각화(푸른)이다.
② 시각(새파란 초생달)의 촉각화(시리다)이다.
④ 후각(비린내)의 시각화(은빛)인 공감각적 이미지이다.

23 정답 ③
「감자」의 복녀는 입체적 인물이다.
①·②·④ 평면적 인물에 대한 설명이다.

24 정답 ①
① 극적 소설은 행동 소설과 성격 소설의 종합이다.

25 정답 ②
② 본격적인 소설의 첫 단계는 성격 소설이다.

26 정답 ④
희곡의 대사는 일상적 대화가 아니라 극적 효과와 전달성을 높일 수 있는 집중적·압축적 대사여야 하고, 리얼리티(Reality)가 있어야 한다. 방백은 극적 효과를 위해 필요할 때만 활용한다.

27 정답 ③
피천득의 「수필」의 일부분으로, 수필의 속성이 잘 드러난 부분이다.

28 정답 ④
④ 발자크의 「인간희극」은 사실주의 소설이다.

29 정답 ③
희곡이 상연되는 무대는 극이 전개되는 가공 장소이지만, 희곡에서는 이것을 진짜 현실로 받아들인다. 또한 배우는 분장한 인물이지만 실제 인물로 인정하고, 배우의 행동 역시 실제 행동으로 간주한다. 이렇게 배우와 관객 사이에 이루어지는 공공의 약속을 '컨벤션'이라고 한다.

30 정답 ④
④ 희곡은 무대 상연을 전제로 하기 때문에 작가가 직접 개입·해설할 수 없다.

31 정답 ①
① 희곡은 작품 길이나 인물 수, 장소 등에는 제약을 받지만, 주제 설정에는 제약을 받지 않는다.

32 정답 ④
④ 골계는 풍자, 반어, 해학 등을 포괄하는 익살을 뜻하는 말로, 희극의 특징이다.

33 정답 ②
② 수필은 글쓴이의 심미적 안목과 철학적 사색을 바탕으로 하지만 비장함이 담겨 있지는 않다.

34 정답 ③
10종설에 따른 수필의 종류는 관찰 수필, 신변 수필, 성격 수필, 묘사 수필, 비평 수필, 과학 수필, 철학적 수필, 서사 수필, 서한 수필, 사설 수필이다.
③ 개인 수필은 백철의 8종설 분류에 포함되는 수필이다.

35 정답 ③
③ 작가의 상상력 역시 문학비평의 대상이 된다.

36 정답 ③
① 신비평 – 존 랜섬(J. C. Ransom), 테이트(A. Tate)
② 사회·문화적 비평 – 골드만(L. Goldmann), 루카치(G. Lukács)
④ 신화·원형 비평 – 프라이(N. Frye), 보드킨(M. Bodkin)

37 정답 ②
신화·원형 비평은 역사적 변화의 영향을 받지 않고 반복해서 나타나는 신화적 패턴 또는 원형(Archetype)이 문학작품 속에 구체화된다고 주장하며, 원형들이 어떻게 재현·재창조되어 있는지 연구하고 분석한다.

38 정답 ②
② 존재론은 작품을 하나의 실체로 보고 작품 자체만을 분석 대상으로 삼는 관점이다.

39 정답 ④
④ 괴테가 국제적으로 서로 영향을 미치는 문학에 대한 명칭으로 사용하기 시작한 것은 세계문학이다. 비교문학은 프랑스 학자들이 자국의 국문학사를 기록하는 과정에서 작품의 외국적 기원 및 외국에 미친 작품의 영향 관계를 실증적인 방법으로 연구하는 데서 비롯되었다.

40 정답 ④
④ 이행 연구는 이행 자체를 연구할 뿐만 아니라, 작품이 미친 영향 또는 모방(발신자 입장), 작가 또는 작품의 원천 탐구 등(수신자 입장)을 연구 대상으로 한다.

제 2 회 정답 및 해설 | 문학개론

01	02	03	04	05	06	07	08	09	10	11	12	13	14	15	16	17	18	19	20
③	④	③	④	④	①	④	②	③	③	②	④	②	③	④	②	④	④	④	③
21	22	23	24	25	26	27	28	29	30	31	32	33	34	35	36	37	38	39	40
③	④	④	②	①	①	④	④	③	④	②	②	②	④	④	③	①	③	①	①

01 정답 ③
유희본능설을 주창한 학자는 칸트와 스펜서이고, 자기표현본능설은 주장한 학자는 허드슨이다. 모방충동설은 아리스토텔레스가 주창했다.

02 정답 ④
④ 시인추방론은 플라톤이 저서 『공화국』에서 주장한 것으로, 문학의 교시적 기능을 강조한 것이다.

03 정답 ③
③ 문학의 구조는 역동적 구조로서, 구조화시키는 동적인 변화가 있다.

04 정답 ④
④ 문학적 언어는 과학자에게는 거짓된 것이지만, 상상의 세계에서는 진실이라 말할 수 있기 때문에 문학적 진리는 비유적·상징적·직관적 진리이다.

05 정답 ④
④ 작품의 보편성과 개성은 서로 보완 관계를 이루어야 한다.

06 정답 ①
ㅁ. 한국 문학은 시, 소설, 수필, 희곡으로 구분하는 4분법이 기본형이다. 4분법에 평론을 더하여 5분법을 제시하기도 한다.

07 정답 ④
냄새·향과 관련한 구체적인 시어를 통해 실제로 냄새를 맡는 것 같은 느낌을 주는 것을 후각적 이미지라고 한다. 시에서는 '매화 향기'라는 시어를 통해 후각적 이미지를 생성했다.

08 정답 ②
죽은 비유는 일상에서 널리 쓰이는 식상한 비유로, 그 의미를 떠올리는 데 별다른 유추 과정이 필요 없는 표현 방법이다.

09 정답 ③
알레고리컬 상징은 암시적이지 않고 한 가지 의미로 명확하게 고착된 상징을 의미한다.

10 정답 ③
① '정작으로 고와서 서러워라.'에서 역설법이 사용되었다.
② '나빌레라'는 "나비 같구나."의 뜻으로, 은유법이 사용되었다.
④ '하이얀', '파르라니'는 시적 허용이 적용된 시어이다.

11 **정답** ②
② 한국시에서 가장 많은 율격은 음보율(音步律)이다.

12 **정답** ④
근대 사회의 발달로 소설이 출발했다고 보는 견해는 소설의 특질을 이야기(Story)가 아닌 인간성 탐구와 인생 표현으로 보고 '사실주의(Reality)'를 강조했다.

13 **정답** ②
② 로망스(Romance)는 인플레이션 양식을 띤다.

14 **정답** ③
① 단일 구성과 복합 구성은 중심 사건 수에 따른 구분이다.
② 평면적 구성과 입체적 구성은 사건 진행에 따른 구분이다.
④ 명확한 계획 없이 여러 가지 사건을 엮어서 묶어 놓은 플롯은 산만한 플롯이다.

15 **정답** ④
④ 구성(Plot)은 소설의 구조·짜임새를 말하며, 소설 문체와 관련이 없다.

16 **정답** ②
② 평면적 인물은 소설 속에서 처음부터 끝까지 성격 변화를 보이지 않는 인물을 말한다. 특정 사회계층이나 직업, 세대를 대표하는 인물은 전형적 인물이다.

17 **정답** ③
장편(掌篇)은 단편보다 짧은 소설로, 콩트(Conte)라고도 한다.

18 **정답** ④
희곡은 작품의 길이, 등장인물 수, 장소 설정, 배경, 심리묘사 등에 제약을 받는다. 주제 설정은 관계없다.

19 **정답** ④
④ 희곡에서는 전형적·개성적 인물을 자주 등장시킨다.

20 **정답** ③
하강은 결말로 이어지는 단계로, 관객의 긴장을 새로운 방향으로 전환한다.

21 **정답** ③
소포클레스의 「오이디푸스」, 입센의 「인형의 집」, 셰익스피어의 「리어왕」은 비극이고, 셰익스피어의 「베니스의 상인」은 희비극이다.

22 **정답** ④
④ 수필은 누구나 쓸 수 있는 자기표현적인 글로서, 자격이나 전문가가 따로 없다.

23 **정답** ④
10종설에 따른 수필의 종류는, 관찰 수필, 신변 수필, 성격 수필, 묘사 수필, 비평 수필, 과학 수필, 철학적 수필, 서사 수필, 서한 수필, 사설 수필이다.
④ 연단적 수필은 백철의 8종설에 따른 분류에 포함된다.

24 정답 ②
② 비평은 비평가의 주관적 진실에 의존한다.

25 정답 ①
역사·전기적 비평은 작가와 작품의 역사적 배경, 사회적 환경, 작가의 전기 등을 관련시켜 작품을 연구·분석한다. 역사주의 비평과 전기적 비평의 합성어로, 서지·주석적 비평을 포괄한다.

26 정답 ①
① 비어즐리(M. C. Beardsley) & 윔샛(W. K. Wimsatt)이 쓴 용어 중 감정의 오류에 대한 설명이다.

27 정답 ④
④ 문학 자체가 지니는 미학적·심리학적 측면에 대한 연구는 일반 문학 연구이다. 비교문학은 다양한 문학을 그 상호 연관성에 대해 연구하는 것을 목적으로 한다.

28 정답 ④
④ 황순원의 「소나기」는 어린 소년과 소녀의 풋풋한 사랑 이야기로, 교시적 작품에 해당하지 않는다.

29 정답 ③
③ 문학을 연구하기 위해서는 과학적 정밀성과는 다른 체계적 지식을 수립해야 한다. 즉, 문학 연구는 작품이 지닌 '의미'를 이해해야 하므로, 이론적 체계 및 예술적 감수성을 지녀야 한다.

30 정답 ④
④ 아리스토텔레스(Aristoteles)는 저서 『시학(詩學)』에서 모방충동설을 주창하였고, 유희본능설은 칸트, 쉴러, 스펜서가 주창하였다.

31 정답 ②
음보율(音步律)은 일정한 음보를 규칙적으로 반복함으로써 형성되는 율격(끊어 읽기)으로, 한국시에 가장 많이 나타나는 율격이다.

32 정답 ②
산문시는 행과 연의 구분이 없고 운율을 배제한 시이다.

33 정답 ②
병치(竝置)는 시구와 시어를 병렬하여 새로운 의미를 만들어 내는 표현법으로, '군중 속 얼굴들'과 '나뭇가지 위의 꽃잎들'은 두 이미지가 병치되면서 새로운 의미를 생산하고 있다.

34 정답 ④
④ 주지와 매체가 비유로 성립하기 위해서는 두 관념 사이에 유추적 관계가 내포되어 있어야 하며, 유추적 관계는 상상력에 의해 발견되는 것이다.

35 정답 ④
소설은 주로 '서술'을 통해 이야기가 전개되고, 희곡은 '행동과 대화'를 통해 이야기가 전개된다.

36 정답 ③
① · ④ 희곡 인물의 특성이다.
② 개성적인 인물에 대한 설명이다.

37 정답 ①
학자들의 정의를 살펴보면 시의 특성이라는 것을 알 수 있다. 시는 시인의 정서, 감정이나 사상을 형상화하고, 운율적 · 함축적 언어를 사용한다.

38 정답 ③
③ 내적 평가는 형식주의 비평, 신화주의 비평의 관점이다. 외적 평가는 마르크스주의 비평, 리얼리즘 비평의 관점이다.

39 정답 ①
구조주의 비평은 문학작품 속에 내재된 구조를 밝힘으로써 구조적 전체 속에서 이루어지는 각 부분의 관계를 파악할 수 있으며, 이를 통해 작품을 더욱 깊이 있게 이해할 수 있다고 주장한다.

40 정답 ①
작품 속의 '나'가 주인공이자 서술자로, 자기 이야기를 하고 있다. 1인칭 주인공 시점은 독자와의 정서적 거리를 단축시켜 독자에게 친근감과 신뢰감을 준다.

제3회 정답 및 해설 | 문학개론

01	02	03	04	05	06	07	08	09	10	11	12	13	14	15	16	17	18	19	20
③	④	②	②	④	④	④	②	②	①	③	②	②	③	③	①	④	②	②	②
21	22	23	24	25	26	27	28	29	30	31	32	33	34	35	36	37	38	39	40
④	③	②	③	②	①	③	④	③	④	③	④	③	①	②	④	③	③	②	③

01 정답 ③
① 흡인본능설은 남을 끌어들이려는 인간의 흡인본능에서 문학예술이 기원했다는 학설이다.
② 자기표현본능설은 자기표현 욕구에서 문학예술이 기원했다는 학설이다.
④ 발라드 댄스설은 음악, 무용, 문학이 미분화된 상태의 원시종합예술에서 문학예술이 기원했다는 학설이다.

02 정답 ④
④ 문학 자체가 가지는 교시적 기능은 공리적 목적을 지향하는 목적문학이나 선전문학과 구별되어야 한다.

03 정답 ②
② 문학은 미적으로 정화된 정서와 사상을 표현한다.

04 정답 ②
문체는 글투, 글버릇, 글솜씨를 말하는 것으로, 작가는 상투화된 일상적 언어를 의식적으로 왜곡하여 특수하고 개별적인 독특성을 가진 언어로 구현한다.

05 정답 ④
④ 수필에 대한 설명이다.

06 정답 ④
① 직유법에 해당한다.
② 은유법에 해당한다.
③ 환유법에 해당한다.

07 정답 ④
제유법은 일부분이 전체를 나타내는 것으로, 주지와 매체가 일(一) : 다(多)의 관계를 형성한다. 문장에서 '빵'은 식량의 한 종류이지만, 식량 전체를 의미한다.

08 정답 ②
역설(Paradox)은 표면적인 언어 구조 자체가 모순된 진술이지만, 실제로는 진실을 담고 있다.

09 정답 ②
② 현대시는 대부분 내재율을 지닌다.

10 정답 ①
㉠은 '이상 세계'를 의미한다.
②·③·④ '깃발'을 비유한다.

11 정답 ③
근대 사회의 발달로 소설이 출발했다고 보는 학자들은 본격적인 소설의 특질을 이야기(Story)가 아닌 인간성 탐구와 인생 표현으로 보고, 18세기 근대 사회에 이르러 나타난 리차드슨의 「파멜라(Pamela)」를 최초의 근대 소설로 보았다.

12 정답 ②
② 선한 자와 악한 자의 대립은 근대 소설 이전 양식에 나타나는 갈등 구조이다.

13 정답 ②
② 위기 단계에 대한 설명이다.

14 정답 ③
피카레스크(Picaresque)는 몇 개의 독립된 스토리가 그것을 종합적으로 이어 놓은 하나의 플롯 위에 배열된다. 연작 소설, 시리즈 소설이라고도 한다.

15 정답 ③
① 소설 전개에 따라 성격이 발전하고 변화하는 인물은 입체적 인물이다.
② 언제든지 등장만 하면 쉽게 알아볼 수 있는 인물은 평면적 인물이다.
④ 평면적 인물은 환경의 변화에 영향을 받지 않고, 처음부터 끝까지 성격 변화를 보이지 않는다.

16 정답 ①
① 단편 소설은 인생의 단면을 그린다. 인생의 전면을 그리는 것은 장편 소설이다.

17 정답 ②
사실주의 소설은 객관적인 관찰을 통해 현실을 있는 그대로 표현하여 사물의 본질과 내면의 의미를 포착한다. 스탕달의 「적과 흑」, 발자크의 「인간희극」, 디킨스의 「올리버 트위스트」, 하디의 「테스」, 스타인벡의 「분노의 포도」, 도스토옙스키의 「죄와 벌」 등이 사실주의 소설에 해당한다.

18 정답 ④
④ 등장인물의 방백과 독백은 다른 등장인물이 듣지 못한다고 간주하는데, 이는 컨벤션(Convention)에 포함된다.

19 정답 ②
상승은 발단에서 시작된 사건과 성격이 복잡해지고 갈등이 구체화되는 단계이다. 정점(Climax)에 대한 준비 과정으로, 심리적 긴장이 고조되며 극의 속도가 빨라진다.

20 정답 ②
② 희극(喜劇)은 비극에 비해 삶의 영역이 넓다.

21 정답 ④
④ 신변잡기나 잡문과 달리 수필은 냉철한 통찰력과 예리한 비평 정신을 담고 있다.

22 정답 ③
③ 독자는 작가가 의도하는 '참여하기'에 적극 가담하는 경험적 존재이다.

23 정답 ②
존재론은 작품을 하나의 실체로 보고 작품 자체만을 분석 대상으로 삼는 관점으로, 형식주의, 구조주의 신비평과 연계된다.

24 정답 ③
형식주의 비평은 작품 자체를 강조하는 비평으로, 문맥적 비평, 본질적 비평이라고도 한다.

25 정답 ②
② 비교문학은 비교되는 문학의 각각 독자성뿐만 아니라, 작품 사이에 존재하는 차이점과 유사점, 영향 관계, 상호작용 등을 밝힌다.

26 정답 ①
① 불순한 동기에서 나온 행위는 표절이다. 모방은 수신자가 발신자를 의식적으로 닮고자 하는 것으로, 대개 습작기 작가가 자기 것이 형성되기 이전에 있는 것으로 비교적 단기간이라는 특징이 있다.

27 정답 ③
③ 자연과학이 보편적 법칙을 지향하는 데 반해, 문학 연구는 문학작품의 독자성과 개별성을 지향한다.

28 정답 ④
④ 형식주의 관점에 대한 설명이다.

29 정답 ③
③ 시적 언어는 내용의 정확한 전달에 실패한다 하더라도 정서의 환기력이 클 경우 그 역할을 다한 것이라고 보는 입장도 있다.

30 정답 ④
외연적으로는 눈물을 절대 흘리지 않겠다는 의미이지만, 실제로는 화자의 애절한 슬픔이 담겨 있는 시행으로 시적 긴장이 나타난다.

31 정답 ③
한국시에서 말하는 '운율'이란 소리의 반복을 뜻하는 '운(韻)'과 리듬의 반복을 뜻하는 '율(律)'을 의미한다. 두운, 각운, 요운은 반복되는 소리의 위치에 따라 분류한다.

32 정답 ④
'매화 향기 홀로 아득하니'에는 후각적 심상이 나타난다.
①·②·③ 공감각적 심상이 나타나고 있다.

33 정답 ③
수필은 형식상의 제한 요건이 없는 개방된 형식이다.

34 정답 ①
보여주기(Showing)는 간접 묘사로, 인물을 설정하는 극적 방법이다. 직접 묘사는 말하기(Telling) 방법을 취한다.

35 정답 ②

스타인벡의 「분노의 포도」는 사실주의 소설이다.
①·③·④ 실존주의 소설이다.

36 정답 ④

① 희곡의 '행동성'과 '성격'을 수용하여 근대소설 이후 성격 소설과 극적 소설이 발전하였다.
③ 희곡 플롯의 원리가 산만하고 자유로운 소설 구조의 형태에 통일성을 부여하였다.

37 정답 ③

희곡의 내용적 3요소는 인물, 사건, 배경이고, 희곡의 형식적 3요소는 해설, 지문, 대사이다.

38 정답 ③

표현주의극은 산업화·도시화 속에서 살아가는 개인의 자아를 있는 그대로 표현하며, 인간의 내면적 진실을 추구한다.

39 정답 ②

학자들의 정의를 살펴보면 소설의 특성이라는 것을 알 수 있다. 소설은 작가의 상상력으로 창조된 허구세계에 대한 소설로, 인생의 서사가 담겨 있다.

40 정답 ③

독창성은 개성적 생명력을 의미하는 것으로, 낭만주의 비평가들은 독창성이 곧 위대한 작가의 표지(標識)라고 주장한다.

제 4 회 정답 및 해설 | 문학개론

01	02	03	04	05	06	07	08	09	10	11	12	13	14	15	16	17	18	19	20
③	②	②	④	④	③	③	④	①	②	④	③	④	③	③	②	④	④	④	③
21	22	23	24	25	26	27	28	29	30	31	32	33	34	35	36	37	38	39	40
④	①	④	③	④	④	③	②	④	③	③	④	③	①	②	④	④	②	④	②

01 정답 ③
칸트는 '무목적(無目的)의 목적'을 주장하며 문학의 쾌락적 기능을 강조했다.

02 정답 ②
② 시인옹호론을 주장하며 문학의 쾌락적 기능을 강조한 인물은 아리스토텔레스이다.

03 정답 ②
② 문학의 구조는 역동적 구조로서 구조화시키는 동적인 변화가 있다.

04 정답 ④
④ 문장 구조, 어휘 선택 방식, 운율 유형, 비유적 표현 유형 등은 문체를 결정하는 요소이다.

05 정답 ④
④ 시는 직접적 표현이 아닌 함축적 언어 표현을 특징으로 한다.

06 정답 ③
'보얗게 하얀'에서 시각적 이미지가 생성되고, '달콤하고 향긋한 / 풀꽃 냄새'에서 후각적 이미지가 생성되며, '간간하고 짭조름한'에서 미각적 이미지가 생성되었다.

07 정답 ③
③ 원관념과 보조관념의 상관관계가 명확한 것은 은유이다. 상징은 원관념이 숨어 있다.

08 정답 ④
자동기술법(Automatism)은 초현실주의 작가들이 사용한 기법으로, 무의식적 자동 작용을 말한다.

09 정답 ①
① 각운(脚韻)은 둘 이상의 시행에서 동일한 끝소리를 반복하는 형태이다.

10 정답 ②
ㄴ·ㅁ은 시의 특성에 해당한다.

11 정답 ④
역설(Paradox)은 표면적인 언어 구조 자체가 모순된 진술이지만, 실제로는 진실을 담고 있다. '강철로 된 무지개'는 모순된 진술이지만, 비극적 상황을 극복하려는 의지를 담은 역설적 표현이다.

12 정답 ③
③ 작가는 작품의 주제를 드러내기 위해 작품 속에 갈등 양상을 제시한다.

13 정답 ③
① 단일 구성에 대한 설명이다.
② 액자형 플롯에 대한 설명이다.
④ 복합 구성에 대한 설명이다.

14 정답 ④
입체적 인물은 동적 인물로서 소설 전개에 따라 변화한다. 작품 속에서 무궁한 인생을 갖고 있으며, 비극적 역할을 하기에 적합하다.

15 정답 ②
② 독자가 인물을 생동감 있게 접할 수 있는 것은 간접 묘사 방법이다.

16 정답 ③
③ 단편 소설은 생략에 의한 통일성을 꾀한다.

17 정답 ②
② 카프카의 「변신」은 실존주의 소설이다.

18 정답 ④
④ 희곡은 무대 상연을 전제로 하는 연극 대본으로서의 문학이다.

19 정답 ④
④ 희곡은 작품의 길이, 등장인물 수, 배경 설정 등에 제약을 받는다. 창작 목적은 희곡의 제약성과 관계없다.

20 정답 ③
희비극은 희극적 요소(골계)와 비극적 요소(비장)가 종합된 것으로, 비극의 절정에서 행복한 장면으로 전환·비약하면서 막을 내린다.

21 정답 ④
④ 수필은 형식상의 제한 요건이 없는 개방된 형식이지만, 그것이 곧 아무렇게나 써도 된다는 의미는 아니다. 형식의 개방성은 곧 내용의 다양함을 포괄하는 것이다.

22 정답 ①
모방론은 작품과 현실세계와의 관계를 중심으로 보는 관점으로, 현대 사실주의(Realism) 비평의 특징이 된다.

23 정답 ④
④ '해석' 과정에서 작가의 전기와 그 시대의 관계를 밝힌다.

24 정답 ③
③ 서지·주석적 비평을 포괄하는 것은 역사·전기적 비평이다.

25 정답 ④
사회·문화적 비평은 사회·문화적 배경과 관련하여 문학작품을 연구·분석하는 것으로, 문학 사회학 또는 사회학적 비평이라고도 한다. 작가 전기나 작품의 장르, 언어, 전달 방식 등에는 관심이 없다.

26 정답 ④
④ 국민문학은 일반적으로 영국 문학, 프랑스 문학, 러시아 문학, 일본 문학 등으로 구분하고, 그 종합 또는 대립 개념이 세계문학이다.

27 정답 ④
영향의 범주는 모방, 표절, 암시, 번안, 차용 등으로, 습작은 영향의 범주가 아니다.

28 정답 ②
② '내용'은 '형식' 속에 존재하며 형식을 통해서만 가치를 구현할 수 있으므로, 형식과 내용을 따로 구분하여 논의하는 것은 오류라고 주장한다.

29 정답 ④
④ 장력 상징에 대한 설명이다.

30 정답 ③
병치는 시구나 시어가 상관관계를 맺지 않고 각각 독립성을 유지하지만, 두 이미지가 병치되면서 새로운 의미를 생산하는 것이다.

31 정답 ③
각운(脚韻)은 둘 이상의 시행에서 동일한 끝소리를 반복하는 것으로, 제시문에서는 '길'과 '숲'이 행의 끝에서 규칙적으로 사용되었다.

32 정답 ④
④ 자유시는 자유로운 표현을 중시하지만 형식이 없는 것은 아니다. 자유시는 형식이 매우 다양하다.

33 정답 ③
① 은유법에 대한 설명이다.
② 의인법에 대한 설명이다.
④ 대유법에 대한 설명이다.

34 정답 ①
① 극적 소설로 분류할 수 있다.

35 정답 ②
② 근대 소설의 영향을 받아 희곡의 내용이 확대됨으로써 '개인 대 사회의 갈등', '소시민의 생활과의 투쟁' 등 소설적 내용을 다루게 되었다.

36 정답 ④
④ 소설가가 고민해야 하는 영역이다.

37 정답 ④
④ 해석 비평에 대한 설명이다. 평가 비평은 작품의 일반 원리나 구조에 대한 해석보다는 작품의 좋고 나쁨을 구분·비판하는 것에 관심을 둔다.

38 정답 ②
프라이(N. Frye)는 신화·원형 비평가로, 개개 작품을 독립적으로 분석 및 평가하는 것을 지양하고 작품 상호 간의 기본 질서를 찾는 데 중점을 둘 것을 강조한다.

39 정답 ④

마르크스주의 비평은 예술이 물질·경제적 생산에 의해 결정된다는 경직된 목적의식을 가지고 있고, 예술로서의 문학에 소홀한 채 공허한 관념에 사로잡힐 가능성이 높다.
④ 구조주의 비평에 대한 설명이다.

40 정답 ②

② 르네 웰렉은 총체성을 강조하는 학자이고, 귀야르는 실증적 경향의 학자이다.

제 5 회 정답 및 해설 | 문학개론

01	02	03	04	05	06	07	08	09	10	11	12	13	14	15	16	17	18	19	20
③	④	②	③	②	③	④	③	②	④	④	④	③	②	①	④	④	②	④	③
21	22	23	24	25	26	27	28	29	30	31	32	33	34	35	36	37	38	39	40
④	③	④	③	④	②	④	②	②	③	③	③	①	④	③	②	②	①	③	④

01 정답 ③
ㄱ. 자기를 표현하고자 하는 본능에서 문학예술이 기원했다는 학설은 자기표현본능설이다.

02 정답 ④
①·② 칸트는 '무목적의 목적'을 주장하며 문학의 쾌락적 기능을 강조했다.
③ 콜리지의 주장이다.

03 정답 ②
② 형식주의 관점에 대한 설명이다.

04 정답 ③
문장 구조, 어휘 선택 방식, 운율 유형, 비유적 표현 유형 등은 문체를 결정하는 요소이다.

05 정답 ②
애매성이란 두 가지 이상으로 의미 해석이 가능한 시어의 특성을 말한다. 이 시에서 '서러운' 것이 '임'인지 '나'인지 의미가 명확하지 않다.

06 정답 ③
① 은유법은 비교되는 두 가지 사물이나 관념이 동일 관계로 이어지는 표현법이다.
② 직유법은 원관념에 해당하는 사물이나 관념을 보조관념과 직접적으로 비교하는 방법이다.
④ 제유법은 일부분이 전체를 나타내는 것으로, 주지와 매체가 일(一) : 다(多)의 관계를 형성한다.

07 정답 ④
④ 상징은 다른 의미를 함축한다는 점에서 은유의 일종이라 할 수 있다. 하지만 은유는 유사성을 근거로 하는 데 반해, 상징은 상관성이 먼 상징어를 연결하여 의미를 확대·심화시킨다.

08 정답 ③
죽은 비유는 일상에서 널리 쓰이는 식상한 비유로, 그 의미를 떠올리는 데 별다른 유추 과정이 필요 없는 표현 방법이다.

09 정답 ②
ⓒ은 죽음의 세계를 의미한다.
①·③·④ 화자의 죽은 아이를 의미한다.

10 정답 ④
① 몰튼과 허드슨은 고대 서사문학에서 소설이 기원했다고 보았다.
② 소설이 근대 사회 발달로 출발했다고 보는 학자들은 리차드슨의 「파멜라(Pamela)」를 최초의 근대 소설로 보았다.
③ 티보데(Thibaudet)는 중세 로망스에서 소설이 기원했다고 보았다.

11 정답 ④
④ 앙드레 모루아(A. Maurois)는 소설은 허구의 세계에 대한 서술이라고 정의했다.

12 정답 ④
④ 행동성은 희곡의 특성에 해당한다.

13 정답 ③
③ 서술자의 개입이 아니라, 춘향이의 시점에서 서술한 것이다.

14 정답 ②
소설은 '발단-전개-위기-절정-결말' 단계로 이루어지는데, 전개 단계에 대한 설명이다.

15 정답 ①
주로 장편과 현대 소설에서 많이 사용하는 복합 구성은, 플롯 간에 유기적 연관성이 있으며 몇 개의 플롯이 이어져 하나의 커다란 플롯을 이룬다.

16 정답 ④
④ 「꺼삐딴리」의 이인국 박사는 당대 상류층의 전형적 인물이다.

17 정답 ④
단편 소설은 단일한 주제, 단일한 작중 인물, 단일한 사건과 상황 등으로 단일한 인상을 형성한다.
④ 다양한 인물이 등장하는 것은 장편 소설이다.

18 정답 ②
심리주의 소설은 정신분석학의 영향을 받아 작중 인물의 내면과 의식 세계를 관찰하고 분석하는 데 주력한다.

19 정답 ④
리얼리티는 작가의 상상력에 의해 거짓으로 꾸며낸 이야기를 사실인 것처럼 느끼게 하는 것으로, 소설에서의 진실성을 의미한다. 즉 사건의 필연성, 논리성, 개연성이 있어야 한다.

20 정답 ③
③ 희곡은 연극적 성격과 문학적 성격을 아우르는 이중적 문학 형태이다.

21 정답 ④
④ 일상적 대화가 아니라, 극적 효과와 전달성을 높일 수 있는 집중적·압축적 대사이어야 한다.

22 정답 ③
③ 주동 인물과 반동 인물의 대결이 나타나는 단계는 상승이다. 발단에서는 앞으로 일어날 사건이나 등장인물에 대한 소개와 설명이 이루어진다.

23 정답 ④
④ 무대에 오르는 연극은 대부분 2막 이상으로 이루어진 장막극이다.

24 정답 ③
③ 연민은 타인에 대한 감정이고, 공포는 자신에 대한 감정이다.

25 정답 ④
④ 수필은 생활 속의 산문정신을 그대로 표현한 산문 문학이다. 함축성은 시의 특성이다.

26 정답 ②
② 작품과 공감하는 소극적 감상이 아닌, '평가'와 '재창조'로 나아가기 위한 적극적인 감상이어야 한다.

27 정답 ④
④ 구조주의 비평에 대한 설명이다.

28 정답 ②
형식주의는 문학이 문학다운 속성, 즉 '문학성'을 철저하게 그 언어적 조직과 일체화시켜 연구·분석한다.

29 정답 ②
방 티겜(P. V. Tieghem)은 발신자 연구, 수신자 연구, 송신자 연구, 이행(移行) 연구를 비교문학의 영역으로 제시했다.

30 정답 ③
암시는 창작의 계기가 발신자에 의해 마련되는 경우를 의미하는데, 의도가 강하지 않으므로 영향의 범주에 들어간다.

31 정답 ③
한국의 시조·가사는 주로 3·4조, 4·4조이고, 민요는 3·3·2조, 3·3·4조이며, 근대시는 7·5조 운율을 띤다.

32 정답 ③
정형시는 외형률을 갖추고, 자유시는 내재율을 갖추고 있다.

33 정답 ①
① 후각적 이미지와 시각적 이미지가 단순하게 나열되어 있는 복합감각적 이미지이다.

34 정답 ④
전지적 작가 시점에서는 직접 묘사를 통한 해설적·분석적 방법으로 인물을 설정한다.
①·②·③은 간접 묘사를 통한 극적 방법으로 인물을 설정하는 방법이다.

35 정답 ③
③ 입체적 인물은 독자의 예측과 상상력을 초월하여 강렬한 인상을 남긴다.

36 정답 ③
③ 루카치(G. Lukacs)는 주인공이 일정한 삶의 형성이나 성취에 도달하기까지의 과정을 그린 괴테의 「빌헬름 마이스터」, 헤르만 헤세의 「싯다르타」 등을 교양 소설로 분류한다.

37 정답 ②

브레히트의 「코카서스의 백묵원」은 서사극이다.
①·③·④ 부조리극이다.

38 정답 ①

연대기 소설은 거대한 사회와 역사를 배경으로 한 개인의 삶의 과정을 그리는 소설로, 시간과 공간을 총체적으로 그리므로 총체 소설이라고도 한다.
① 「폭풍의 언덕」은 극적 소설이다.

39 정답 ③

희곡의 삼일치론은 아리스토텔레스가 『시학』에서 제시한 고전극의 법칙으로, 사건·행동의 일치, 시간의 일치, 장소의 일치를 말한다.

40 정답 ④

사실주의 비평가는 작품의 진실성을 평가 기준으로 삼는다.
①·②·③은 작품의 독창성을 평가 기준으로 삼는다.

제 6 회 정답 및 해설 | 문학개론

01	02	03	04	05	06	07	08	09	10	11	12	13	14	15	16	17	18	19	20
④	③	③	②	④	③	④	②	③	④	④	①	①	③	③	②	③	④	④	②
21	22	23	24	25	26	27	28	29	30	31	32	33	34	35	36	37	38	39	40
④	②	②	④	④	③	④	①	④	②	③	③	④	①	③	④	③	②	④	③

01 정답 ④
④ 문학예술이 실제 생활과 실용성에 의해 기원했다는 학설은 발생학적 기원설로, 힌(Hirn), 그로세(Grosse), 매켄지(Mackenzie) 등이 주창했다.

02 정답 ③
플라톤은 저서 『공화국』에서 "시인은 부도덕하고 무가치한 허상을 모방하며 진실을 가리므로 추방되어야 한다."고 주장하며 문학의 교시적 기능을 주장하였다.

03 정답 ③
동적 구조론은 대상을 단지 '재현'하는 것이 아니라 '표현'하는 것이므로, 본래 언어 재료로서의 변별적 자질은 달라질 수 있다고 보는 입장이다. 한 작품에 있어 구조의 근본적인 변화가 없더라도 그 구조를 이루는 각 부분의 유기적 연관 관계는 다르게 파악될 수 있다고 주장한다.

04 정답 ②
② 문장 구조, 어휘 선택 방식, 운율 유형, 비유적 표현 유형 등의 요소가 문체를 결정한다. 주제는 문체와 관련이 없다.

05 정답 ④
시어의 특성으로 함축성, 음악성, 애매성, 주관성을 들 수 있다.

06 정답 ③
'해설피 금빛 게으른 울음을 우는 곳'에서 청각(울음)의 시각화(금빛)가 이루어진 공감각적 이미지가 생성되었다.

07 정답 ④
막스 블랙(Max Black)은 비유를 형성하는 두 개의 관념이 제각기 독자성을 가지면서 서로 역동적인 상관관계를 가진다는 상호작용론을 주장하였다.

08 정답 ②
② 화자는 자신의 소망을 '산'이 자신에게 말하는 것처럼 표현하고 있을 뿐, '산'의 위엄을 드러내고 있지는 않다.

09 정답 ③
③ 서사시는 대체로 극시보다 길며 구성이 산만하다.

10 정답 ④
화자는 시련과 역경의 '굽이치는 바다'와 정화된 삶의 영광과 행복의 '백합의 골짜기'를 지나, 절대 고독의 경지인 '마른 나뭇가지 위'에 다다르기를 바란다. 따라서 '까마귀'는 절대 고독의 경지에 다가가는 화자의 모습을 표상한다.

11 정답 ④
④ 로망스에는 아이러니의 형질이 없다.

12 정답 ①
① 소설의 주제는 제재의 속성을 추상화·일반화하여 얻은 것이다.

13 정답 ①
① 단일 구성에 대한 설명이다. 평면적 구성은 여러 가지 사건이 시간의 흐름에 따라 전개된다.

14 정답 ③
평면적 인물은 환경의 변화에 영향을 받지 않고 처음부터 끝까지 성격 변화를 보이지 않는 인물이다.

15 정답 ③
③ 독자와의 정서적 거리를 좁혀 독자에게 친근감·신뢰감을 주는 시점은 1인칭 주인공 시점이다.

16 정답 ②
② 인생의 단면을 예리하게 그린 소설은 단편 소설이다. 장편 소설은 인생의 전면을 총체적으로 그린다.

17 정답 ③
세태 소설은 특정 시기의 풍속이나 세태의 단면을 묘사하는 것을 목적으로 하는 소설 유형으로, 시정 소설(市井小說) 또는 풍속 소설(風俗小說)이라고도 한다. 박태원의 「천변풍경」, 채만식의 「탁류」가 대표적이다.

18 정답 ④
④ 이상의 「날개」, 「봉별기」, 「종생기」 등은 심리주의 소설이다.

19 정답 ④
레제드라마(Lese-drama)는 희곡이라기보다 운문에 더 가까운 문학이다. 대표적으로 괴테의 「파우스트」 제2부를 들 수 있다.

20 정답 ②
② 희곡에서 행동이나 대화를 통해서 인물의 성격을 표현할 수 있다.

21 정답 ④
④ 인간 행위의 진실한 표현인 카타르시스를 체득하는 단계는 결말이다.

22 정답 ②
② 희비극은 비극의 절정에서 행복한 장면으로 전환·비약하면서 막을 내리는 희곡으로, 희극의 하위 분류가 아니다.

23 정답 ②
① 독백에 대한 설명이다.
④ 대화에 대한 설명이다.

24 정답 ④
④ 소설이나 희곡은 다분히 의도적·조직적인 산문인데 비해, 수필은 비의도적이며 생활에서 자연스럽게 배어 나오는 산문이다.

25 정답 ④
④ 작품의 사실성은 평가 기준이 아니다. 문학 작품을 세계와 삶을 모방·반영·재현한 것으로 보고 그 '진실성' 여부에 따라 작품을 평가한다.

26 정답 ③
③ 구조주의는 전체적인 구조에 집중하여 작품의 개성과 가치를 무시하는 경향이 있다.

27 정답 ④
마르크스주의 비평은 유물 사관에 입각하여 문학을 사회주의 건설을 위한 계급 투쟁의 표현 및 수단으로 간주한다. 예술이 물질·경제적 생산에 의해 결정된다는 경직된 목적의식을 가지고 있어서, 예술로서의 문학에 소홀한 채 공허한 관념에 사로잡힐 가능성이 높다.

28 정답 ①
프라이(N. Frye)는 장르 발생 이전의 이야기 문학의 네 가지 뮈토스(Mythos)를 자연의 주기에서 찾았다.
② 여름의 뮈토스는 로맨스이다.
③ 가을의 뮈토스는 비극이다.
④ 겨울의 뮈토스는 아이러니·풍자이다.

29 정답 ④
④ 가치 개념에 지나치게 의존하는 경향이 있어 객관성이 떨어진다는 한계가 있다.

30 정답 ②
아리스토텔레스는 모방 매체를 '언어', 모방 대상을 '인간의 행위', 모방 방식을 '연기'라고 보았다.

31 정답 ③
③ 산문시에 대한 설명이다.

32 정답 ③
직유법은 원관념에 해당하는 사물이나 관념을 보조관념과 직접적으로 비교하는 방법으로, '-같이, -처럼, -마냥' 등이 쓰인다. 시에서는 '크리스마스 카드처럼', '진눈깨비처럼'에서 직유법이 사용되었다.

33 정답 ④
간접 묘사 방법에 대한 설명이다.
①·②·③ 직접 묘사 방법에 대한 설명이다.

34 정답 ①
① 인물의 초점과 서술의 초점이 일치하는 것은 1인칭 주인공 시점이다.

35 정답 ③
① 희곡의 '행동성'과 '성격'을 수용하여 근대 소설 이후 성격 소설과 극적 소설이 발전하였다.
② 희곡의 플롯의 원리는 산만하고 자유로운 소설의 구조의 형태에 통일성을 부여하였다
④ 근대 소설의 영향을 받아 희곡의 내용이 확대됨으로써 '개인 대 사회의 갈등', '소시민의 생활과의 투쟁' 등 소설적 내용을 다루게 되었다.

36 정답 ④
① 막(幕, Act)은 무대와 객석 사이의 장막을 올리고 다시 내릴 때까지의 한 장면을 말한다.
② 막(幕, Act)은 장(場)으로 구성되어 있다.
③ 인물의 등·퇴장, 배경의 변화, 조명의 암전으로 구분하는 것은 장(場, Scene)이다.

37 정답 ③
서사극은 연극과의 완전한 감정 이입을 주장한 아리스토텔레스의 이론과 상반된 극양식이다. 극적 장치로서 '소외 효과'를 사용하는데, 소외 효과는 연극에서 현실의 친숙한 주변을 생소하게 보이게 하여 극중 등장인물과 관객과의 감정적 교류를 방지하게 하는 것이다.

38 정답 ②
문학작품을 세계와 삶을 모방·반영·재현한 것으로 보고, 그 진실성 여부에 따라 작품을 평가하는 입장이다.

39 정답 ④
④ 비극의 특성이다.

40 정답 ③
③ 감정의 카타르시스가 일어나는 단계는 하강과 결말이다.

제 7 회 정답 및 해설 | 문학개론

01	02	03	04	05	06	07	08	09	10	11	12	13	14	15	16	17	18	19	20
②	③	②	④	②	③	②	④	③	①	④	③	④	③	③	②	④	③	②

21	22	23	24	25	26	27	28	29	30	31	32	33	34	35	36	37	38	39	40
④	③	③	④	①	②	④	③	①	①	④	②	④	④	④	④	③	②	②	③

01 정답 ②
아리스토텔레스는 저서 『시학(詩學)』에서 문학을 인간의 보편적·개연적 행위에 대한 모방으로 보고, 작가의 의도에 따라 대상을 예술적으로 모방할 때 예술적 쾌감과 흥미를 느낄 수 있다고 주장했다.

02 정답 ③
③ 문학의 속성은 개성(個性), 보편성(普遍性), 항구성(恒久性)이다.

03 정답 ②
② 문학 구조를 전체적으로 파악할 때, '내용과 형식', '주제와 형태' 등 기존의 이분법적 이론의 모순을 극복할 수 있다.

04 정답 ④
④ 장르 구분은 고정되지 않고 민족, 언어, 시대에 따라 달라지기도 한다.

05 정답 ②
② 시의 정서적 깊이를 증대시키는 것은 시어의 애매성이다.

06 정답 ③
'물구지떡 내음새', '썩달나무 썩는 냄새' 등 시어를 통해 실제 코로 냄새를 맡는 것 같은 후각적 심상을 사용하였다.

07 정답 ②
상징은 본래 전혀 이질적인 두 요소의 폭력적인 결합이라고 할 수 있으며, 이를 통한 재문맥화에서 상징의 기능이 발휘된다.

08 정답 ④
④ 셰익스피어의 희곡은 대부분 극시(Drama) 이다.

09 정답 ③
'사소한 일', '사소함'은 사전적 의미로 사용된 것이 아니라, '소중하고 간절한 것'임을 반어적으로 표현한 것이다.

10 정답 ①
ㄷ·ㅁ. 로망스는 아이러니 형질이 없고 인플레이션 양식을 띤다.

11 정답 ④

개연성(Probability)은 허구를 기본 바탕으로 하는 문학작품에서 실제로 일어날 법한 일을 의미한다.

12 정답 ③

③ 플롯(Plot)은 'Why(왜)'의 반응을 이끌어 낸다. 'And(그리고)'의 반응을 이끌어 내는 것은 스토리(Story)이다.

13 정답 ④

④ 하나의 플롯 속에 또 하나의 플롯이 삽입된 것은 액자형 플롯이다.

14 정답 ③

제시된 작품들은 하나의 플롯 속에 또 하나의 플롯이 삽입된 액자형 플롯이다.

15 정답 ③

① 간접 묘사에 대한 설명이다.
② 직접 묘사는 전지적 작가 시점과 1인칭 관찰자 시점에 적합하다.
④ 인물에 대한 직접적인 설명으로 독자가 인물을 쉽게 이해할 수 있으나, 인물을 생동감 있게 접할 수는 없다.

16 정답 ④

뮤어(E. Muir)는 소설을 행동 소설, 성격 소설, 극적 소설, 연대기 소설, 시대 소설로 분류했다.

17 정답 ②

② 사르트르의 「구토」는 실존주의 소설이다.

18 정답 ④

아리스토텔레스가 『시학』에서 제시한 삼일치론은 고전극의 법칙으로, 현대에서는 지켜지지 않는 경우도 있다. 사건·행동의 일치, 시간의 일치, 장소의 일치가 있다.

19 정답 ③

③ 희곡의 인물은 전형적이며 개성적이어야 한다. 전형적 인물은 인생을 직접적으로 재현하는 극적 표현을 더욱 선명하게 부각시킬 수 있다.

20 정답 ②

② 하강은 파국 또는 대단원으로 향하는 단계로, 새로운 인물이나 사건이 개입되어서는 안 된다.

21 정답 ④

소극은 희극의 가장 간단하고 비속한 형태로 '저속한 코미디(Low comedy)'라고도 부른다. 웃음 자체를 위한 대사의 묘미나 성격 묘사보다는 육체적 익살스러움과 거친 기지, 우스꽝스러운 상황의 창조 등의 계략으로 웃음을 자아낸다.

22 정답 ③

③ 수필은 형식상의 제한 요건이 없는 개방된 형식이다.

23 정답 ③

효용론은 문학작품이 독자 또는 사회에 어떠한 영향을 미치는지의 문제, 즉 사회적 실용성과 예술적 효용성을 가치 판단의 척도로 삼는다.

24 정답 ④
④ 신화·원형 비평에 대한 설명이다.

25 정답 ①
① 구조주의 비평 – 소쉬르(F. Saussure), 레비스트로스(Claude Lévi-Strauss), 야콥슨(R. Jacobson), 롤랑 바르트(R. Barthes)
② 신비평 – 존 랜섬(J. C. Ransom), 비어즐리(M. C. Beardsley), 윔샛(W. K. Wimsatt)
③ 신화·원형 비평 – 프라이(N. Frye), 보드킨(M. Bodkin)
④ 역사·전기적 비평 – 생트뵈브(Sainte Beuve), 테느(H. A. Taine)

26 정답 ②
방 티겜(P. V. Tieghem)은 비교문학의 영역을 발신자 연구, 수신자 연구, 송신자 연구, 이행 연구로 구분한다. 여기에서 '이행'은 문학이 언어적 국경을 넘어 운반되는 것을 말한다.

27 정답 ④
① 모방론: 작품과 현실 중심
② 존재론: 작품 자체 중심
③ 효용론: 작품과 독자를 중심

28 정답 ③
문학을 다른 예술과 구분하는 기준은 언어 매체이다.

29 정답 ①
① 시인추방론을 주장한 인물은 플라톤이다. 아리스토텔레스는 시인옹호론을 주장했다.

30 정답 ①
관습적 상징은 사회적으로 공인되어 관습적으로 사용하는 상징으로, 제도적 상징, 자연적 상징, 알레고리컬 상징으로 구분할 수 있다. 원형적 상징은 인류나 민족의 무의식 속에 내재되어 면면이 이어지는 보편적인 상징이다.

31 정답 ④
산문시와 산문은 행과 연의 구분이 없다는 면에서는 일치하지만, 산문시는 산문에는 없는 시 정신이 담겨 있다.
④ 산문시는 운율을 배제하고 산문 형식을 띤다.

32 정답 ②
② 평면적 인물은 환경의 변화에 영향을 받지 않고 성격의 변화를 보이지 않는다.

33 정답 ④
체호프의 「갈매기」는 사실주의극이다.
①·②·③ 표현주의극이다.

34 정답 ④
④ 작가가 다루는 영역이다.

35 정답 ④
④ 내적 평가는 문학 자체로써 문학에 접근하는 것으로, 문학적 구조 및 방법을 연구한다. 이에 문학을 지나치게 문학 자체로 한정하는 단점이 있다.

36 정답 ③
마르크스주의 비평가들은 테느(H. A. Taine)의 '문학 결정 3요소'에 경제적 요소를 첨가하여 4요소를 주장한다.

37 정답 ③
허시(E. D. Hirsch)는 비평은 작품에 대한 자신의 해석을 다른 사람이 이해할 수 있도록 효과적으로 진술하는 문학 장르라고 주장하며, 이해와 해석에 대한 개념을 정리했다.

38 정답 ②
고전주의는 17세기 무렵 성행한 문예 사조로 이성과 합리를 강조한다. 낭만주의는 고전주의에 반발하며 18~19세기 초에 성행한 문예 사조이다. 사실주의는 19세기에 성행한 사조로, 경험적 현실을 유일한 세계·가치로 인식하려 하고, 심리주의는 19세기 후~20세기에 성행한 사조로, 인물의 내면세계를 관찰하는 데 주력한다.

39 정답 ②
1인칭 관찰자 시점은 작품에 등장하는 부수적 인물이 주인공의 이야기를 서술하는 시점으로, 관찰자의 눈에 비친 외면적 관찰을 기록한다.

40 정답 ③
③ 문학 연구는 작품을 이해하는 하나의 방법이며, 그것이 곧 작품 그 자체는 아니다.

제8회 정답 및 해설 | 문학개론

01	02	03	04	05	06	07	08	09	10	11	12	13	14	15	16	17	18	19	20
④	②	④	④	④	③	①	③	②	①	④	①	①	④	③	①	③	③	②	③

21	22	23	24	25	26	27	28	29	30	31	32	33	34	35	36	37	38	39	40
②	③	④	④	④	③	④	①	②	②	③	②	④	②	③	④	②	④	③	③

01 정답 ④
① 발생학적 기원설은 문학예술이 실제 생활과 실용성에 의해 기원했다는 학설이다.
② 자기표현본능설은 자기표현 욕구에서 문학예술이 기원했다는 학설이다.
③ 흡인본능설은 남을 끌어들이려는 인간의 흡인본능에서 문학예술이 기원했다는 학설이다.

02 정답 ②
② 보편적 인간 정서와 객관적 환경은 인류 공통의 요소이고 문학에서 보편성으로 나타난다.

03 정답 ④
④ 직접적 설명은 과학적 언어의 특성이다.

04 정답 ④
문학의 쾌락적 기능은 관능적이거나 저속한 쾌락이 아니라 정신적 즐거움과 감동을 말한다. 즉 미적·지적 쾌락을 중요시한다.

05 정답 ④
④ 한국 문학은 서정(시), 서사(소설), 극(희곡), 교술(수필)의 4분법 장르 구분을 따른다. 평론을 더하여 5분법을 따르기도 한다.

06 정답 ③
① '흙이 풀리는 내음새'는 후각적 심상이다.
② '행인의 손을 쥐면 따뜻하리라'는 촉각적 심상이다.
④ '산짐승의 우는 소리', '잔나비 우는' 등은 청각적 심상이다.

07 정답 ①
① 시는 돌아갈 수 없는 고향에 대한 그리움을 표현하고 있지만, 산업화로 인해 고향이 사라진다는 내용은 찾아볼 수 없다.

08 정답 ③
③ 일상적 언어는 가능한 한 사전적·지시적 의미를 명확하게 전달하려 하지만, 시어는 언어의 애매성을 통해 정서적 깊이를 증대시키려 한다.

09 정답 ②
① 환유법에 대한 설명이다.
③ 제유법에 대한 설명이다.
④ 의인법에 대한 설명이다.

10 정답 ①
반어(Irony)는 표현의 효과를 높이기 위하여 실제와 반대되는 뜻의 말을 하는 표현법이다.

11 정답 ④
창조적 상징은 작가가 자신의 작품 속에서만 특수한 의미로 사용하는 상징으로, 한 개인의 개성·창조적 능력에 의해 창출해 낸다.

12 정답 ①
몰튼(R. G. Moulton)과 허드슨(W. H. Hudson)은 고대 서사시가 영역을 확대하여 소설의 모태가 되었다고 주장하였다.

13 정답 ①
① 모든 소설이 예술성을 갖추는 것은 아니다.

14 정답 ④
① 옴니버스(Omnibus)에 대한 설명이다.
② 액자형 플롯에 대한 설명이다.
③ 피카레스크(Picaresque)에 대한 설명이다.

15 정답 ③
ㄱ·ㄴ·ㅂ. 소설의 구성 3요소이다.

16 정답 ①
② 전지적 작가 시점에 적합한 것은 직접 묘사이다.
③·④ 직접 묘사에 대한 설명이다.

17 정답 ③
3인칭 관찰자 시점에 대한 설명으로, 작가는 자기 주관·해설·평가를 배제하고 객관적으로 인물을 관찰·제시하여 독자에게 보여 주어야 한다.

18 정답 ③
① 평면적 인물에 대한 설명이다.
② 입체적 인물에 대한 설명이다.
④ 개성적 인물에 대한 설명이다.

19 정답 ②
루카치(G. Lukacs)는 소설을 추상적 이상주의, 환멸의 낭만주의, 교양소설, 톨스토이형 소설로 분류했다.

20 정답 ③
③ 역사 소설은 역사적 사실을 바탕으로 한 소설로, 제재의 성격에 따른 분류에 해당한다.

21 정답 ②
② 희곡은 이야기를 통해 관객에게 재미를 준다.

22 정답 ③
희곡의 형식적 3요소는 해설, 지문, 대사이다. 행동은 지문을 통해 지시된다.

23 정답 ④
④ 대사(臺詞)는 등장인물이 하는 말로서, 대화, 독백, 방백을 아우른다.

24 정답 ④
주동 인물과 반동 인물의 대결이 나타나는 단계는 상승이다. 발단에서는 앞으로 있을 사건의 예시를 위한 최소한의 정보와 행동이 제공된다.

25 정답 ④
④ 중수필은 주지적 수필로, 사회적·객관적·의론적(議論的)이다.

26 정답 ④
표현론은 표현의 주체인 작가와의 연관 속에서 작품을 파악하는 관점으로, 낭만주의 비평가들은 평가 척도를 '작가의 독창성'으로 보고 중요시한다.

27 정답 ③
의도 비평에 대한 설명이다. '의도(Intention)'란 작가의 마음속에서 지속되는 '어떠한 것'을 의미하는 심리적 용어이며, 의도는 곧 작가의 상상 활동의 목적이 된다.

28 정답 ①
① 신화·원형 비평을 주장한 프라이(N. Frye)는 집단무의식 이론을 결합시켜 비평 방법을 체계화했다.

29 정답 ②
영향의 범주로, 모방, 표절, 암시, 번안, 차용 등이 있다.

30 정답 ②
② 존재론은 내재적 비평에 해당한다.

31 정답 ③
비교문학의 체계를 세운 방 티겜(P. V. Tieghem)에 대한 설명이다. 방 티겜은 발신자 연구, 수신자 연구, 송신자 연구, 이행 연구를 비교문학의 영역으로 제시하였다.

32 정답 ②
① 시조의 초장·중장·종장에 '오, 고, 고'를 반복함으로써 각운을 형성하였다.
③ 3·4조의 음수율을 보인다.
④ 4음보율을 보인다.

33 정답 ④
①·②·③은 문제적 인물 유형이고, ④는 전형적인 인물 유형이다.

34 정답 ②
①·③·④ 직접 묘사 방법이다.

35 정답 ③
③ 어느 한 시대의 풍속을 반영한 시대 소설이다.

36 정답 ④
모든 작품은 부분의 면에서 볼 때 복잡성을 띠고 전체의 면에서 볼 때 일관성을 띤다는 입장이다.

37 정답 ②
② 평가 비평에 대한 설명이다. 해석 비평은 문학의 체계와 의미 구조를 밝혀내고 이론적 체계를 마련하고자 한다.

38 정답 ④

④ 역사・전기적 비평가들의 관점이다. 역사・전기적 비평은 작가의 출신이나 교육의 정도, 취미, 동시대의 사회 환경 등을 면밀하게 검토하여 작품 분석의 준거로 삼는다.

39 정답 ③

심리주의 비평은 프로이트의 정신분석학을 작품 분석의 틀로 사용하는 비평 방식으로, 정신분석학적 비평이라고도 한다. 작가의 창작 심리, 문학 작품의 내적 심리, 독자 심리 등의 영역을 인간의 심층 심리, 의식의 흐름, 리비도, 꿈 이론, 콤플렉스, 자동기술법 등의 방법으로 해명한다.

40 정답 ③

이 작품에서 '병신'은 6・25 전쟁으로 인해 실존적 방황을 하는 형을 말하며, '머저리'는 구체적 체험에 근거하지 않은 관념적 혼돈을 보이는 4・19 세대인 서술자를 말한다. 혼돈 속에 쌓인 서술자는 정체성을 잃은 채 상처를 극복하지 못한다.

제9회 정답 및 해설 | 문학개론

01	02	03	04	05	06	07	08	09	10	11	12	13	14	15	16	17	18	19	20
④	④	④	④	③	①	②	①	④	④	②	③	④	③	②	④	④	②	②	①
21	22	23	24	25	26	27	28	29	30	31	32	33	34	35	36	37	38	39	40
④	①	④	②	④	④	②	④	③	③	④	④	③	④	④	④	③	①	③	④

01 정답 ④
④ 흡인본능설은 다윈 등 진화론자들이 주창했다.

02 정답 ④
문학은 보편적 인간 정서를 전달하므로 보편성을 가진다. 객관적 환경은 인류 공통의 요소이고 문학에서 보편성으로 나타난다.

03 정답 ④
④ 문학적 언어를 통한 표현은 의미의 전달이 아닌 '의미의 변용'이므로, 독자는 그 의미를 다양하게 해석할 수 있다.

04 정답 ④
「톰 아저씨의 오두막집」은 흑인 노예의 삶이 얼마나 비참한지 사실적으로 그려냄으로써 노예제도 폐지론을 지지했고, 그로 인해 남북 전쟁의 씨앗이 되었다. 이는 문학의 교훈적 기능을 수행했다고 할 수 있다.

05 정답 ③
③ 아리스토텔레스는 저서 『시학(詩學)』에서 서정양식, 서사양식, 극양식의 3분법을 제시하였다.

06 정답 ①
시는 객관적 사실보다 주관적 느낌·정서를 표현하는 서정 양식으로, 4대 장르 중 가장 주관적이며 오래되었다.

07 정답 ②
고향 정경의 회상을 통한 시각적 이미지와 함께, '개울물 돌돌돌'을 통해 귀로 듣는 듯한 청각적 이미지를 사용하였다.

08 정답 ①
② '시의 가슴', '보드레한 에메랄드'에서 은유법을 볼 수 있다.
③ '햇발같이', '샘물같이', '부끄럼같이', '물결같이' 등은 직유법이다.
④ '돌담에 속삭이는 햇발', '풀 아래 웃음짓는 샘물' 등은 의인법이다.

09 정답 ④
④ 서사시는 시의 내용상 분류에 해당한다.

10 정답 ④
④ 시의 어조는 대체로 한 작품에서 일관되지만 화자의 정서 변화에 따라 어조 변화가 나타나기도 한다.

11 정답 ②

음보율은 일정한 음보를 규칙적으로 반복함으로써 형성되는 율격으로, '끊어 읽기'가 반복된다. 제시된 작품에서는 다음처럼 3음보씩 끊어 읽는 민요적 율격이 형성되어 있다.

> 나 보기가 / 역겨워 / 가실 때에는
> 말없이 / 고이 보내 / 드리우리다
> 영변에 / 약산 / 진달래꽃
> 아름 따다 / 가실 길에 / 뿌리우리다

12 정답 ③

③ 로망스는 시대적 삶에 대한 문제의식을 담고 있지 않으며, 오히려 현실도피적이다.

13 정답 ④

④ 소설의 주제는 작품의 플롯, 인물 등에 의해 형상화되어야 하고, 작가의 설명이나 기술로 구현되어서는 안 된다.

14 정답 ③

ㄱ・ㄷ・ㄹ은 스토리(Story)에 대한 설명이다.

15 정답 ②

② 박태원의 「천변풍경」은 피카레스크(Picaresque) 구성이다.

16 정답 ④

④ 인물(Character)은 소설에 등장하는 사람으로, 사건과 행동의 주체이다.

17 정답 ④

문제적 인물은 루카치가 「소설의 이론」에서 제시한 개념이다. 문제적 인물은 자신이 처한 세계가 만족스럽지 않기 때문에 반항하거나 갈등을 겪고, 그 결과 대개 악마적인 성격을 지니거나 보편적 사회 질서에 맞서는 인물로 나타난다.

18 정답 ②

② 직접 묘사에 대한 설명이다.
①・③・④ 간접 묘사에 대한 설명이다.

19 정답 ②

② 대중 소설은 예술성에 따른 분류에 해당한다. 제재의 성격에 따라 분류한 소설은 농촌 소설, 역사 소설, 연애 소설, 해양 소설, 전쟁 소설, 과학 소설, 탐정 소설 등이 있다.

20 정답 ①

① 희곡은 무대 상연을 전제로 하기 때문에 작가가 직접 개입하거나 해설할 수 없다.

21 정답 ④

④ 희곡은 작가가 직접 개입하거나 해설할 수 없다. 즉, 희곡 인물의 성격을 작가가 서술할 수 없다.

22 정답 ①

① 인물이 무대에서 상대방 없이 혼자 하는 말을 독백이라고 한다. 방백은 관객에게는 들리나 무대에 있는 다른 인물들은 듣지 못하는 것으로 약속한 말이다.

23 정답 ④
④ 새로운 인물이나 사건이 개입되어서는 안 되는 단계는 하강과 결말이다. 상승에서는 인물이 성장, 변화, 발전하고 사건이 복잡화된다.

24 정답 ②
카타르시스(Catharsis)는 아리스토텔레스의 『시학(詩學)』에 나오는 용어로, '정화·배설'을 의미한다.

25 정답 ④
④ 희곡의 삼일치론은 아리스토텔레스가 『시학』에서 제시한 고전극의 법칙으로, 현대에서는 지켜지지 않는 경우도 있다.

26 정답 ④
④ 대상에 대한 표현이 암시적인 것은 경수필이다. 중수필은 지식을 바탕으로 체계화되고 논리적으로 정돈된 글이다.

27 정답 ②
② 개성과 독창성을 지닌 미적 실체는 작품이다. 대상은 자연과 우주 등을 대상으로 하는 것이다.

28 정답 ①
② 사회·문화적 비평 – 골드만(L. Goldmann), 루카치(G. Lukács)
③ 구조주의 비평 – 야콥슨(R. Jacobson), 롤랑 바르트(R. Barthes)
④ 신비평 – 존 랜섬(J. C. Ransom), 테이트(A. Tate)

29 정답 ④
④ 비교문학은 일정한 형식이나 독자적 접근 방식이 없고, 모든 접근 방식을 인정한다.

30 정답 ③
모방은 수신자가 발신자를 의식적으로 닮고자 하는 것으로, 일반적으로 수신자가 특별히 선호하는 발신자가 있을 때 일어난다.

31 정답 ④
① 베리에이션은 기본 율격의 변조를 의미한다.
② 병렬은 넓은 의미에서 반복의 일종으로, 대구·대조와 관련 있다.
③ 시의 가장 중요한 특성은 소리와 리듬의 반복이다.

32 정답 ④
① 주지에 대한 설명이다.
② 매체에 대한 설명이다.
③ 별개의 사물이 각각 원관념과 보조관념으로 결합될 수 있는 것은 두 사물 사이의 유사성 혹은 동일성을 바탕으로 하기 때문이다.

33 정답 ③
카프카의 「변신」은 실존주의 소설이다.
①·②·④ 사실주의 소설이다.

34 정답 ④
④ 박태원의 「천변풍경」은 세태 소설이다. 세태 소설은 특정 시기의 풍속·세태의 단면을 묘사하는 것을 목적으로 하는 소설 유형으로, 시정 소설(市井小說) 또는 풍속 소설(風俗小說)이라고도 한다.

35 정답 ④
부조리극은 언어 외적인 문제에서 인간의 진실한 표현을 찾고자 하였으며, 인간에 대한 끊임없는 탐구로 인간에 대한 냉혹한 시선과 실소가 주를 이룬다.

36 정답 ③
러시아 형식주의자 야콥슨(R. Jacobson)은 '문학에 관한 학문의 대상은 문학이 아닌 문학성, 즉 어떤 작품을 문학작품답게 만드는 것'으로, 이는 언어를 사용하는 방식과 관련된다고 생각하며 '낯설게 하기'를 제시하였다.

37 정답 ④
문학비평은 작품을 평가하여 가치를 판단하는 작업으로, 기본적 기능은 문학의 이해와 향수를 촉진하는 것이다. 또한, 예술작품을 해명하여 존재 근거를 밝히고 작가의 위상을 설정해준다.

38 정답 ①
비교문학은 다양한 문학을 그 상호 연관성에 대해 연구하는 것을 목적으로 한다. 각 작품의 독창성을 연구하는 것은 관계없다.

39 정답 ③
③ 하강 단계에 대한 설명이다.

40 정답 ④
① '내용과 형식', '주제와 형태' 등 기존의 이분법적 이론의 모순을 극복할 수 있다.
② 문학작품이 문학 외적인 것으로 환원되는 것을 막을 수 있다.
③ 작품 감상의 편협적(偏狹的) 태도에서 탈피할 수 있다.

제10회 정답 및 해설 | 문학개론

01	02	03	04	05	06	07	08	09	10	11	12	13	14	15	16	17	18	19	20
③	①	②	②	③	④	③	②	④	④	③	①	①	③	①	④	③	①	④	④
21	22	23	24	25	26	27	28	29	30	31	32	33	34	35	36	37	38	39	40
②	③	③	④	④	②	④	②	③	②	②	③	②	③	①	②	②	③	④	③

01 정답 ③
플라톤은 저서 『공화국』에서 시인추방론을 내세우며 문학의 교시적 기능을 주창했다.

02 정답 ①
문학의 속성은 개성(個性), 보편성(普遍性), 항구성(恒久性)이다.

03 정답 ②
② 문학 구조를 전체적으로 파악할 때, 문학을 진실 추구 외의 다른 목적으로 이용할 가능성을 막을 수 있다.

04 정답 ②
② 교술양식은 작가의 경험과 생각을 서술하고 전달하는 문학이다.

05 정답 ③
시에서 국화는 사전적 의미, 외연적 의미로 쓰인 것이 아니라, 온갖 역경을 헤쳐온 누님의 모습, 원숙한 아름다움, 생명 탄생의 대상 등의 함축적 의미로 사용되어 다양하게 해석 가능하다.

06 정답 ④
① 의인에 대한 설명이다.
② 직유에 대한 설명이다.
③ 대유에 대한 설명이다.

07 정답 ③
막스 블랙은 기존 비유론을 대치론과 비교론으로 규정하고, 비유를 시의 형태와 구조를 활성화시키는 데 필수적인 것으로 보는 상호작용론을 주장하였다.

08 정답 ②
복합감각적 심상으로, 청각(접동새 소리) + 시각(별 그림자)이 나열되어 있다.
① 공감각적 심상으로, 청각(종소리)의 시각화(푸른)가 이루어졌다.
③ 공감각적 심상으로, 시각(새파란 초생달)의 촉각화(시리다)가 이루어졌다.
④ 공감각적 심상으로, 시각(무지개)의 청각화(고요한)가 이루어졌다.

09 정답 ④
④ 서정시는 대체로 길이가 짧고 구성이 치밀하다. 따라서 극시나 서사시보다 길이가 짧다.

10 정답 ④
④는 이상향을 의미한다.
①・②・③은 암담하고 절망이 가득한 현실을 가리킨다.

11 정답 ③
근대 사회의 발달로 소설이 출발했다고 보는 견해는 소설의 특징적 요소로 이야기(Story)가 아닌 사실주의(Reality)를 강조한다. 그들은 18세기 근대 사회에 이르러 나타난 리차드슨의 「파멜라(Pamela)」를 최초의 근대 소설로 보았다.

12 정답 ①
ㄴ・ㄹ은 '제재'에 대한 설명이다.

13 정답 ①
① 동적 모티프의 집합은 스토리이다. 플롯은 리얼리티가 있는 논리적 전개가 이루어져야 한다.

14 정답 ③
③ 안국선의 「시골노인 이야기」는 액자식 플롯이다.

15 정답 ①
① 인물(Character)은 소설에 등장하는 사람으로, 그 내면적 속성인 성격을 포함한다.

16 정답 ④
④ 주요섭의 「사랑손님과 어머니」는 1인칭 관찰자 시점이다.

17 정답 ③
뮤어는 스토리 중심의 행동 소설, 인물 중심의 성격 소설, 인물과 사건의 긴장 관계를 드러내는 극적 소설, 역사 속의 개인의 삶을 그린 연대기 소설, 한 시대의 풍속을 반영한 시대 소설로 소설을 분류하였다.

18 정답 ①
나도향의 「젊은이의 시절」은 낭만주의 소설이다.
②・③・④ 자연주의 소설이다.

19 정답 ④
④ 희곡은 등장인물의 수나 시・공간의 제약이 있다.

20 정답 ④
희곡의 특성은 연극성, 행동성, 대화성, 현재성이다.

21 정답 ②
지문은 대사를 제외하고 무대 위에서 이루어지는 모든 것을 지시한다.

22 정답 ③
③ 희극이 비극에 비해 삶의 영역이 넓다.

23 정답 ③
③ 경수필은 정서적・신변적이다. 지적・사색적인 성격은 중수필의 특성이다.

24 정답 ④
④ 유머와 위트는 희극에서도 나타난다.

25 정답 ④
④ 문학비평의 영역은 작품, 대상, 작가, 독자이다.

26 정답 ②
② 사회·문화적 비평은 실증적이기보다 이념적이며 이데올로기를 내세우기도 한다.

27 정답 ④
방 티겜(P. V. Tieghem)은 명성론, 원천론, 중개론, 이행 연구를 비교문학의 영역으로 구분했다.

28 정답 ②
② 수신자가 필요한 부분을 빌려 쓰고 고의로 은폐하는 것은 '표절'이다. '차용'은 빌려왔음을 밝힌다.

29 정답 ③
③ 미학적 관심이 높아짐에 따라 '영향' 대신 '유사성, 친화력' 등을 나타내는 연구가 지지를 받았다.

30 정답 ②
② 카타르시스는 아리스토텔레스의 『시학(詩學)』에 나오는 용어로, '정화·배설'을 의미한다. 비극을 보며 공포와 연민의 감정을 느끼고 이러한 감정을 배설함으로써 마음이 정화되는 경험을 하는 것이다.

31 정답 ②
치환(置換)은 보조관념이 원관념을 대체하는 전통적 은유법으로, '내 마음'이 '호수', '촛불'로 치환되어 독자들의 상상력의 폭이 확대되었다.

32 정답 ③
①·④ 음보율에 대한 설명이다.
② 음성률에 대한 설명이다.

33 정답 ②
「무진기행」의 윤희중은 개성적 인물이다.
①·③·④ 전형적인 인물이다.

34 정답 ③
루카치(G. Lukacs)가 분류한 교양 소설에 대한 설명이다. 교양 소설에서 주인공은 인습의 세계를 맹목적으로 수용하는 것도 아니고, 세계와의 대립 과정에서 만들어지는 문제의 추구를 포기하는 것도 아닌, 중간적 입장을 취한다.

35 정답 ①
① 단일한 주제, 단일한 작중 인물, 단일한 사건·상황 등으로 단일한 인상을 형성하고 통일성을 중시하는 것은 단편 소설이다.

36 정답 ②
② 장(場)에 대한 설명이다.

37 정답 ②
사실주의극은 합리주의 사상과 과학 정신을 토대로 논리적·구체적 객관성을 중요시하고, 인간과 사회, 집단 등의 환경에서 발생한 부정·불균형의 원인을 있는 그대로 충실하게 묘사한다.

38 정답 ③

③ 엘리엇(T. S. Eliot)의 견해이다. 엘리엇은 문학비평의 기본적 기능은 문학의 이해와 향수를 촉진하는 것으로, 작품을 치밀하게 분석하여 그 참된 의미를 명확하게 해명·진술하기 위해 '이해 – 해석 – 설명'의 단계를 거친다고 하였다.

39 정답 ④

국민문학은 한 나라의 국민성 또는 국민 문화를 표현한 문학, 또는 근대 국가의 성립에 따라서 창작된 문학이다. 일반적으로 영국 문학, 프랑스 문학, 러시아 문학, 일본 문학 등으로 구분하고, 그 종합 또는 대립 개념이 세계문학이다.

40 정답 ③

르네 웰렉은 총체성을 강조한다.
①·②·④ 실증적 경향을 강조한다.

독학학위제 1단계 교양과정인정시험 답안지(객관식)

컴퓨터용 사인펜만 사용

* 수험생은 수험번호와 응시과목 코드번호를 표기(마킹)한 후 일치여부를 반드시 확인할 것.

전공분야

성 명

수 험 번 호

과목코드 / 응시과목 (1~20, 21~40)

교시코드 ① ② ③ ④

답안지 작성시 유의사항

1. 답안지는 반드시 컴퓨터용 사인펜을 사용하여 다음 보기와 같이 표기할 것.
   보기) 잘 된 표기: ●   잘못된 표기: ⊗ ⊙ ○ ◐
2. 수험번호 (1)에는 아라비아 숫자로 쓰고, (2)에는 " ● " 와 같이 표기할 것.
3. 과목코드는 뒷면 "과목코드번호"를 보고 해당과목의 코드번호를 찾아 표기하고, 응시과목란에는 응시과목명을 한글로 기재할 것.
4. 교시코드는 문제지 전면의 교시를 해당란에 " ● "와 같이 표기할 것.
5. 한번 표기한 답은 긁거나 수정액 및 스티커 등 어떠한 방법으로도 고쳐서는 아니되고, 고쳐 문항은 "0"점 처리함.

감독관 확인란

(1) 응 (역번)

관리번호 (응시지수)

[이 답안지는 마킹연습용 모의답안지입니다.]

독학학위제 1단계 교양과정인정시험 답안지(객관식)

컴퓨터용 사인펜만 사용

★ 수험생은 수험번호와 응시과목 코드번호를 코드번호를 표기(마킹)한 후 일치여부를 반드시 확인할 것.

전공분야

성명

답안지 작성시 유의사항

1. 답안지는 반드시 컴퓨터용 사인펜을 사용하여 다음 보기와 같이 표기할 것.
   보기 잘된 표기: ●
   잘못된 표기: ⊗ ✗ ◐ ⊙ ○
2. 수험번호 (1)에는 아라비아 숫자로 쓰고, (2)에는 "●"와 같이 표기할 것.
3. 과목코드는 "응시과목"란에 해당과목의 코드번호를 찾아 표기하고, 응시과목란에는 응시과목명을 한글로 기재할 것.
4. 교시코드는 문제지 전면의 교시를 해당란에 "●"와 같이 표기할 것.
5. 한번 표기한 답은 긁거나 수정액 및 스티커 등 어떠한 방법으로도 고쳐서는 아니되고, 고친 문항은 "0"점 처리됨.

[이 답안지는 마킹연습용 모의답안지입니다.]

독학학위제 1단계 교양과정인정시험 답안지(객관식)

컴퓨터용 사인펜만 사용

* 수험생은 수험번호와 응시과목 코드번호를 표기(마킹)한 후 일치여부를 반드시 확인할 것.

전공분야

성 명

(1) 수험번호
(2) 응시과목

※ 감독관 확인란

(인)

관리번호
(연번)
(응시자수)

과목코드 / 응시과목

1	① ② ③ ④
2	① ② ③ ④
3	① ② ③ ④
4	① ② ③ ④
5	① ② ③ ④
6	① ② ③ ④
7	① ② ③ ④
8	① ② ③ ④
9	① ② ③ ④
10	① ② ③ ④
11	① ② ③ ④
12	① ② ③ ④
13	① ② ③ ④
14	① ② ③ ④
15	① ② ③ ④
16	① ② ③ ④
17	① ② ③ ④
18	① ② ③ ④
19	① ② ③ ④
20	① ② ③ ④
21	① ② ③ ④
22	① ② ③ ④
23	① ② ③ ④
24	① ② ③ ④
25	① ② ③ ④
26	① ② ③ ④
27	① ② ③ ④
28	① ② ③ ④
29	① ② ③ ④
30	① ② ③ ④
31	① ② ③ ④
32	① ② ③ ④
33	① ② ③ ④
34	① ② ③ ④
35	① ② ③ ④
36	① ② ③ ④
37	① ② ③ ④
38	① ② ③ ④
39	① ② ③ ④
40	① ② ③ ④

답안지 작성시 유의사항

1. 답안지는 반드시 컴퓨터용 사인펜을 사용하여 다음 보기와 같이 표기할 것.
   보기) 잘된 표기: ● 잘못된 표기: ⊙ ⊙ ⊙ ⊙ ⊙ ⊙
2. 수험번호 (1)에는 아라비아 숫자로 쓰고, (2)에는 "●"와 같이 표기할 것.
3. 과목코드는 "뒷면" "과목코드번호"를 보고 해당과목의 코드번호를 찾아 표기하고, 응시과목란에는 응시과목명을 한글로 기재할 것.
4. 교시코드는 문제지 전면 의 교시를 해당란에 "●"와 같이 표기할 것.
5. 한번 표기한 답은 긁거나 수정액 및 스티커 등 어떠한 방법으로도 고쳐서는 아니되고, 고친 문항은 "0"점 처리함.

[이 답안지는 마킹연습용 모의답안지입니다.]

독학학위제 1단계 교양과정인정시험 답안지(객관식)

컴퓨터용 사인펜만 사용

★ 수험생은 수험번호와 응시과목 코드번호를 표기(마킹)한 후 일치여부를 반드시 확인할 것.

답안지 작성시 유의사항

1. 답안지는 반드시 컴퓨터용 사인펜을 사용하여 다음 *보기*와 같이 표기할 것.
   보기 잘 된 표기: ● 잘못된 표기: ⊙ⓧ⊙◐○◑
2. 수험번호 (1)에는 아라비아 숫자로 쓰고, (2)에는 "●"와 같이 표기할 것.
3. 과목코드는 뒷면의 "과목코드번호"를 보고 해당과목의 코드번호를 찾아 표기하고, 응시과목란에는 응시과목명을 한글로 기재할 것.
4. 교시코드는 문제지 전면의 교시를 해당란에 "●"와 같이 표기할 것.
5. 한번 표기한 답을 긁거나 수정액 및 스티커 등 어떠한 방법으로도 고쳐서는 아니되고, 고친 문항은 "0"점 처리함.

[이 답안지는 마킹연습용 모의답안지입니다.]

독학학위제 1단계 교양과정인정시험 답안지(객관식)

독학학위제 1단계 교양과정인정시험 답안지(객관식)

컴퓨터용 사인펜만 사용

★ 수험생은 수험번호와 응시과목 코드번호를 표기(마킹)한 후 일치여부를 반드시 확인할 것.

전공분야

성명

답안지 작성시 유의사항

1. 답안지는 반드시 컴퓨터용 사인펜을 사용하여 다음 ▣와 같이 표기할 것.
   ▣ 잘 된 표기: ●   잘못된 표기: ⊘ ⊗ ① ◐ ○ ◑
2. 수험번호 (1)에는 아라비아 숫자로 쓰고, (2)에는 "●"와 같이 표기할 것.
3. 과목코드는 뒷면 "과목코드번호"를 보고 해당과목의 코드번호를 찾아 표기하고, 응시과목란에는 응시과목명을 한글로 기재할 것.
4. 교시코드는 문제지 전면 의 교시를 해당란에 "●"와 같이 표기할 것.
5. 한번 표기한 답은 긁거나 수정액 및 스티커 등 어떠한 방법으로도 고쳐서는 아니되고, 고친 문항은 "0"점 처리됨.

[이 답안지는 마킹연습용 모의답안지입니다.]

※ 감독관 확인란

(연번)

관리번호 (응시자수)

2026 시대에듀 A+ 독학사 1단계 교양과정 스피드 단기완성 문학개론 + 무료특강

개정6판1쇄 발행	2026년 01월 15일 (인쇄 2025년 11월 04일)
초 판 발 행	2020년 02월 05일 (인쇄 2019년 11월 22일)
발 행 인	박영일
책 임 편 집	이해욱
편 저	독학학위연구소
편 집 진 행	천다솜・김다련
표지디자인	박종우
편집디자인	최미림・고현준
발 행 처	(주)시대고시기획
출 판 등 록	제10-1521호
주 소	서울시 마포구 큰우물로 75 [도화동 538 성지 B/D] 9F
전 화	1600-3600
팩 스	02-701-8823
홈 페 이 지	www.sdedu.co.kr
I S B N	979-11-434-0119-9 (13810)
정 가	20,000원

※ 이 책은 저작권법의 보호를 받는 저작물이므로 동영상 제작 및 무단전재와 배포를 금합니다.
※ 잘못된 책은 구입하신 서점에서 바꾸어 드립니다.

··· 1년 만에 4년제 학위취득 ···

시대에듀와
함께라면 가능합니다!

시대에듀 전문 교수진과 함께라면 독학사 시험 합격은 더 가까워집니다!

수강생을 위한 프리미엄 학습 지원 혜택

 최신 동영상 강의 ＋  기간 내 무제한 수강 ＋ 모바일 강의 ＋ 1:1 맞춤 학습 서비스

 동영상 보러가기 →  시대에듀 동영상 강의 | www.sdedu.co.kr

독학사 시험 합격을 위한
최적의 강의 교재!

심리학과 · 경영학과 · 컴퓨터공학과 · 간호학과 · 국어국문학과 · 영어영문학과

심리학과 2·3·4단계

2단계 기본서 [6종]
이상심리학 / 감각 및 지각심리학 / 사회심리학 / 발달심리학 / 성격심리학 / 동기와 정서

3단계 기본서 [6종]
상담심리학 / 심리검사 / 산업 및 조직심리학 / 학습심리학 / 인지심리학 / 학교심리학

4단계 기본서 [4종]
임상심리학 / 소비자 및 광고심리학 / 심리학연구방법론 / 인지신경과학

2단계 6과목 벼락치기 [1종]

경영학과 2·3·4단계

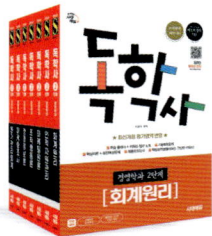
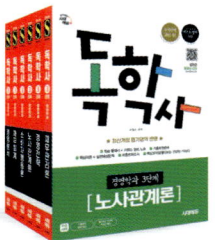

2단계 기본서 [7종]
회계원리 / 인적자원관리 / 마케팅원론 / 조직행동론 / 경영정보론 / 마케팅조사 / 원가관리회계

3단계 기본서 [6종]
재무관리론 / 경영전략 / 재무회계 / 경영분석 / 노사관계론 / 소비자행동론

4단계 기본서 [3종]
재무관리 / 마케팅관리 / 인사조직론

※ 4단계 회계학은 2·3단계 교재로 겸용
2단계 겸용 : 원가관리회계
3단계 겸용 : 재무회계

2단계 6과목 벼락치기 [1종]

컴퓨터공학과 2·3·4단계

2단계 기본서 [6종]
논리회로 / C프로그래밍 / 자료구조 /
컴퓨터구조 / 운영체제 / 이산수학

3단계 기본서 [6종]
인공지능 / 컴퓨터네트워크 / 임베디드시스템 /
소프트웨어공학 / 프로그래밍언어론 / 정보보호

4단계 기본서 [4종]
알고리즘 / 통합컴퓨터시스템 /
통합프로그래밍 / 데이터베이스

2단계 6과목 벼락치기 [1종]

간호학과 4단계

4단계 기본서 [4종]
간호연구방법론 / 간호과정론 / 간호지도자론 /
간호윤리와 법

4단계 적중예상문제집 [1종]

4단계 4과목 벼락치기 [1종]

국어국문학과 2·3·4단계

2단계 기본서 [6종]
국어학개론 / 국문학개론 / 국어사 /
고전소설론 / 한국현대시론 /
한국현대소설론

3단계 기본서 [6종]
국어음운론 / 고전시가론 /
문학비평론 / 국어정서법 /
국어의미론 / 한국문학사

※ 4단계는 2·3단계에서 동일 과목의 교재로 겸용
　　2단계 겸용 : 국어학개론, 국문학개론
　　3단계 겸용 : 문학비평론, 한국문학사

영어영문학과 2·3·4단계

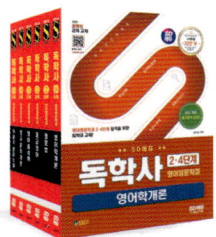

2단계 기본서 [6종]
영어학개론 / 영문법 / 영어음성학 /
영국문학개관 / 중급영어 /
19세기 영미소설

3단계 기본서 [6종]
영어발달사 / 고급영어 / 영어통사론 /
미국문학개관 / 20세기 영미소설 /
고급영문법

※ 4단계는 2·3단계에서 동일 과목의 교재로 겸용
　　영미소설(19세기 영미소설 + 20세기 영미소설), 영미문학개관(영국문학개관 + 미국문학개관)

※ 본 도서의 이미지 및 구성은 변동될 수 있습니다.

나는 이렇게 합격했다

당신의 합격 스토리를 들려주세요
추첨을 통해 선물을 드립니다

베스트 리뷰
갤럭시탭 / 버즈 2

상/하반기 추천 리뷰
상품권 / 스벅커피

인터뷰 참여
백화점 상품권

이벤트 참여방법

합격수기

시대에듀와 함께한 도서 or 강의 **선택** ▶ 나만의 합격 노하우 정성껏 **작성** ▶ 상반기/하반기 추첨을 통해 선물 증정

인터뷰

시대에듀와 함께한 강의 **선택** ▶ 합격증명서 or 자격증 사본 **첨부**, 간단한 **소개 작성** ▶ 인터뷰 완료 후 **백화점 상품권 증정**

이벤트 참여방법
다음 합격의 주인공은 바로 여러분입니다!

QR코드 스캔하고 ▷▷▶
이벤트 참여하여 푸짐한 경품받자!

합격의 공식
시대에듀